El presente libro es una versión facsimilar de la edición original de El Colegio de México, que ha sido rescatada mediante un trabajo profesional de escaneo para mantener la obra en circulación.

JORNADAS 154

RAZÓN Y DESARROLLO

El crecimiento económico, las instituciones y la distribución de la riqueza espiritual

Javier Elguea

Jornadas, 154
EL COLEGIO DE MÉXICO

361.02
E41r

Elguea, Javier.

Razón y desarrollo : el crecimiento económico, las instituciones y la distribución de la riqueza espiritual / Javier Elguea. – 1a ed. – México, D.F. : El Colegio de México, 2008.

320 p. ; 16 cm. – (Jornadas ; 154).

ISBN 978-968-12-1372-5

1. Desarrollo social. 2. Pobreza 3. Desarrollo económico. 4. Asistencia económica. I. t. II. Ser.

Primera edición, 2008

Camino al Ajusco 20
Pedregal de Santa Teresa
10740 México, D.F.
www.colmex.mx

ISBN 978-968-12-1372-5

Impreso en México

A Raúl,
que era el mejor de todos nosotros

ÍNDICE

PRÓLOGO

Sin proponérmelo, he dedicado mi vida académica y profesional a la práctica y la teoría del desarrollo social. Quizá por eso he contemplado con detenimiento y satisfacción el interés creciente de que han sido objeto los temas de pobreza y subdesarrollo en el mundo, así como la convicción, generalizada a principios del siglo XXI, de que estos problemas pueden ser combatidos y eliminados.

Trabajando para empresas privadas, fundaciones filantrópicas y organismos internacionales en países en vías de desarrollo, tanto en América Latina como en África y Asia, me he topado, a pesar de la persistencia de la pobreza, con un consenso sorprendente: la esperanza inquebrantable en que el progreso social y el crecimiento económico, entendidos de formas diversas, traerán un futuro más próspero, más justo y de mayor plenitud para todos los habitantes del planeta.

Mi primer libro sobre el tema del desarrollo[1] vio la luz cuando el orden tenso y relativo de cinco décadas de guerra

[1] Javier Elguea, *Las teorías del desarrollo social en América Latina: una reconstrucción racional*, México, D.F., El Colegio de México, 1989, 121 p.

fría se encontraba en plena desintegración; entonces la vía para alcanzar altos niveles de desarrollo social era considerada todavía un "misterio" por descifrar.[2] Basta compararlas con los resultados de las investigaciones actuales para darse cuenta de que las preguntas y respuestas formuladas en aquellos años no son sólo distintas, sino también inadecuadas.

Aquel libro, como tantos otros sobre el mismo tema, fue rápidamente rebasado por la realidad. La falta de claridad con la que entonces elaborábamos conjeturas, y la incertidumbre desde la cual construíamos explicaciones sin la evidencia empírica adecuada se advierten en las conclusiones de mi trabajo, donde formulé más preguntas de las que respondí a lo largo del texto. Hoy ese libro me parece, además de obsoleto, innecesariamente oscuro y complejo, y fue sólo gracias a la generosidad y paciencia de algunos profesores y alumnos –que lo emplearon como libro de texto en sus cursos sobre desarrollo– que se agotó su única edición. Sin embargo, cuando lo comparo con otros libros publicados durante el mismo periodo no me parece particularmente ruinoso. Es innegable que las explicaciones vertidas en los estudios económicos y sociales de aquellos años fueron bien intencionadas, pero debe reconocerse que frecuentemente resultan incompletas e insuficientes.

Tal vez más importante que ninguno otro sea el hecho de que en el mundo globalizado de hoy día el progreso y el desarrollo ya no se consideran un misterio. A pesar de las explicaciones insuficientes y la falta de recomendaciones

[2] Elhanan Helpman, *The Mystery of Economic Growth*, EU, Belknap Press-Harvard University Press, 2004, 240 p.

prácticas y generalizables que caracterizaron al periodo de la guerra fría, más de una decena de países pobres de todos los continentes han logrado transitar del subdesarrollo al desarrollo en una sola generación. Actualmente para la mayor parte de los países emergentes, así como para aquellos que se encuentran aún en estado de pobreza, la preocupación por el desarrollo y el progreso continúa siendo una prioridad. Parafraseando a Borges: "la hermosa máscara ha cambiado, pero es, como siempre, la misma". La esperanza colectiva de que el progreso social y el desarrollo económico sean una solución a la miseria humana es hoy más fuerte que nunca.

En esta ocasión mi propósito al publicar otro libro sobre el mismo tema es más sencillo: describir de una forma directa, accesible y en español, el carácter de la literatura contemporánea en torno de la reflexión y la práctica del desarrollo humano y social, de manera que pueda servir como un texto mínimo frente al complejo mundo de las ideas sobre el progreso y el crecimiento económico que abundan en la actualidad.

Al analizar dichas ideas lo primero que vale la pena destacar es la creciente contribución de diversas áreas del conocimiento al tema que me ocupa. Junto a la economía –que ha dominado las discusiones sobre el desarrollo por más de un siglo–, disciplinas como la arqueología, la biología evolutiva, la sociología, la psicología, la neurociencia y la ciencia cognitiva han hecho aportaciones seminales. Dada mi trayectoria académica, y siguiendo la línea del libro anterior, en el presente texto me acerco a esta diversidad de propuestas desde la perspectiva de la filosofía de la ciencia. Tal mirada, además de permitirme cierta distancia de los enconados debates, resulta apropiada por su carácter riguroso e interdisciplinario.

Se dice de los libros de divulgación, como de los de texto, que hacen sólo tres cosas: nos dicen lo que van a decir, nos lo vuelven a decir, y al final nos repiten lo que ya dijeron. Este libro no es la excepción. Estoy convencido de que los textos de divulgación deben ser una herramienta útil y flexible en manos del lector.

Mi intención en esta obra es que pueda ser consultada de distintas formas, tanto por especialistas y maestros como por estudiantes y practicantes. Por eso está organizada para ser leída completa o por partes, sin más orden que el interés del lector, quien puede omitir el capítulo que le parezca poco interesante o demasiado complicado sin perder el hilo conductor que enlaza sus partes. Esta organización hace del libro un texto más accesible y útil, pero un tanto reiterativo para quien se aventure a leerlo de principio a fin –por ello, ofrezco una disculpa anticipada a este último grupo de lectores exhaustivos.

Así pues, como apoyo para guiar la lectura me parece prudente hacer una descripción de su estructura y contenido. En la introducción presento un breve recuento, desde una perspectiva histórica, de la idea de *progreso*. En su desarrollo abordo las constantes que dan forma a dicha idea –como un sistema de creencias que ha estado presente a lo largo de la historia de Occidente– y las transformaciones que ha sufrido en el tiempo así como los diversos rostros que ha tomado su difusión en el resto del mundo.

Una vez definidos los caracteres principales de la idea de *progreso*, en el primer capítulo analizo el fracaso de las estrategias y políticas públicas puramente económicas en la promoción del desarrollo y el bienestar social, estrategias –como veremos– que han dejado mucho que desear en términos de alcance y capacidad explicativa. Desde los días de la teoría del "despegue", postulada por Rostow durante la posguerra como modelo para el crecimiento, los especialistas han destacado la importancia de una política económica estable y sólida, aunque nunca se han puesto de acuerdo sobre lo que quieren decir con eso. Hasta ahora el único, aunque frágil consenso económico, se ha construido alrededor de la noción de productividad. La prosperidad de una nación o el nivel de vida de sus habitantes –nos dicen los economistas– están determinados por la productividad con que se emplean sus recursos humanos, financieros y naturales.

Casi todos los especialistas están de acuerdo en que el cambio tecnológico proporciona una enorme ventaja para la realización del crecimiento económico, precisamente por su efecto positivo sobre la productividad; igualmente, algunas políticas públicas han demostrado su capacidad para elevar la eficiencia y la productividad de un país. Por ejemplo, la liberalización de la economía, la mejora en la calidad y cantidad de la oferta educativa, la consolidación de sistemas eficaces y eficientes de salud pública, la promoción del desarrollo y la innovación en las capacidades tecnológicas, la flexibilidad laboral, la igualdad de género, etc., se presentan todas ellas como estrategias que llevadas a cabo adecuadamente incentivan la productividad.

El núcleo del segundo capítulo consiste en una revisión crítica de la concepción de racionalidad *óptima* en la teoría económica moderna. La capacidad explicativa de tal teoría –argumento en esta sección– se limita al comportamiento de algunos escasos mercados con características definidas: básicamente aquellos en que predominan las conductas individuales egoístas y de maximización que el modelo canónico de racionalidad óptima presupone. El modelo, sin embargo, ha sido incapaz de explicar o predecir el comportamiento económico humano en contextos más complejos, ni el crecimiento económico en general (incluido su fracaso en los intentos por eliminar la pobreza en diversos países que han puesto en práctica algunas de sus recomendaciones).

El argumento, en este segundo capítulo se desarrolla en torno a la discusión de una de las carencias más graves de la teoría económica moderna: la falta de una teoría del comportamiento mental humano que sirva tanto para sustentar la concepción de racionalidad que presupone el modelo canónico, como para explicar de manera convincente las desviaciones y contradicciones en que cae la teoría económica moderna. La comprensión de estas deficiencias hará necesario el análisis de las ideas de *racionalidad óptima* y de *maximización individual de utilidades*, fundamentales para la noción de racionalidad a la que recurren los economistas para explicar y predecir el comportamiento humano.

Una vez desarrollada la crítica del modelo de racionalidad dominante en la economía, el tercer capítulo describe la primera alternativa explicativa notable. En un esfuerzo interdisciplinario, la ciencia cognitiva, la neurociencia y la psicología cognitiva han ofrecido una explicación del comportamiento económico mucho más minuciosa, generalizable y verificable. En tales estudios las formas mentales y esquemas de pensamiento, de acuerdo con los cuales los seres humanos tomamos decisiones, han sido escrupulosamente analizados, experimentados y simulados. Debido al alcance de sus explicaciones, los defensores de estas teorías son hoy día algunos de los críticos más importantes de la limitada tradición racionalista de la economía.

En el cuarto capítulo, la parte central del libro, analizo la contribución de los conceptos de *capital humano y social*, que he integrado en la noción de *riqueza espiritual*, al estudio del progreso de las sociedades. En un intento por avanzar en la formulación de una teoría del comportamiento humano, el trabajo reciente de especialistas como Fogel,[3] Kahneman,[4] Coleman,[5] Putnam,[6] y Ostrom y Walker,[7] ha arrojado resultados relevantes para el tema. Frente a la insistencia tradicional en las variables económicas y políticas, y en los recursos materiales, se encuentra la aportación fundamental de estos autores: haber hecho evidente la importancia de elementos como la capacidad cognitiva, las virtudes sociales y los recursos espirituales en general: capacidad mental, educación y capital humano, valores, confianza y capital social, cooperación, ética y cultura del trabajo, etcétera.

[3] Robert William Fogel, *The Fourth Great Awakening & the Future of Egalitarianism*, Chicago, The University of Chicago Press, 2000, 383 p.

[4] Daniel Kahneman y Amos Tversky, *Choices and Values, and Frames*, Nueva York, Russell Sage Foundation-Cambridge University Press, 2000, 860 p.

[5] James Coleman, *Foundations of Social Theory*, EU, Belknap-Harvard, 1994, 1014 p.

[6] Robert D. Putnam *et al.*, *Making Democracy Work: Civic Traditions in Modern Italy*, Princeton, Princeton University Press, 1993, 280 p.

[7] Elinor Ostrom y James Walker, *Trust & Reciprocity. Interdisciplinary Lessons from Experimental Research*, EU, Russell Sage Foundation, 2003, 409 p.

Como espero dejar claro en este trabajo, no podemos soslayar la importancia de la creación y adquisición de virtudes individuales, sociales y de recursos espirituales en general. Aun cuando todas las sociedades tienen alguna reserva de capital humano y social –de lo contrario no habrían sobrevivido–, mi conclusión en este libro es que *las verdaderas diferencias entre los países desarrollados y los subdesarrollados estriba en su capacidad para integrar sus recursos espirituales en un sistema de creencias cooperativo, coherente y progresivo.* A lo largo de este libro trataré de probar que sin estos sistemas de creencias o modelos mentales progresivos que apoyen la evolución social, serán el estancamiento, el autoritarismo, la implosión social, la incompetencia y el abuso de poder las conductas preponderantes. Éste es el círculo vicioso de la patología social que predomina en la mayoría de los países pobres y subdesarrollados.

El quinto capítulo está dedicado al análisis de la tercera respuesta teórica a las deficiencias de la teoría económica moderna. Tal alternativa explicativa se enfoca en la importancia de que existan en una sociedad *instituciones* sólidas, conducentes a la promoción del crecimiento económico y el desarrollo humano. En la base de esta teoría se encuentra la idea de que las instituciones proporcionan la estructura básica mediante la cual los seres humanos han creado orden y progreso a lo largo de la historia. Consecuentemente, de la calidad y fortaleza de sus instituciones –nos dicen– depende el progreso de las sociedades. Buen gobierno, estabilidad democrática y política, sistemas legales y de procuración de justicia eficaces, derechos de propiedad, etc., son instituciones que, en tanto tales, dan continuidad, conectan el pasado con el presente y el futuro, y convierten la historia nacional en una relación incremental de evolución institucional.

A la luz de las ideas desarrolladas en el capítulo cuarto, en esta sección subrayo la íntima relación de interdependencia entre la creación y distribución de la riqueza espiritual –es decir, el capital humano y social– y la creación y consolidación de instituciones. La primera no puede existir sin las últimas, ni éstas sin aquélla.

En el sexto y último capítulo el lector encontrará una serie de recomendaciones prácticas para el diseño y ejecución de políticas públicas orientadas a crear riqueza espiritual y bienestar social, y a incrementar las alternativas individuales de autorrealización. En esta parte sintetizo los fundamentos conceptuales comunes de las estrategias de política pública que emplearon los países que lograron mejorar su sistema de creencias y progresar en las últimas décadas del siglo XX. Países enteros como Singapur, Corea, Hong Kong, Israel, España e Irlanda, por citar algunos ejemplos, han logrado desarrollarse y prosperar en una sola generación.

Actualmente existe suficiente evidencia empírica para afirmar que cuando las tres variables mencionadas (riqueza espiritual, políticas públicas e instituciones) se vinculan balanceada y adecuadamente a la cultura y a la historia locales, el desarrollo social y el crecimiento económico ocurren de forma acelerada.

En esta última parte también analizo brevemente cómo ha sido dirigida esta convergencia en algunos países que en el pasado se encontraban en situación de pobreza, y cómo ha resultado en progreso y prosperidad. Asimismo, y basado en estas experiencias recientes, me atrevo a formular algunas recomendaciones a aquellos países –el mío entre ellos– que aún no encuentran la forma de hacer converger estas variables. No existen recetas ni fórmulas infalibles

Figura 1

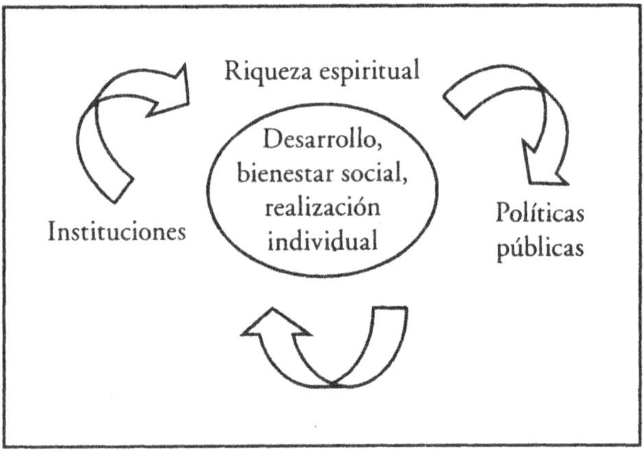

–eso lo tengo claro–, pero hay ejemplos de los que se puede aprender considerablemente.

Insisto, el libro puede ser consultado por partes, dependiendo de los intereses del lector. La introducción, el primer capítulo sobre la historia de la idea de progreso, y el último capítulo que contiene recomendaciones de política pública aplicada en países que lograron alcanzar altos niveles de desarrollo durante las últimas décadas, serán suficientes para el practicante interesado en ideas e información útiles para la toma de decisiones en países en desarrollo.

Los demás capítulos resultarán de especial interés para el estudioso del desarrollo y del comportamiento humano. El segundo capítulo está dedicado al análisis de la crisis de los modelos de racionalidad económica en el mundo subdesarrollado, y su limitada capacidad explicativa sobre el comportamiento económico. El tercero describe un notable esfuerzo teórico interdisciplinario, que propone una nueva versión del concepto de racionalidad y de su relación con el desarrollo. Por último, el cuarto capítulo, columna vertebral del libro, explora en detalle el conjunto de virtudes individuales y sociales que he llamado aquí *riqueza espiritual,* en tanto el quinto analiza y discute una de las contribuciones recientes de la economía: la economía institucional, para subrayar la dependencia entre las instituciones y el capital humano y social.

Como insistiré con frecuencia a lo largo del libro, el crecimiento económico, la evolución institucional y el desarrollo humano son procesos dirigidos por preferencias humanas; comprender esto permite hacer uso de la información y la experiencia para intervenir de manera consciente y específica sobre los objetivos, la dirección y las consecuencias de los actos humanos, guiándolos así a metas más deseables. En tal sentido, una de las intenciones fundamentales de este libro es proporcionar una síntesis de la información y las experiencias recientes en la materia.

A partir de ahí, la conclusión más importante a que debe llegarse tras su lectura es, si aceptamos el desafío, que no hay razón por la cual, en unas cuantas décadas, el ciudadano promedio del mundo en desarrollo no viva tan plena y cómodamente como lo hacen hoy muchos europeos o norteamericanos. Para quienes nos encontramos en posiciones de responsabilidad y toma de decisiones, el gran reto que enfrentamos es el de fungir, realmente, como una fuerza de cambio y progreso. Eliminar la pobreza, alcanzar el bienestar y la realización de los individuos en el mundo actual –sostengo– ya no es una utopía, sino una meta alcanzable. Para ello, sin embargo, no bastan las buenas intenciones ni la voluntad, aunque no dejan de ser indispensables; se requiere, además, el diseño de políticas públicas que partan del conocimiento y la experiencia, que apliquen soluciones realistas teniendo como prioridad mejorar la condición humana.

Nada en este trabajo es original: más que en el desarrollo de nuevas ideas, el libro consiste en la compilación de lo ya existente; por lo tanto, sólo me es posible exigir crédito por los errores que pude haber cometido en la interpretación y sistematización de las ideas y experiencias de otros. Esto no es un ejercicio de falsa humildad. Me explico: filosóficamente hablando me considero un anarco-racionalista *a la Lakatos;*[8] como tal, no aspiro ni me hago ilusiones sobre la verdad absoluta de ninguna idea o afirmación, sea mía o de alguien más. Sin embargo, los argumentos que aquí presento los hago míos y los defenderé tenazmente mientras no encuentre otros mejores y más convincentes; ahí termina mi lealtad intelectual. Sé que la verdad definitiva y final está fuera del alcance de las teorías formuladas por los seres humanos.

Enero de 2008

[8] Imre Lakatos, *Criticism and the Growth of Knowledge*, Londres, Cambridge University Press, 1970; *Proofs and Refutations. The Logic of Mathematical Discovery*, Londres, Cambridge University Press, 1976; *Proofs and Refutations*, Cambridge University Press, 1976; *Proofs and Refutations*, Cambridge, Nueva York, Cambridge University Press, 1976.

AGRADECIMIENTOS

Como todos, este libro es resultado de una empresa colectiva. Uno de los grandes placeres de escribirlo ha sido el que me brindara la oportunidad de conversar largamente con muchas personas de diversas áreas sobre un tema que nos interesa a todos: el desarrollo humano y social.

Guardo, con el cariño de muchos años, el recuerdo de largas y numerosas conversaciones con Celia Toro, Fátima Cabañas, Fernando Escalante, Héctor Sierra, Javier Gavito, Laura Rubio, Pedro Hernández, Samuel Hirsch y especialmente con Judith Mariscal, quien me escuchó siempre que se lo pedí.

De la misma forma, quiero agradecer los comentarios, críticas y sugerencias de mis amigos y colegas: Abraham Nosnik, Adolfo Cerezo, Alejandro Echeverría, Aline Aroeste, Alma Salem, Ana Laura Magaloni, Ania Calderón, Antonio Bolívar, Arturo Elías, Carlos Brambila, Carlos Gómez Palacios, Carlos González, Carlos Medina, Carlos Pereda, Carlos Slim Helú, Carlos Slim Domit, C.K. Prahalad, Claudio Lomnitz, Cristina Casanueva, Daniel Kahneman, Dennis Phillips, Diane Pérez, Doug Engelbart, Eric Carlson, Felipe González, Gania Ambe, Geoffrey Bowker, Héctor Slim, Howard Charney, Ian Hacking, Janet Long-Solís,

Javier Garciadiego, Jesús Barroso, Jim Koch, Johanna Slim, Juan Manuel Ortega, Karen Kovacs, Lance Armstrong, Leticia Mendoza, Leopoldo Solís, Lidia Álvarez, Madeleine Albright, Manuel Elguea, Mariel Calderón, María Eugenia Vélez, Mauricio Merino, Paul Romer, Pilar Marmolejo, Radha Basu, Ricardo Raphael, Robert Aumann, Robert Packenham, Sara Enríquez, Socorro Barrera, Soumaya Domit de Slim, Steve Cisler, Tania Rabasa, Vanessa Slim, Verónica Velasco y Vikram Seth. Todos ellos han contribuido con ideas, me han acompañado y animado en distintas etapas del largo y sinuoso camino que va de la investigación y compilación a la redacción y publicación. Algunos han sido pacientes y todos intelectualmente generosos: a pesar de que varios no están de acuerdo con las ideas contenidas en este libro, han leído y comentado incansablemente parte o cada una de sus versiones. Este libro no existiría si no fuera por ellos; estoy sinceramente agradecido por sus consejos, su amistad y su compañía.

Mi relación de varios años y mis visitas regulares como profesor visitante en el Massachusetts Institute of Technology ha sido importante, no sólo por la riqueza intelectual que esta institución reúne, sino también por la que la rodea, en la misma Cambridge y en Boston. Clotilde Fonseca, David Cavallo, Henry Lieberman, Jonathan Rotberg, Judith Donath, Larissa Welti, Marco Escobedo, Marvin Minsky, Michael Fisher, Mitchel Resnick, Randy Zadra, Sandy Pentland, Seymour Papert y Walter Bender me ayudaron con su incansable curiosidad y sus comentarios. En Harvard, Jorge Domínguez, director del Center for International Affairs, fue, una vez más, generoso con sus consejos, así como sus amigos y colegas: Frances Kamm, Michael Herzfeld, Robert Barro, Robert Putnam, Sheila Jasanoff y Theda Scokpol.

Distintas versiones del argumento de este libro se presentaron en las reuniones de Digital Nations Workshop en el MIT-Media Lab, de las sesiones de trabajo de ICA en el Institute for Development Research of Canada, el Center for Science, Technology and Society de la Universidad de Santa Clara en California, la Cátedra Shimon Peres para la Paz de la Universidad Anáhuac, el Seminario de Políticas Públicas del Centro de Investigación y Docencia Económicas, y el Seminario de Ética del Programa para el Desarrollo de la Organización de las Naciones Unidas y del CIDE. Quiero agradecer sinceramente a los organizadores y a los numerosos participantes de estos encuentros su interés y sus valiosos comentarios.

INTRODUCCIÓN
LA HISTORIA DE LA IDEA DE PROGRESO

La idea del tiempo

Uno de los momentos decisivos de la historia de la humanidad fue, sin lugar a dudas, el descubrimiento del tiempo y su formulación conceptual. A partir de que los babilonios descubrieron y midieron los ciclos lunares, menstruales y mensuales, y de que los egipcios hicieron lo propio con los cambios de estación, el movimiento de las estrellas y los ciclos anuales, la humanidad logró revelar el orden que subyace tras la aparente anarquía e incertidumbre de la naturaleza. En adelante, el ser humano transformó el caos en una serie de fenómenos conocidos y predecibles. Los griegos, mayas y romanos lograron tal precisión en la medida de los días, las horas e incluso los segundos, que fueron capaces de construir los primeros relojes, empleando para ello el movimiento solar o la arena.

Durante la antigüedad la concepción del tiempo en la mayoría de las culturas era fundamentalmente cíclica, es decir, se basaba en la repetición monótona y sin propósito de los fenómenos naturales, sociales e incluso espirituales. Dentro del conjunto de religiones y filosofías antiguas, por ejemplo, la vida era vista como un ciclo infinito de vida y muerte. El tiempo era un círculo que giraba irrevocablemente.

Fueron los judíos, esa ancestral tribu de nómadas, uno de los primeros pueblos que rompieron el yugo de los ciclos naturales. Basándose en su tradición narrativa comenzaron a medir y entender el tiempo de una forma diferente. En oposición a la visión cíclica, los judíos concibieron el tiempo en forma lineal y progresiva; el futuro simbolizaba ya no el eterno retorno de lo mismo, sino una promesa de triunfo y redención, de felicidad y prosperidad. Con ellos se inicia una creencia esperanzada en el progreso de la humanidad y el sentido histórico de que el futuro puede ser mejor que el presente.

La idea judaica de "tierra prometida" y su evolución en la noción religiosa medieval judeocristiana de "providencia" representan los orígenes de la idea moderna y secular del progreso. Si bien existen diferencias entre esta última y las visiones judeocristianas, se explican por las transformaciones históricas de un discurso original, más que como evidencia de una distinción radical entre lo moderno y su pasado. Desde entonces la imagen del progreso ha tenido enorme importancia en la historia de Occidente, de manera tal que en la influencia de aquellas ideas del pasado se perciben las exégesis actuales que, a favor o en contra, han tenido que definir su postura acerca del progreso y el desarrollo modernos.

Junto con la tradición judeocristiana, el pensamiento de la Grecia antigua dio también origen a muchos de los elementos de la discusión actual en torno al progreso, el desarrollo y la evolución social. En *La física*, por ejemplo, Aristóteles, examinó de forma sistemática el cambio de las sociedades en términos de orden y transformación teleológica. Tucídides[9]

[9] Tucídides, *Historia de las Guerras del Peloponeso*, Libro II, Madrid, Cátedra, 2004, 752 p.

comparó a las tribus bárbaras de su época con los habitantes de Atenas, para llegar a la conclusión de que los bárbaros representaban el pasado griego, y por lo tanto podían ellos ver en los atenienses su futuro.

De la prehistoria a la Revolución Industrial: el ocaso de la geografía

Parece una trivialidad afirmar que la prehistoria fue un factor determinante en la configuración del presente de la humanidad; sin embargo, en el caso de la desigualdad y la pobreza de nuestros tiempos resulta particularmente útil explicar el porqué de esta afirmación y trazar la línea que une el hoy con el ayer prehistórico.

En nuestra milenaria historia de evolución humana ha habido algunos saltos significativos: las primeras herramientas de piedra datan de hace dos millones y medio de años; más adelante, hace 100 000 años, ocurrieron transformaciones genéticas graduales que devinieron cambios profundos de nuestra anatomía, particularmente el desarrollo del cerebro, y con él, de la mente y el lenguaje.[10]

A partir de entonces el desarrollo humano se acelera: 50 000 años atrás encontramos las primeras evidencias de lo que propiamente podemos llamar cultura, como pinturas rupestres y algunas herramientas. Hace 13 000 años, gracias a la invención de la agricultura, algunos pueblos adoptaron un modo sedentario de vida que gradualmente

[10] Paul Seabright, *The Company of Strangers. A Natural History of Economic Life*, Princeton, Princeton University Press, 2004, 320 p.

fue haciendo posible la producción sistemática y el almacenamiento de comida, lo que acarreó como consecuencia el crecimiento exponencial de su población. Finalmente, hace poco más de 10 000 años, después de largas y prolongadas migraciones –y llevando con ellos todos los avances anteriores– los seres humanos lograron poblar el mundo. Fue aquél el primer esfuerzo de globalización, realizado literalmente a pie.

Ahora bien: la situación de la humanidad en esa etapa de su historia, comparada con la de la época actual, nos enfrenta a un dilema que llamaré "la paradoja de la desigualdad".[11] Durante aquel periodo, los seres humanos habían conseguido ya poblar los cinco continentes del globo y alcanzar niveles similares de prosperidad, organización y bienestar en todo el mundo: la misma expectativa de vida, una alimentación equivalente al menos en términos de ingestión de calorías, herramientas parecidas, clanes y organizaciones sociales incipientes pero gregarias, etc.; en pocas palabras, a pesar de su pobreza relativa respecto a la situación actual, la humanidad vivió entonces el periodo de mayor igualdad en su historia.

Siendo ese el caso, ¿a qué se debe que hoy, 10 000 años más tarde, la riqueza y el poder se encuentren distribuidos en grados extremos de desigualdad y no de otra manera? ¿Por qué la desigualdad adquirió las características que encontramos hoy día? ¿Por qué, a lo largo de los siglos, el desarrollo humano evolucionó con tales diferencias en los distintos continentes? ¿Por qué no fueron los nativos ame-

[11] También conocida como "la pregunta de Yali". Véase Jared Diamond, *Guns, Germs, and Steel*, EU, W.W. Norton & Company, 1999, 480 p.

ricanos, los africanos o los aborígenes australianos quienes dominaron a los europeos y los asiáticos?

Frente a estas interrogantes el profesor Jared Diamond ofrece una polémica explicación.[12] Parte de enumerar los factores que permitieron a los europeos conquistar otros pueblos: armas, enfermedades infecciosas, herramientas de acero y productos manufacturados. Esa vía, sin embargo, no nos lleva sino a reformular la misma pregunta en otros términos: ¿por qué fueron los europeos y sus descendientes, en lugar de los nativos americanos o los africanos, los que terminaron con las armas más destructivas, los peores gérmenes y los materiales más duraderos y resistentes?

A pesar de que Diamond rechaza con buenas razones las explicaciones racistas, basadas en las diferencias biológicas entre la población de los distintos continentes, su respuesta final, aun cuando no es discriminatoria, termina por ser un argumento igualmente determinista, basado, en este caso, en la geografía: "la Historia –se lee en su conclusión– siguió diferentes cursos para diferentes pueblos como resultado de las diferencias en su medio ambiente".[13] Dependiendo de la geografía en que se desenvolvieron –sostiene Diamond– los distintos pueblos del orbe fueron diferenciándose gradualmente, según su cercanía a determinadas plantas y animales domesticables, su facilidad de acceso o sus posibilidades de relación con otras poblaciones.

Siguiendo su mismo argumento, Diamond explica el colapso de las civilizaciones en los mismos términos medio-

[12] *Idem.*

[13] *Ibid.*, p. 25.

ambientales,[14] y agrega la variable del abuso de los recursos naturales –lo que los economistas llaman la "tragedia de los comunes". El abuso y ulterior agotamiento de los recursos con que cuenta una sociedad, sostiene el autor, es una constante entre las civilizaciones que se han extinguido.

Por otro lado, a pesar de que Diamond hace mención de los sistemas de creencias y de las instituciones sociales, producto de la capacidad mental de los seres humanos, no se encuentra en su teoría ninguna referencia significativa a la conciencia y la intencionalidad, siendo que son indispensables para la utilización productiva de los recursos naturales.

Me parece aceptable el uso del medio ambiente como variable explicativa de *una parte* de la evolución de las sociedades, especialmente en la etapa en que las capacidades tecnológicas del ser humano para transformar la naturaleza eran mínimas y, por lo tanto, las especificidades de la geografía determinaban por completo las posibilidades de supervivencia; sin embargo, una vez que la capacidad cognitiva de las sociedades primitivas permitió la adquisición de conocimientos y el desarrollo de tecnología, la adaptación y el aprovechamiento progresivo del medio ambiente terminaron por relegar la geografía a un plano secundario.

Pongamos un ejemplo. La invención de la escritura ocurrió, de manera independiente, en Mesopotamia (3000 a.n.e.) y en el actual territorio de Oaxaca, en México (600 a.n.e.), y se diseminó gradualmente en lo que hoy llamamos el *Viejo* y el *Nuevo mundo.* Como ocurrió con esta importante innovación, los lenguajes, las distintas prácticas y descu-

[14] Jared Diamond, *Collapse: How Societies Choose to Fail or Succeed*, EU, Viking Adult, 2004, 592 p.

brimientos tecnológicos, la agricultura, el uso de metales, la navegación, los sistemas de cooperación social y de gobierno siguieron todos ellos el mismo curso de cambio y diseminación; así se redujo gradualmente la importancia de la geografía para llevar al primer plano otros elementos determinantes como la cultura, los sistemas de pensamiento, la organización del trabajo, el comercio.

En 1492 la humanidad protagonizó la brutal colisión entre Europa y América. A este dramático suceso lo siguieron otros dos encuentros de igual relevancia: el primero de ellos, en 1519, entre Hernán Cortés y el emperador mexica Moctezuma, y el segundo entre Francisco Pizarro y el emperador inca Atahualpa, en 1532. Ambos emperadores representaban la cúspide de la jerarquía de las dos civilizaciones más prósperas y exitosas en el continente americano, que, sorprendentemente nada sabían una de la otra. Es quizá esa grandeza de las culturas mexica e inca lo que explica que no fuera la pobreza –como nos dice Sachs–[15] lo que impresionara a los conquistadores, sino la majestuosidad de sus ciudades, así como la complejidad y riqueza de sus sociedades.

Lo que vendría como resultado de estos encuentros ilustra en gran medida el resto de las relaciones entre colonizadores y nativos en todo el mundo. No sólo se trató de la superioridad de las armas de acero y la caballería europea sobre el armamento de los nativos; más importante fue la superioridad de sus sistemas de creencias, que con mayor poder heurístico, representaban y anticipaban la realidad de una manera mucho más precisa. Como lo examinaré, fue-

[15] Jeffrey Sachs, *The End of Poverty Economic Posibilities for Our Time*, Nueva York, The Penguin Press, 2005, 514 p.

ron estos sistemas de creencias lo que hizo posible el surgimiento de instituciones sólidas así como la transferencia y el dominio que ejercieron por las instituciones europeas y sus avanzados sistemas de organización social en las colonias.

De la única ventaja real de los nativos, su superioridad numérica, se encargaron las enfermedades infecciosas (viruela, sarampión, etc.), a las que los sistemas inmunológicos de los europeos estaban habituados, no así los americanos. Las enfermedades que introdujeron los conquistadores se diseminaron por todo el continente, en ocasiones precediendo la llegada de los europeos y haciendo las veces de batallón de avanzada. El saldo final fue el exterminio de casi 95% de la población nativa.

Este hecho, la colisión entre el Viejo y el Nuevo mundo, marca simbólicamente el inicio del declive de la geografía como elemento explicativo del desarrollo de los pueblos. Algunos autores sostienen que el mundo moderno, junto con la tan discutida globalización, se originó precisamente en el siglo XVI, cuando la tecnología de navegación marítima y el comercio unieron a Europa, América, Asia y África. La época moderna, con sus tecnologías de transporte y comunicación, ha reducido al mínimo el papel de la geografía en las explicaciones de la evolución de los pueblos; hoy día encontramos desarrollo y subdesarrollo en sociedades de todos los climas y en todas las latitudes.

En el siglo XVIII una serie inesperada de transformaciones graduales en los sistemas de creencias y organización social occidentales hizo posible que los seres humanos casi doblaran su expectativa de vida y que la tasa de crecimiento demográfico se elevara en una escala sin precedentes en la historia de la humanidad. Dentro de estas transformaciones cabe mencionar la institucionalización de los derechos de propiedad; la creación de instituciones jurídicas y democráticas; nuevas formas de cooperación social que permitieron la creación de empresas y organizaciones más productivas; el incremento en el comercio internacional; la innovación en técnicas de manufactura; la generación y utilización de energía, conocimientos y servicios médicos; la revolución del transporte y las comunicaciones.

Desde entonces dos fuerzas han orientado lenta y gradualmente el progreso de las sociedades que hoy gozan de los niveles más altos de desarrollo: *por un lado, la búsqueda de libertad individual y justicia social;*[16] *por el otro, la innovación, el cambio tecnológico y los incrementos en productividad.*[17]

Las palabras del profesor David S. Landes[18] resumen de manera más que comprensible las consecuencias prácticas de la Ilustración y la Revolución Industrial: "Miren a su derecha y a su izquierda –decía a sus estudiantes en Harvard–; si no fuera por la Revolución Industrial y la Ilustración, dos de cada tres de ustedes no estarían vivos."[19] Y es que, efectivamente, la población total del continente europeo, que rondaba 120 millones a principios del siglo XVIII, alcanzó casi 200 millones a finales del mismo siglo. El descenso de la mortalidad infantil y el incremento en las expectativas de vida continuaron y no se han detenido desde entonces.

Algo similar, aunque mucho más modesto, puede decirse de lo sucedido durante las últimas décadas en los países pobres

[16] Amartya Sen, *Rationality and Freedom*, Cambridge, Mass., Belknap Press-Harvard University Press, 2002, 752 p.

[17] Joseph Schumpeter, *Capitalism, Socialism and Democracy*, Nueva York, Harper and Row, 1975, 457 p.

[18] David Landes, *The Wealth and Poverty of Nations: Why Some are so Rich and Some so Poor*, Nueva York, Norton and Co., 1998, 672 p.

[19] Citado en Fogel, 2000.

o en vías de desarrollo. El sorprendente incremento en la expectativa de vida de la población del Tercer Mundo durante la segunda mitad del siglo XX no se explica sino por el arribo de conocimientos y tecnologías a esos países. Hoy día los padres en casi todo el mundo viven con la esperanza de que sus hijos tendrán una vida mejor que la que ellos llevan. Ésta es una expectativa típicamente moderna, ya que por miles de generaciones la expectativa normal –dado el lento desarrollo de las sociedades en el pasado y las concepciones cíclicas del tiempo de las que hablé– era que las cosas no cambiaran de una generación a otra.

El problema, sin embargo, sigue siendo que a lo largo de los siglos, y especialmente durante los últimos tres, el progreso ha sido distribuido de forma desigual tanto dentro de las sociedades como entre ellas, y ha excluido de este proceso beneficioso a la mayor parte de la humanidad.

La Ilustración, la Revolución Industrial y la Guerra Fría

En un sentido estricto, las ideas modernas sobre el progreso toman su forma actual durante el Renacimiento, en particular en la llamada *querelle des anciens et des modernes.* El tema central de los debates barrocos, en este caso, era la comparación de los griegos y los romanos con la Europa moderna. La disputa alcanzó su apogeo en la segunda mitad del siglo XVII, con la discusión entre Smith, Turgot, y Condorcet.[20] A dichos autores también les preocupaba, como a Tucídides con los pueblos bárbaros, la

[20] Véase, Rothschild, *Economic Sentiments: Adam Smith, Condorcet and the Enlightenment*, Cambridge, Mass., Harvard University Press, 2001, 368 p.

comparación entre las recién encontradas sociedades americanas y las sociedades europeas. Fue en el desarrollo de tales debates que la idea secular de la necesidad del "progreso material" empezó a hacer su aparición como discurso argumentativo.

En aquella época los fenómenos naturales se concebían como una serie de causas y efectos desplegados sobre el tiempo, por lo que el presente se consideraba el fruto de una condición pasada, como la semilla de la que surgiría el futuro. Este esquema, proyectado a los fenómenos humanos, llevó a los pensadores de la época a la conclusión de que lo presente (griego, renacentista o europeo) debía ser mejor que lo antiguo (las tribus bárbaras, los griegos o los naturales americanos).

La concepción de la historia de la humanidad como un ascenso lento, gradual, uniforme y necesario hacia una meta fija prevalecería durante los siglos XVIII y XIX, para encontrar en el desarrollo material y económico, resultado de la Revolución Industrial, evidencia de su veracidad. Incluso otras ideas importantes del pensamiento ilustrado, como la igualdad, la felicidad, la fraternidad y la libertad, eran interpretadas siempre en el contexto de la idea del progreso.

Entre otros, los trabajos de Smith, Turgot, Condorcet, los socialistas utópicos, Comte,[21] Hegel,[22] Marx[23] y Spencer,[24] son un testimonio de la importancia creciente que se

[21] Augusto Comte, *Discurso sobre el espíritu positivo*, Madrid, Alianza Editorial, 1980, 136 p.

[22] G.W.F. Hegel, *Fenomenología del espíritu*, México, Fondo de Cultura Económica, 1966, 485 p.

[23] Karl Marx, *The Portable Kart Marx*, Eugene Kamenka (ed.), Nueva York, Penguin Press, 1983, 720 p.

[24] Herbert Spencer, *Principios de sociología*, Buenos Aires, Saturnino Calleja, 798 p.

le concedió a partir de la ilustración a la idea del progreso. En todos estos autores, además, es posible distinguir el carácter que dicha idea asumiría tras su secularización, es decir, una vez que se divorció de las nociones de providencia y divinidad propias de la tradición judeocristiana. Después de esta transformación el progreso fue entendido como un proceso histórico natural, susceptible de ser conocido y estudiado racionalmente. Se conservó, sin embargo, la noción de unidad en el progreso histórico, la idea de que todas las sociedades transitan hacia un mismo punto, y las diferencias humanas se percibieron como diferencias de grado, no de esencia, hecho que prolongó la vigencia de una discutible metodología que se sirve de la historia de un pueblo para documentar la historia y el futuro de otro.

Puede constatarse la poderosa e incuestionable influencia de la idea del progreso en las etapas positivas de Comte[25] y en su metodología histórico-comparativa, en las leyes del cambio histórico de Marx,[26] en la teoría evolutiva de Darwin,[27] así como en Spencer[28] y Durkheim.[29] En casi todos los casos se identifica la aceptación automática de la teoría de las transformaciones históricas heredada y de sus postulados básicos, que Bock[30] resume como sigue:

[25] Augusto Comte, *op. cit.*

[26] Karl Marx, *op. cit.*

[27] Charles Darwin, *The Descent of Man, and Selection in Relations to Sex*, en Paul H. Barret y R.B. Freeman, *The Works of Charles Darwin*, t. XXI, Londres, Pickering & Chatto, 1989, 236 p.

[28] Spencer, *op. cit.*

[29] Emile Durkheim, *The Elementary Forms of Religious Life*, trad. Karen E. Fields, Nueva York, The Free Press, 1995, 464 p.

[30] Bock, 1978.

> El cambio se acepta como natural, como algo que cabe esperar, una característica de lo social o cultural como tales. Se interpreta como un proceso lento, gradual y continuo. En todas las series de formas sociales o culturales construidas se destaca el crecimiento como una cualidad del proceso. Mientras que el ritmo puede variar, la sucesión permanece fija. El progreso se representa como direccional; hay una meta hacia la que se encamina [...] la cualidad inminente de cambio se retiene. Las sociedades o culturas y sus partes se perciben como entidades con un potencial de crecimiento. La necesidad de encontrar orígenes la dicta el juicio de que la esencia que habrá de realizarse en el tiempo reside en la simiente. Hay una designación, una hipostatización, de las cosas –la sociedad, la cultura, la ley, la propiedad, etc.–, que son vistas como poseedoras de una historia susceptible de ser entendida en términos de este proceso de desarrollo. Por último, suele pensarse, aunque no siempre, que el progreso, desarrollo o evolución así concebidos acarrean un mejoramiento de la condición humana.[31]

Una de las características cruciales de las teorías del progreso del siglo XIX –y en gran medida también del siglo XX– es la estrecha relación que encuentran entre el progreso o evolución social y el crecimiento económico y el desarrollo. Los economistas clásicos, desde Adam Smith[32] hasta David Ricardo, dieron por cierta la deseabilidad del progreso material y del crecimiento económico. Para Marx[33] el

[31] Bock, 1979, p. 66.

[32] Adam Smith, *An Inquiry into the Nature and Causes of the Wealth of Nations*, 2 vols., Indianapolis, Liberty Classics, 1981.

[33] Marx, *op. cit.*

panorama fue más o menos el mismo. Los padres fundadores de la ciencia económica moderna coincidieron en que el desarrollo material era sólo instrumental, un medio para la realización de lo que se consideró era el objetivo último del progreso social: la felicidad de los seres humanos.

A principios del siglo XX se acentuó el interés por el crecimiento y el desarrollo. Además del pensamiento marxista, e inmediatamente después de la primera Guerra Mundial, la noción de *destrucción creativa* de Schumpeter[34] significó el primer análisis sistemático de la relación entre el crecimiento económico y la innovación tecnológica.

Durante la segunda Guerra Mundial las ciencias sociales –junto con todas las demás áreas del conocimiento científico– orientaron sus investigaciones hacia la satisfacción de las necesidades particulares de una sociedad en guerra. Fue así, por ejemplo, que estas disciplinas desempeñaron un papel fundamental en el desarrollo del armamento y de algunas estrategias sociales bélicas, como la persuasión y la propaganda, la elección de objetivos militares o el reclutamiento de tropas.

Al término de la guerra los científicos sociales dirigieron su atención hacia metas más pacíficas. Tras la devastación producida por el conflicto, los estudios se concentraron en la reconstrucción de Europa, y dieron nuevo impulso a las teorías del crecimiento y desarrollo. Junto con Europa, los países del Tercer Mundo representaron también un reto para la investigación y el pensamiento social, y pusieron sobre la mesa el tema del desarrollo nacional.

Para comprender la movilización masiva de recursos asig-

[34] Schumpeter, *op. cit.*

nados al desarrollo nacional en las décadas posteriores a la segunda Guerra Mundial es preciso tener en mente dos factores: primero, el interés predominante fuera de Estados Unidos por el crecimiento y la ocupación plena (en parte motivado por el deseo de prevenir y evitar una depresión mundial de magnitudes catastróficas como la que siguió a la primera guerra); el segundo, la Guerra Fría y su división del mundo en el marco de una rivalidad ideológica entre el "Este" y el "Oeste".

La confrontación que supuso la Guerra Fría orilló a las dos grandes potencias, Estados Unidos y la Unión Soviética, a interesarse por "ayudar" a las naciones pobres a desarrollarse por el camino "correcto". Sobra decir que cada potencia entendió la "ayuda" y el "camino correcto" de un modo ideológico distinto y antagónico. En muchas ocasiones este antagonismo hizo que la ayuda se presentara bajo el rostro de la provisión de armas y apoyo militar en las confrontaciones locales, con frecuencia leídas a la luz de la disputa políticoideológica internacional. Cualquier forma de violencia étnica, religiosa, territorial o política era vista como un enfrentamiento entre el capitalismo y el comunismo;[35] en consecuencia, los conflictos armados se multiplicaron en todo el conjunto de las sociedades en vías de desarrollo.

Además de la movilización militar, política y económica, la actividad científica y económica desempeñó un papel fundamental en este periodo. Gran parte del esfuerzo que han realizado las ciencias sociales desde la segunda guerra se ha centrado en la descripción, análisis, explicación, predicción y orientación de los fenómenos sociales, políticos y

[35] Javier Elguea, "Development Wars in Latin America: 1945-1989", *International Journal on World Peace*, vol. VII, núm. 2, 1990.

económicos según su papel dentro de un esquema general de desarrollo. Este esfuerzo proveyó los recursos necesarios para el nacimiento de un nuevo campo de estudio: el de la teoría del desarrollo social y económico.

Casi desde su aparición, este campo se caracterizó por la presencia de diversos marcos conceptuales antagónicos y la persistencia de los mismos temas en disputa. En las seis últimas décadas del siglo XX los frenéticos debates trataron de llegar a un acuerdo sobre la forma en que se debía definir y analizar el "desarrollo social", sobre lo que significa ser un país "desarrollado" o "subdesarrollado", cuáles son las causas del subdesarrollo, y cómo puede evolucionar una nación hacia una posición política y socioeconómica más elevada.[36]

El crecimiento económico moderno

En la década de los sesenta Kuznets,[37] uno de los padres fundadores de la teoría del desarrollo moderno, hizo una contribución seminal a estos debates al definir el crecimiento económico moderno como la combinación entre el crecimiento sostenido del ingreso per cápita,[38] el aumento en la población, y una serie de cambios estructurales fundamentalmente económicos.[39] Entre dichos cambios estructurales

[36] Elguea, *Las teorías del desarrollo social..., op. cit.*

[37] Simon Kuznets, *Crecimiento económico y estructura económica*, trad. Gustavo Barbat, Barcelona, Ariel, 1974, 434 p.

[38] Entendido como el producto nacional bruto dividido entre el total de habitantes.

[39] Kuznets, *op. cit.*

menciona la distribución adecuada de la fuerza laboral en las distintas actividades productivas, la migración de la población de las zonas rurales a las ciudades, el incremento en los niveles de consumo y la acumulación de capital público y privado.

A pesar de que existía alguna forma de crecimiento económico antes del siglo XVIII, la economía premoderna produjo un incremento en el ingreso total, pero no así en el ingreso per cápita, debido a las presiones que el crecimiento poblacional ejercía sobre los recursos naturales limitados; en pocas palabras, la población crecía más rápidamente que la economía. Esta disparidad entre el crecimiento poblacional y el económico, junto con sus posibles consecuencias catastróficas, fueron puestas en evidencia por Thomas Malthus.[40]

En los inicios del periodo de crecimiento moderno las economías más poderosas, no sólo en Europa sino en Asia y América, tenían aproximadamente el mismo ingreso per cápita. Fue en el continente europeo donde comenzó el crecimiento económico moderno, aunque a un ritmo sumamente lento; y fueron muy pocos los países que experimentaron los cambios estructurales –a los que se refiere Kuznets–[41] antes del siglo XX.

Inglaterra fue el primer país que experimentó esta forma de crecimiento durante la primera mitad del siglo XVIII, mientras los franceses lo vivieron hasta fines del mismo siglo. Estados Unidos inició dicha transformación a prin-

[40] Thomas Malthus, *Ensayo sobre el principio de la población*, trad. Teodoro Ortiz, México, Fondo de Cultura Económica, 1998, 616 p.

[41] Kuznets, *op. cit.*

cipios del siglo XIX, y no fue sino hasta mediados de ese siglo que países como Alemania, Holanda, Suiza, Suecia, Noruega, Dinamarca, Canadá y Australia tuvieron un crecimiento económico propiamente moderno. Japón lo hizo a fines del siglo XIX, y otras naciones como Italia tuvieron que esperar hasta principios del siglo XX. Los últimos países que alcanzaron un crecimiento económico moderno, durante la segunda mitad del siglo pasado, fueron, en el sureste asiático, Singapur, Taiwan, Corea del Sur; recientemente en Asia, China e India; y finalmente algunos países europeos: España e Irlanda, Grecia y Portugal y, durante la última década Polonia, la República Checa, Hungría y Eslovenia.[42]

Cabe destacar que en comparación con lo sucedido en el siglo XIX y principios del XX, estos últimos países alcanzaron el crecimiento económico moderno de una forma notablemente acelerada. Es posible afirmar entonces que el crecimiento económico no sólo se ha extendido por el mundo, sino que también avanza cada vez más rápido. El promedio en las tasas de crecimiento durante el siglo XVIII fue de 1%; en el XIX de casi 2%, y en la primera mitad del siglo XX alcanzó 3%. De fines del siglo pasado a nuestros días las tasas de crecimiento pasaron de 6%, con el que iniciaron, a más de 8% anual. En una sola generación varios países antes pobres como Singapur, España o Irlanda se transformaron en ricos.

Sin embargo, el otro lado de la moneda es, como resultado de las diferentes fechas de "despegue" y las distintas tasas de crecimiento, que hemos sido testigos de un aumento considerable en la desigualdad, tanto local como global. Hoy las diferencias económicas no sólo separan a

[42] *The Economist*, World Report, 2005.

naciones que hasta hace dos siglos eran igualmente pobres; en muchos países el crecimiento del ingreso per cápita ha ido acompañado, desafortunadamente, por el crecimiento de la desigualdad.

El Consenso de Washington y el fracaso de la economía

El fin de la Guerra Fría, simbolizado por la caída del Muro de Berlín en 1989 y la consecuente desintegración de la Unión Soviética, supuso el fin de una de las mayores disputas alrededor del modelo ideal de crecimiento económico. En un lado se encontraba la alternativa comunista de una economía centralmente planificada, que era practicada por la Unión Soviética; en el otro, la economía de mercado de los estados y las democracias capitalistas.

El desenlace del conflicto dejó a la economía de mercado y al neoclasicismo económico como las mejores opciones disponibles para promover el progreso de las sociedades y el desarrollo económico. La globalización, la liberalización de los mercados y la institucionalización de democracias participativas, se convirtieron en tendencias dominantes. Pero no por ello se dirimieron todas las disputas ni mucho menos se alcanzó el llamado "Fin de la Historia" en el sentido que le diera Marx[43] ni en el que le diera Fukuyama.[44]

[43] Marx, *op. cit.*

[44] Francis Fukuyama, *The End of History and the Last Man*, Nueva York, Free Press, 1992; *The End of History and the Last Man*, Nueva York, Avon Press, 1992.

Como sucedió tras la segunda guerra, el final de la Guerra Fría fue testigo de nuevas facciones y divisiones en el seno de la economía de mercado y el enfoque neoclásico. La vieja disputa de principios del siglo XX entre J.M. Keynes[45] y F.V. Hayek[46] –probablemente los dos economistas más influyentes de ese siglo– alrededor de la función del gobierno en la conducción de la economía, se reavivó en un legítimo esfuerzo colectivo por encontrar el camino idóneo a la prosperidad y el bienestar en todo el mundo.

Desde el fin de la segunda guerra y entre los países en desarrollo, nada ha popularizado mejor los aciertos y los errores de la economía que la labor de las dos instituciones guardianas de la economía mundial: El Fondo Monetario Internacional y el Banco Mundial. Ninguna otra institución, nacional o internacional, ha dedicado por tanto tiempo tal cantidad de recursos al estudio y la conducción de procesos de desarrollo, primero en Europa y después en el mundo subdesarrollado. Las consecuencias de sus decisiones y recomendaciones alcanzan a todos los países del mundo, desde Argentina hasta Filipinas y Vietnam, pasando por México y los países de África Central.

Sería un reduccionismo injusto pensar que a lo largo de sus 70 años de existencia estas instituciones han seguido una línea específica en todo momento. Tanto el Banco Mundial como el Fondo Monetario Internacional son organismos complejos donde el acuerdo es tan frecuente como

[45] Keynes, *Teoría general de la ocupación, el interés y el dinero*, México, Fondo de Cultura Económica, 1976, 334 p.

[46] F.A. Hayek, *The Pure Theory of Capital*, EU, University of Chicago Press, 1975, 464 p.

el desacuerdo; sin embargo, si se ha de señalar un elemento siempre presente, éste sería una visión evolutiva y consensual que proviene de la teoría económica moderna y de la experiencia de los países más desarrollados del orbe, que son, además, los que las dirigen; es decir, Estados Unidos y las economías más poderosas de la Unión Europea.

Durante las últimas dos décadas del siglo XX las experiencias y la investigación desarrollada por el Fondo Monetario Internacional y el Banco Mundial fueron recopiladas, analizadas y sistematizadas en un conjunto de conocimientos y recomendaciones de política económica para el crecimiento y el desarrollo que se ha denominado el "Consenso de Washington". Esta denominación resulta paradójica hoy día, pues el único consenso que queda en realidad es que este enfoque, en su versión integral original, debe ser abandonado.

El Consenso de Washington se formuló gradualmente como respuesta a la crisis de la deuda en la América Latina de los años ochenta. El principal interés en aquellos años era lograr que los países deudores cumplieran sus obligaciones con sus acreedores, para lo cual se les recomendaba, o exigía, que pusieran "sus cuentas en orden", o que realizaran reformas políticas específicas como condición para la renegociación de los pagos; más adelante esta misma fórmula se aplicó en varios países de Asia –durante la llamada "Crisis asiática"– y en África.

Formulado al comienzo de manera vaga y tentativa, el Consenso de Washington ha sido resumido en 10 instrumentos de política macroeconómica; a saber:

1. Disciplina fiscal y eliminación de presupuestos deficitarios.

2. Establecimiento de prioridades para el gasto público y eliminación de subsidios.
3. Reforma fiscal.
4. Manejo adecuado de las tasas de interés.
5. Manejo adecuado del tipo de cambio.
6. Política comercial de apertura y liberalización.
7. Apertura a la inversión extranjera directa.
8. Promoción de privatizaciones.
9. Establecimiento de esquemas de desregulación.
10. Establecimiento y fortalecimiento de los derechos de propiedad.[47]

Los objetivos económicos generales de estos 10 instrumentos son, teóricamente, el crecimiento económico, bajos niveles de inflación, una balanza de pagos equilibrada y viable, y una distribución más equitativa del ingreso.

Vistas por separado, es difícil no estar de acuerdo con cada una de estas recomendaciones; de hecho, tanto los instrumentos como los objetivos que persigue el Consenso de Washington pueden calificarse como un conjunto de políticas macroeconómicas simples y prudentes. Sin embargo ha sido siempre complejo y arriesgado llevarlas a cabo.

En resumen, pueden identificarse tres problemas esenciales en torno del Consenso de Washington. El primero de ellos es la evidente inconsistencia entre la práctica y la prédica de los países que lo conforman; el segundo es un problema empírico: contradiciendo las predicciones del Con-

[47] Oliver Williamson, "The Economies of Organization: The Transaction Cost Approach", *American Journal of Sociology*, núm. 87, 1994, pp. 548-577.

senso, los resultados de los países en donde ha sido aplicada esta fórmula son desesperanzadores; el tercero se refiere a la fuerte crítica –que analizamos en los siguientes capítulos– a que han sido sometidos durante los últimos años algunos fundamentos epistemológicos de la concepción de racionalidad en la que se apoyan tanto la economía moderna como el Consenso de Washington.

El primer problema, pues, fue el de la inconsistencia entre la prédica de los defensores del Consenso de Washington y lo que realmente practicaban en sus propios países. La corrupción de las instituciones públicas y privadas, denunciada por el Consenso, no es privativa de los funcionarios de los países subdesarrollados a los que dirigen sus recomendaciones, como han demostrado los escándalos corporativos y financieros de principios de este siglo en Estados Unidos y en Europa. Mantener un déficit fiscal es también una práctica común en los países desarrollados que suscriben el consenso, así como la manipulación de las tasas de interés y el tipo de cambio; lo mismo puede decirse del proteccionismo a ultranza que practican en algunas áreas del comercio internacional, como en la agricultura, donde la potencial liberalización de los mercados acarrearía mayores beneficios a los países más pobres.

En el mejor de los casos, estas contradicciones han desacreditado las recomendaciones y la fortaleza moral del Consenso de Washington. Sin embargo, conviene reconocer que por sí mismos no constituyen una refutación a las propuestas del Consenso; lo que resulta incuestionablemente condenable es la corrupción y la incongruencia, que deben ser combatidas en todos lados y no se justifican bajo ninguna circunstancia.

De los tres conjuntos de problemas, los dos desafíos más importantes a la legitimidad práctica e intelectual del Consenso son de naturaleza empírica y teórica. Permítame el lector abundar sobre ellos en las siguientes secciones.

Por qué unos países prosperan y otros no

Ya lo mencioné: durante las últimas seis décadas los esquemas explicativos del progreso y de su falta han proliferado exponencialmente; a pesar de esta intensa actividad, la mayor parte de las explicaciones, incluso sobre el mismo país o región, resultan contradictorias e inconsistentes entre sí, y no han logrado producir una teoría aceptada sobre el progreso de las sociedades.

De hecho, ni siquiera queda claro qué es lo que nociones como "progreso" o "desarrollo" significan para los distintos enfoques; como veremos, ésta es la mayor dificultad que enfrenta la disciplina. El hecho de que exista un intenso debate sobre qué factores contribuyen al desarrollo y cuáles no es una señal clara de que el tema central de las discusiones no se ha definido de manera integral y suficiente. Quisiera ahora describir algunas de estas inconsistencias teóricas.

La concepción económica más antigua sostuvo que el desarrollo depende de la posesión y utilización de abundantes recursos naturales; sin embargo en el siglo XX algunas naciones exitosas como Alemania, Japón, Suiza, Italia, Corea, Singapur y Hong Kong, cuentan con recursos naturales muy limitados, o tan escasos que se han visto en la necesidad de importar la mayor parte de sus materias primas. Otros teóricos entendieron el desarrollo como el resultado de mano de obra barata y abundante; no obstante, naciones como Suecia, Suiza, Alemania y Japón han prosperado con salarios altos y escasez de trabajadores. De hecho, la habilidad de estos países para progresar *a pesar* de sus salarios altos ha sido envidiada por muchos.

Otras concepciones alternativas han entendido el desarrollo como un fenómeno puramente macroeconómico; es el caso de los adherentes al Consenso de Washington, que subrayan variables como la estabilidad macroeconómica, el tipo de cambio, las tasas de interés y el déficit gubernamental. Sin embargo varias naciones han progresado haciendo caso omiso a estas recomendaciones. De nuevo encontramos a Japón, Italia y Corea, que crecieron con presupuestos públicos deficitarios; Alemania y Suiza progresaron con monedas sobrevaluadas, e Italia y Corea han mejorado sus estándares de vida con tasas de interés altas. China, por su parte, ha mostrado que es posible el desarrollo con una moneda subvaluada, como hasta hace muy poco era la suya.

Estos países pusieron en entredicho la necesidad de seguir las fórmulas del Consenso, aunque el reto para la doctrina vino de la desalentadora evidencia empírica que arrojaron los países que practicaron sus recomendaciones.

Desde sus inicios, Dornbusch[48] apuntó hacia la experiencia de México y Bolivia en la década de los ochenta, donde el crecimiento económico acelerado, después de años de aplicar los programas de estabilización propuestos por el Fondo Monetario Internacional y el Banco Mundial, sim-

[48] Rudiger Dornbusch, *The Open Economy Tools for Policy Makers in Developing Countries*, Nueva York, World Bank-Oxford University, 1984, 428 p.

plemente no se ha presentado. Durante la década de los noventa Argentina era considera un caso ejemplar del éxito del Consenso de Washington; entre 2002 y 2005, en cambio, se convirtió en la evidencia más contundente de su fracaso; en esos años Argentina declaró la moratoria de pagos sobre deuda soberana más grande de la historia.

Frente a estos casos, los defensores del Consenso vieron –probablemente con cierto grado de razón– la necesidad de considerar la contribución negativa de políticos y servidores públicos incompetentes o corruptos. Pero esto no hace sino evidenciar el limitado poder de predicción, o las explicaciones *ad hoc* de una teoría que ignoró variables de importancia. De la misma forma, el control de la inflación y la atracción de capital en África, América Latina, Europa del Este y algunos lugares de Asia resultan ser políticas económicas más complejas y más difíciles de poner en práctica que lo anticipado por los teóricos desde Washington.

Una vez más, las numerosas definiciones de progreso y desarrollo económico subrayan el problema conceptual de esta disciplina: ¿qué entendemos por "desarrollo"? o, de manera concreta, ¿qué entendemos por "nación desarrollada"? Sorprenden la frecuencia y facilidad con que se emplean estos términos dada la falta de una definición clara, que en ocasiones se extraña incluso en quienes más recurren a ellos.

Algunos sostienen que el desarrollo se hace evidente en la capacidad de un país para competir en el mercado internacional ofreciendo precios bajos. ¿Cómo es posible entonces que naciones como Francia y Estados Unidos hayan disfrutado de recientes avances en sus estándares de vida basando su estrategia de crecimiento en monedas fuertes, y salarios y precios altos? Al estudiar estos y otros países uno llegaría a la conclusión de que la habilidad de una nación para competir con precios altos en los mercados internacionales puede ser un mejor objetivo de desarrollo. Abordaré con mayor detalle el punto en el cuarto capítulo; baste ahora mencionar que esta capacidad parece depender mucho más de la calidad de su capital humano y social, que de su acceso a materias primas.

Hay también quienes sostienen que una balanza comercial positiva es evidencia del desarrollo de una nación. Desde la posguerra Suiza ha mantenido un precario balance comercial, e Italia y Estados Unidos han sufrido déficit comercial crónico por largos periodos; sin embargo los tres países han disfrutado de crecimiento sostenido en su ingreso nacional. Por el contrario, muchas naciones "en vías de desarrollo", como México o Argentina, han logrado mantener el equilibrio en su balanza comercial sin alcanzar tasas de crecimiento aceleradas o suficientes.

Las mismas contradicciones empíricas se encuentran en las estrategias para el crecimiento del porcentaje de exportaciones o la creación de empleo; ambos son, aparentemente, objetivos deseables, pero hay ejemplos de países, como Alemania, que han crecido al mismo tiempo que reducen su porcentaje total de exportaciones, o con altas tasas de desempleo, como España. Cada una de estas estrategias dice algo acerca del estado de la política económica en cada país, pero no se relacionan directamente con la capacidad sostenida de creación de prosperidad en una nación.

Recientemente muchos argumentan que el progreso y el desarrollo económico se encuentran fuertemente influidos por las políticas públicas gubernamentales mediante la regulación de la política industrial. Entre las estrategias clave que describen se encuentran la definición de objetivos económicos, el proteccionismo, la promoción de exportaciones y los subsidios dirigidos. Parte de la evidencia que ofrecen proviene de industrias como la automotriz y metalmecánica, la del acero, de construcción de barcos, de la robótica, de semiconductores y para el desarrollo de *software* en países como Estados Unidos, Alemania, Corea y Japón.

De manera contraria, los opositores a esta postura recuerdan que estas mismas políticas de intervencionismo gubernamental fracasaron en la Italia de la posguerra; a pesar de ello los italianos fueron capaces de convertir a su país en una potencia exportadora a la altura de Japón o Corea, con los mismos o mejores estándares de vida. Más aún, incluso entre los "tigres asiáticos" la intervención gubernamental exitosa y significativa ha sido más bien la excepción que la regla, y existen varios ejemplos de fracasos rotundos: la aviación y el desarrollo de *software* en Japón, la industria química, la fabricación de maquinaria y la biogenética en Corea. Desde este enfoque se reconoce que los gobiernos son actores en los procesos de desarrollo, pero que rara vez son su causa.

Finalmente, una explicación reciente y popular atribuye el éxito de algunas naciones a la competitividad y la capacidad productiva de sus empresas y sus trabajadores; se habla en especial de la ética del trabajo, la innovación y los estilos de administración para incrementar la productividad en las empresas estadunidenses de los cincuenta y de los noventa, así como en las empresas japonesas de los ochenta. El problema con esta explicación es que rara vez la combinación de factores que hace a una empresa más competitiva y productiva es exportable a otra empresa, ni siquiera de la misma nacionalidad; por ejemplo, los esquemas productivos de las empresas italianas serían impensables en Alemania, y lo mismo puede decirse en sentido inverso.

Ninguna de estas explicaciones sobre el desarrollo económico es completamente satisfactoria. Cada una contiene una porción de verdad, pero ni todas sus verdades pueden ser integradas en forma coherente, ni ninguna sobrevive intacta a un escrutinio detallado.

Es evidente, un siglo después del surgimiento de la disciplina, que el problema del progreso y el desarrollo son fenómenos donde interviene un mayor y más complicado número de variables de lo que creíamos. Sobresale, entre todas las variables consideradas, la convergencia acelerada de las distintas economías y sociedades del mundo hacia un solo modelo liberal. A este fenómeno de convergencia se le ha denominado *globalización*.

Globalización: la libertad y el desarrollo

En las últimas dos décadas ha ido cobrando fuerza un importante debate alrededor de una serie de preguntas sobre el desarrollo y su relación con la globalización que resultan de interés para casi todo el mundo: ¿Qué tanto hemos realmente progresado los seres humanos como resultado de la globalización? Y, si ha habido progreso, ¿quién se ha beneficiado? ¿Son la globalización y el desarrollo un juego donde unos cuantos ganan; un juego cuyo resultado son unos pocos millones de prósperos ganadores y miles de millones de perdedores empobrecidos? En pocas palabras: ¿realmente son la globalización y el desarrollo la llave para el mejoramiento general de la condición humana?

Los defensores de la globalización o liberalización la ven como una solución a los problemas de la pobreza y el bienestar porque consideran que estimula el desarrollo y eleva los estándares de vida en todas partes. Sus planteamientos aseguran que una economía integrada globalmente puede llevar a una mejor distribución del trabajo entre los países, y a explotar las ventajas de cada uno de manera competitiva: bajos salarios, geografía, mano de obra, recursos naturales, tecnología, cultura. Desde una perspectiva multinacional, la globalización dejaría que las empresas y sus gobiernos aprovecharan mayores economías de escala, y el capital podría moverse fácilmente a través de las diversas redes globales a cualquier país que ofreciera proyectos de altos rendimientos.

Por otro lado, los opositores a la globalización mantienen dos perspectivas negativas y en ocasiones contradictorias. Los "globalifóbicos" del mundo subdesarrollado argumentan que la globalización es la nueva cara de un imperialismo antiguo, en el que las economías más poderosas dominan tanto los mercados como la cultura de los países en desarrollo. Por su cuenta, en el mundo desarrollado los críticos de la globalización predicen efectos catastróficos como consecuencia de la competencia internacional. Ésta, dicen, presionará a los países en desarrollo a reducir los salarios de sus trabajadores y promoverá el deterioro ambiental y el agotamiento de los recursos naturales.

En mi opinión, si la globalización es estrictamente el proceso de liberalización y apertura de una economía al comercio, los flujos de capital y la migración, es inevitable que en corto plazo eliminará algunos empleos y afectará a los países y empresas menos competitivos. Hay evidencia empírica de que esto ya ha ocurrido.[49] Sin embargo es también evidente que la globalización de una sociedad puede mejorar los estándares de vida, incluso entre los más pobres, como ha ocurrido recientemente en India y China, donde en las últimas dos décadas ha rescatado a 400 millones de personas de la pobreza extrema.[50] Pero para que la globalización produzca este tipo de resultados positivos se requiere la aplicación de políticas públicas adecuadas, la inversión en el desarrollo del capital humano y social, y el fortalecimiento de instituciones que favorezcan la coordinación y organización de todos los que intervienen en el proceso. Lograda la convergencia de estas variables, el crecimiento acelerado y el progreso social ocurren rápidamente.

El sentido más amplio y ambicioso en que debemos entender la globalización y el desarrollo es el de la liberación. El desarrollo puede ser visto, siguiendo la argumentación de Sen,[51] como el proceso de expansión de las libertades reales que las personas pueden disfrutar. En mi opinión, la libertad fundamental a la que esto se refiere es la de perseguir el bienestar y la realización personal, según lo defina cada quien de acuerdo con sus creencias, valores e intereses propios. La expansión y consolidación de la libertad resulta ser, desde esta perspectiva, tanto el medio como el objetivo último del desarrollo.

En este sentido, el desarrollo implica, necesariamente, la remoción de los obstáculos a la libertad: el autoritarismo, la

[49] *The Economist*, 1 de septiembre, 2006.

[50] Jagdish Bhagwati, *In Defense of Globalization*, Nueva York, Oxford University Press, 2004, 320 p.

[51] Amartya Sen, *Development As Freedom*, Nueva York, Anchor, 2000, 384 p.

represión, la intolerancia y la pobreza, la inseguridad, la falta de oportunidades económicas y educativas, la privación material, social y espiritual. Las instituciones, en tanto fungen como garantes de estas libertades, hacen posible la participación de individuos en las decisiones sociales y políticas que promuevan el progreso; de ahí la importancia que adquieren la calidad y la solidez de las instituciones para el desarrollo de una sociedad.

Con oportunidades sociales, económicas y políticas adecuadas, los individuos pueden efectivamente definir por sí mismos sus metas de autorrealización y facilitar así el diálogo y la cooperación como medios necesarios para la consecución del bienestar social promovido y basado en la libertad.

Hay países que a principios del siglo XXI parecen mantenerse en una concepción cíclica y prehistórica del tiempo. El eterno retorno de la pobreza, el hambre, la enfermedad y la violencia, parecen ser una realidad de la que sus habitantes no logran escapar. Por otra parte, hay un conjunto menor de países, como Corea del Sur, Singapur, Irlanda y Portugal que, siguiendo el ancestral ejemplo de los nómadas hebreos, han aprendido a ver el tiempo como una oportunidad de progreso y desarrollo. La experiencia de estos países ha demostrado que basta una sola generación de seres humanos para enfrentar y vencer los retos más apremiantes que suponen la pobreza y el subdesarrollo.

Después de más de cien años de interés sistemático por el progreso y el desarrollo es importante evaluar y reconsiderar adónde nos ha llevado el estudio de este tema. Es preciso describir cuál es el saldo de la rivalidad entre los distintos marcos conceptuales en sus aplicaciones prácticas, y determinar qué nos puede enseñar la historia de dicha rivalidad acerca de la naturaleza del desarrollo social y el crecimiento económico en la transformación real de las sociedades.

La clave para alcanzar mejores niveles de bienestar social y realización individual –eje central de este libro– orbita alrededor del interés fundamental por entender y dirigir el esfuerzo mental consciente que hacen los seres humanos por reducir la incertidumbre y controlar su destino.

Estos avances pueden integrarse en tres conjuntos de variables más o menos simples: primero, la creación y distribución de la riqueza espiritual –resguardada en los sistemas progresivos de creencias e íntimamente asociada a la capacidad mental y cognitiva de los individuos–, elemento indispensable para la organización y cooperación entre los miembros de una sociedad; segundo, la elaboración de políticas públicas adecuadas que den certidumbre y fomenten la libertad, la educación y la productividad, y como consecuencia de lo anterior, la creación y consolidación de instituciones que aseguren el orden y la continuidad. El examen de estos tres grandes temas constituye el contenido de los siguientes capítulos.

I. ¿EL MISTERIO DEL DESARROLLO?

> La autorrealización es un proyecto personal creativo, de crecimiento individual, que requiere el compromiso en la lucha por crear un mundo mejor.
>
> R. FOGEL[52]

Desde los días de Rousseau[53] surgió en el pensamiento occidental una visión romántica de la pobreza que cobró fuerza durante el romanticismo decimonónico. También conocida como el *mito del buen salvaje*, imaginaba el pasado de la humanidad, antes del desarrollo y el progreso de la civilización, como un estado sensual de paz natural, libre de ataduras sociales y moralismos e inmerso en un mundo prístino y sin contaminación.

Esta visión romántica ocultaba los aspectos más desagradables de la pobreza y no reconocía la incertidumbre en que había vivido la humanidad durante la mayor parte de su historia. El temor a los fenómenos naturales, las plagas y

[52] Robert Fogel, *The Escape from Hunger and Premature Death, 1799-2100*, EU, Cambridge University Press, 2004, 126 p.

[53] Jean-Jacques Rousseau, *The Basic Political Writings*, Indianápolis, Cress D.A., 1987, 227 p.

las hambrunas que periódicamente diezmaron poblaciones enteras, los elevados índices de mortandad –que daban a un niño la misma posibilidad de morir a los cinco años que de seguir viviendo–, y los desastres causados por los seres humanos con las guerras, son todos ellos un recordatorio de la fragilidad humana.

Desde el momento en el que surge la vida humana enfrenta las consecuencias de una incertidumbre inhumana. La historia de todas las civilizaciones, la historia misma del progreso de la humanidad, es una historia de constantes esfuerzos por reducir esa incertidumbre, muchas veces fatal, hasta hacerla manejable, al aumentar nuestra capacidad de anticipar el futuro.[54]

En esta ancestral lucha la humanidad ha recurrido a la más poderosa de sus herramientas de anticipación de la realidad: su excepcional capacidad mental y cognitiva, que le permite convertir sus experiencias en ideas y conocimientos a partir de la observación, la imitación, el aprendizaje y la comunicación. Más que ninguna otra cosa, el éxito de la humanidad ha dependido de su asombrosa capacidad para organizar el conocimiento en forma de sistemas de creencias que reduzcan la incertidumbre, tanto de la naturaleza como del comportamiento humano, y sean empleados para constituir comunidades cooperativas que beneficien a sus integrantes.

[54] Siguiendo a Knight, empleo el término *incertidumbre* como condición en que no es posible asignar ninguna probabilidad al resultado de una acción, y *riesgo* como condición en que es posible asignar probabilidades a los resultados.

En realidad, por siglos la humanidad ha tenido más fracasos que éxitos en esta lucha milenaria. Cualquier recuento histórico es un resumen de la falibilidad persistente de los seres humanos ante la incertidumbre, la enfermedad, el desorden social y la guerra. Sin embargo, y por pocos que sean, los aciertos del ser humano han tenido enormes consecuencias positivas que perduran hasta la fecha. Recientemente en nuestra historia evolutiva, algunos pueblos han logrado reducir sustancialmente la incertidumbre y han prosperado en una forma y un grado inimaginables hace unas cuantas generaciones. A pesar de que estos aciertos se han generalizado y extendido a muchas sociedades, también han creado brechas de desigualdad como no se habían presentado antes en la historia de la humanidad.

En consecuencia, durante los últimos 100 años, científicos y practicantes se han hecho una pregunta de manera casi obsesiva: ¿por qué muchos países son todavía tanto más pobres que otros? En otras palabras, ¿por qué el progreso ha beneficiado sólo a algunos seres humanos? Y, en la medida en que el desarrollo humano y el enriquecimiento material resultan imprescindibles para erradicar o disminuir los peores aspectos de la pobreza, ¿qué podemos hacer para que los países pobres se desarrollen más rápido?

En estos primeros años del siglo XXI el problema central es que cada vez más gente vive hambrienta, invadida por parásitos, analfabeta y forzada a caminar kilómetros diariamente para obtener agua potable; además, su desigualdad respecto a los habitantes de los países desarrollados sigue creciendo en forma sin precedentes. Algunas comparaciones, aunque ofensivas, resultan ilustrativas: una vaca en la Unión Europea, por ejemplo, recibe un subsidio oficial anual que representa casi el doble del ingreso per cápita de India en 2006 y varias veces el de los países más pobres del Sahara africano.[55]

Cabe recordar que la pobreza en sí misma no es un fenómeno reciente. A pesar de que el llamado *crecimiento económico moderno* comenzó hace ya tres siglos, fue apenas en el siglo XX cuando las naciones más desarrolladas del planeta alcanzaron altos niveles de prosperidad. Se estima que hasta 1820 cerca de 84% de la población mundial vivía en las mismas condiciones de pobreza. Durante el siglo XIX cientos de millones de personas en todo el mundo, tanto en las ciudades como en las zonas rurales, sufrían de malnutrición, de enfermedades, y sus expectativas de vida eran muy cortas.

Por lo tanto no debemos olvidar que durante todos los estadios históricos previos la mayoría de las personas sufrió de pobreza extrema, y sus vidas fueron –como decía Hobbes– difíciles, crueles y cortas.[56] Sin embargo, durante los últimos cien años naciones enteras lograron eliminar la pobreza extrema y entrar en una etapa de prosperidad y desarrollo sin precedentes. ¿Cómo lo lograron?

Pobreza y desigualdad en el siglo XXI

Desde 1700 el progreso material ha seguido de manera estable un curso ascendente, que se ha acelerado en algunos

[55] Pranab Bardhan, *Scarcity, Conflicts, and Cooperation. Essays in the Political and Institutional Economics of Development*, Cambridge, Mass., The MIT Press, 2005, pp. 252 y 254.

[56] Thomas Hobbes, *Leviathan*, Nueva York, Penguin Classics, 1982, 736 p.

países. Esta aceleración en los cambios ha producido un desfase cada vez mayor entre las transformaciones políticas y tecnológicas y la capacidad de las sociedades para ajustarse a ellas. La consecuencia grave e importante de dicho desfase ha sido la enorme desigualdad en la distribución de oportunidades para el desarrollo humano y para el crecimiento económico en todos los países del orbe.

La pobreza y la desigualdad son problemas añejos y relativos; sin embargo ni su antigüedad ni su relatividad las vuelven excusables, tras considerar la cantidad de países que han logrado eliminarlas casi completamente. A partir de dicha evidencia la erradicación de la pobreza ha dejado de ser una utopía; aunque siga siendo una realidad abrumadora, el desarrollo y la prosperidad han dejado de ser un misterio.

Debemos comenzar por reconocer las inmensas ganancias materiales que se han obtenido en casi todo el mundo durante los últimos cien años como resultado del crecimiento económico y los avances médicos. La expectativa de vida está cerca de duplicarse y la mortalidad infantil se ha reducido de manera considerable, incluso en los países pobres. El nivel de mortalidad infantil en Italia antes de la segunda Guerra Mundial era tan alto como el que actualmente tiene Uganda. En 1860, los ingresos per cápita de los países desarrollados de hoy fluctuaban entre 1 300 y 3 200 dólares a precios de hoy, el mismo rango de ingresos que existe actualmente en Ghana y Rumania. Todavía más: la tasa de mortalidad infantil en Rumania es hoy de 2% y la de Ghana de 7%, mientras que en 1860 la mortalidad infantil era de 14% en Suecia y de 26% en

Austria, actualmente dos de los países más desarrollados del mundo.[57]

Es importante reconocer también que a pesar de estos avances en algunas partes del mundo, la pobreza extrema continúa devastando innecesariamente la vida de millones de seres humanos. Aproximadamente la cuarta parte de la población mundial vive hoy en condiciones de pobreza extrema: malnutrición, ignorancia, epidemias, enfermedades y violencia, son la realidad cotidiana para miles de millones de personas.

El desperdicio de la inteligencia y la capacidad cognitiva por falta de alimentación y educación afecta a las personas que tienen que vivir con menos de dos dólares por día,[58] incluyendo a más de 80% de los niños en el mundo. Es evidente que la baja expectativa de vida, la falta de acceso a agua potable, el analfabetismo y la mortalidad infantil influyen directamente y de manera negativa sobre la capacidad productiva e impiden el desarrollo.[59] Esto constituye el círculo vicioso de la pobreza y el subdesarrollo en decenas de países, desde Asia hasta África, pasando por América Latina.

[57] Amartya Sen, *Poverty and Famines. An Essay on Entitlement and Deprivation*, Nueva York, Oxford University Press, 1981, 270 p.

[58] Desde los trabajos de Martin Ravallion la línea de la pobreza extrema fue definida como la de aquellas personas que sobreviven con un dólar al día. Esta medida estaba relacionada con la cantidad de calorías que una persona pobre consumía (menos de 2000 calorías) por día. Desde entonces el Banco Mundial adoptó y popularizó esta medida de pobreza.

[59] Bjorn Lomborg, *Global Crises, Global Solutions*, EU, Cambridge University Press, 2004, 670 p.; Jeffrey Sachs, *op. cit.*

HAMBRE, PLAGAS, GUERRA Y MUERTE: EL PROBLEMA DE LA POBREZA MATERIAL

La pobreza y la desigualdad suelen definirse a partir de alguna forma de carencia material o económica. Los economistas y otros científicos tienden a concebir las brechas sociales y la desigualdad en términos de bienes materiales, como el alimento, el vestido, la vivienda, las medicinas o el dinero; actualmente ser pobre significa estar privado de estos bienes esenciales y tangibles. En consecuencia, hasta ahora la lucha contra la pobreza y la desigualdad ha tomado formas físicas y materiales: hospitales, caminos, fábricas, refinerías, ciudades industriales, plantas de generación de energía y todo el arreglo de canales de distribución que favorecen la creación de mercados y el crecimiento económico.

Como expuse en la introducción, hasta fines de la segunda Guerra Mundial no existía una explicación aceptada por la generalidad acerca del llamado "misterio del desarrollo"[60] ni por lo tanto consenso alguno sobre las soluciones al problema de la pobreza y la desigualdad en el mundo. El crecimiento y el desarrollo eran enigmas sin resolver.

Durante los últimos 100 años se han hecho grandes esfuerzos en esta materia y se han puesto en práctica diversas fórmulas teóricas de toda índole: desde las teorías de la modernización y la dependencia hasta varias formas de corporativismo, autoritarismo burocrático, socialismo e indigenismo, pasando por el "consenso" de Washington, y más recientemente el de Copenhague.[61] Incluso se ha recurrido

[60] Helpman, *op. cit.*

[61] Lomborg, *op. cit.*

a las revoluciones armadas y a la violencia organizada, que sólo han agravado la situación.[62]

Fue apenas durante las últimas décadas del siglo XX cuando algunos países subdesarrollados lograron dar pasos acelerados en sus tasas de crecimiento y en la reducción de la pobreza y la desigualdad. Algunos de ellos lograron en una sola generación convertirse en países desarrollados, un hecho que –debo subrayar– no tiene precedentes. Gracias a la experiencia de una decena de países hoy podemos estudiar el crecimiento económico y el desarrollo social en los países pobres y proponer mejores soluciones a sus problemas más apremiantes.

Si la paradoja de la desigualdad moderna –es decir, la prosperidad rodeada de pobreza– no se explica por la antigüedad de los pueblos ni por la raza o la geografía, tampoco se explica exclusivamente por las condiciones económicas o las formas de gobierno. ¿Cuáles son entonces sus causas reales?, ¿cómo puede combatirse o erradicarse?, ¿cómo es que algunos países han logrado escapar del círculo vicioso de esta paradoja? Y, sobre todo, ¿qué podemos aprender de estos casos exitosos?

Desafortunadamente las explicaciones más comunes y aceptadas del fracaso de los países en su propósito de superar la pobreza se enfocan en los defectos de los pobres: la ignorancia e incompetencia de los pueblos que –se presupone– están detrás de la corrupción y la incapacidad del gobierno para crear las instituciones sólidas y confiables ne-

[62] Javier Elguea, *Las teorías del desarrollo…, op. cit.*; "Development Wars…" *op. cit.*; "Wars in Latin America", *International Journal on World Peace*, vol. VIII, núm. 3, 1991; *Globalization and Development: Partners or Competitors?*, California, STS Nexus-Santa Clara University, 2003.

cesarias para el combate a la pobreza. En este sentido, una conclusión de este libro es que es importante ir más allá de este tipo de explicaciones simplistas y entender que las instituciones, en cualquier país del mundo, no son más que construcciones mentales que dependen en primera instancia de la capacidad heurística y cognitiva de los sistemas de creencias, que a su vez promueven o inhiben el surgimiento de virtudes sociales y de riqueza en los pueblos.

Desde nuestra aparición los seres humanos nos hemos representado el mundo por medio de esquemas mentales, lenguajes y sistemas de creencias; como explicaré detalladamente más adelante, las distintas formas de representación mental dirigen y limitan nuestro comportamiento a partir de las interpretaciones que hacemos del mundo.

De la misma forma, las instituciones no son más que los repositorios de la riqueza –o la pobreza– heurística de estos sistemas internos de creencias, por lo que el cambio institucional se debe entender como un proceso gradual de transformaciones en los modelos mentales de las personas y en los sistemas de creencias que sustentan los acuerdos en una comunidad. De esta manera, el éxito o fracaso de la estructura institucional de una sociedad refleja inevitablemente la utilidad de las creencias y el conocimiento acumulados a lo largo del tiempo.

La lentitud o el fracaso de este proceso de transferencia de conocimiento y de la difusión de creencias progresivas y de virtudes sociales explican tanto la riqueza como la desigualdad, y nos dejan con la abrumadora conclusión de que el sufrimiento de los miles de millones de pobres en el mundo de hoy es inmensurable, innecesario, y a pesar de algunas opiniones en sentido contrario, no beneficia a nadie.

En la medida en que –como se puede ver– la pobreza es más destructiva aún de lo que las simples estadísticas demográficas y económicas muestran, estas lecciones adquieren un carácter urgente. Además de la pobreza material que destruye cuerpos debido al hambre, la enfermedad y la violencia, hay otra pobreza que socava el ánimo y el espíritu de los pueblos, y que es –en el fondo– el origen de la mayoría de las formas de pobreza; me refiero a una que no siempre se puede medir, pero que se puede sentir y comprender aunque uno no la haya vivido. Es la pobreza que aniquila las aspiraciones de una persona, sus expectativas, su confianza y sus esperanzas, y que hace imposible la búsqueda del bienestar social y de la realización individual; es en pocas palabras *la pobreza espiritual.*

IGNORANCIA Y DESCONFIANZA: EL PROBLEMA DE LA POBREZA ESPIRITUAL

El eje central de este libro es el análisis del problema de la creación y distribución de la capacidad mental, cognitiva e intelectual, y de las virtudes sociales, que llamaré "riqueza espiritual".[63] A lo largo de este trabajo insistiré en que el

[63] Utilizaré el término "riqueza espiritual" como sinónimo de la suma del capital humano y del capital social, sin ninguna relación con lo religioso o metafísico. Estoy consciente de que el término puede lo mismo atraer que perturbar a ciertos lectores; de hecho, mi intención al usarlo es provocar a todos. Es importante subrayar, además, que éste no es un libro sobre la relación entre la religión y el desarrollo, sino de ciencia y filosofía aplicada.

Fue probablemente Rousseau el primero en secularizar el "vocabulario espiritual" y en hablar del alma como el repositorio de la identidad y

desarrollo mental y las capacidades cognitivas individuales, así como las cualidades de los conjuntos de modelos mentales o *sistemas de creencias colectivos* que los seres humanos

---

el intelecto. La Mettrie llegó incluso a sugerir que el alma no era más que la suma total de las partes corporales, afirmación con la que muchos cognitivistas contemporáneos estarían de acuerdo. Como el resto de los filósofos de la Ilustración, estos pensadores cuestionaron radicalmente uno de los principios más antiguos del pensamiento occidental: la separación de el espíritu y la materia, de la mente y el cuerpo.

En el contexto de este libro, y remontándome a los orígenes del término en el periodo de la Ilustración, el espíritu no es más que el entendimiento racional, lo que Kant llamó *geist* y Descartes definió como "el lugar en el que residen el pensamiento, el intelecto y la razón". Pensamiento, conciencia, intelecto y razón son para ellos sinónimos de espíritu.

Más cercanos a la intención de este libro, Berkeley y Locke trataron de enriquecer el uso del término "espíritu" y utilizaron también el de "mente" *(mind)* para diferenciarlo de las en aquel entonces discutidas "sustancias incorpóreas": "ángeles, demonios y las almas de los difuntos..., de las cuales –nos advierten– carecemos de noticias ciertas". Al usarlo su intención era "*ir al encuentro en la conciencia humana de datos adecuados y ciertos en la naturaleza y en el mundo, para ir hacia la construcción de la historia*". Partiendo de esta tradición iniciada por los filósofos de la Ilustración, por riqueza espiritual me refiero en este libro al conjunto de elementos, características y capacidades *mentales* y *sociales*, no materiales ni físicas, que son determinantes en el bienestar material e inmaterial de los seres humanos.

En el sentido que la Ilustración le dio, la espiritualidad tiene varias facetas. El uso de la razón y la claridad de propósito, la honestidad, la lealtad, e incluso la religiosidad estarían casi en cualquier lista de aquella época. Algunos más, como Montesquieu, añadieron elementos políticos y sociales como la tolerancia, la justicia y la igualdad.

Durante los siglos XIX y XX el término "espíritu" fue gradualmente remplazado por el de "mente", aunque con frecuencia ambos han sido uti-

emplean para anticipar el mundo y actuar en él, ocupan el lugar más importante de este grupo de recursos mentales o espirituales que llamamos *capital humano*, y que son, a mi juicio, un requisito de los demás recursos sociales, como la capacidad de organización, la cooperación, la confianza y el altruismo, que constituyen lo que conocemos como *capital social*.

En otras palabras, como un resultado de la adquisición de *capacidades mentales o cognitivas individuales* surgen también las *virtudes sociales,* que son, en orden progresivo, la reciprocidad condicionada, la capacidad de sociabilidad espontánea, la cooperación, la confianza y el altruismo. Todas estas virtudes desempeñan un papel fundamental en la constitución y funcionamiento de comunidades eficientes para la resolución de sus problemas y la creación de prosperidad. Finalmente encontramos también valores como la legitimidad o autoridad moral, la conducta ética, la empatía, la generosidad, la responsabilidad, y la disciplina, características de los sistemas de creencias en las sociedades que poseen no sólo mayor riqueza humana y social, sino –como argumentaré– también material.

El conjunto de estas capacidades mentales y sociales constituye el núcleo del concepto de riqueza espiritual que emplearé en este libro. Como ya mencioné, mi análisis se

---

lizados como sinónimos de funciones superiores como el entendimiento y la voluntad. En el siglo XX Fogel reavivó esta vieja tradición y, conjuntándola con la discusión sobre desarrollo económico en el seno de la economía, propuso la idea de *distribución de la riqueza espiritual* para destacar la importancia de las virtudes individuales y sociales, no materiales, en la explicación del crecimiento económico.

centrará únicamente en aquellos elementos de las virtudes individuales y sociales que inciden directamente sobre el bienestar social y la realización individual, los dos grandes objetivos del progreso humano.[64]

[64] Como aclaré en la nota anterior, la discusión sobre la importancia de la riqueza espiritual no incursiona en este pequeño libro en el campo del pensamiento religioso y su influencia sobre las sociedades y sus economías. La idea de que la vida religiosa de los individuos y de los pueblos puede estar asociada al progreso material tiene una vieja y conocida historia. Hace un siglo Weber sugirió que la difusión de una ética protestante explicaba el enriquecimiento de los países europeos, aunque ignoró a algunos grupos, ya prósperos en aquel entonces, de europeos no protestantes: los judíos y los chinos. A fines del siglo XX, pero en el ámbito microeconómico, Freeman afirmó que la participación religiosa está asociada con bajas tasas de criminalidad, escasa adicción a drogas y poco alcoholismo. Más recientemente Platteau y Hayami, Fogel, Barro y Gruber han sostenido en distintas formas que la participación religiosa activa es un indicador del ingreso, de la escolaridad y del progreso social.

La evidencia empírica que sustenta estas conjeturas es, sin embargo, todavía insuficiente. Un gran obstáculo ha sido la dificultad de distinguir la causa de los efectos. Puede ser que la religiosidad genere prosperidad, como sostuvo Weber, pero puede también ser que la riqueza sea la causa de la participación en grupos religiosos organizados, como sostienen Platteau y Hayami, y Boyer. Hasta puede ser que otras variables, como la disciplina y las tradiciones sociales, lleven a la gente a ambas, la religión y la prosperidad.

Coincido con Wittgenstein cuando afirmó: "Aquello de lo cual no podemos hablar, es mejor dejarlo pasar en silencio." Por eso dejo a otros, más conocedores que yo, el análisis profundo de este tema, y me limito a utilizar el término *espiritual* como un sinónimo de *capacidades mentales individuales y de virtudes sociales.*

El espíritu de las sociedades

Buena parte de nuestros problemas conceptuales en torno a los fines del desarrollo humano y social resulta de la forma en que actualmente percibimos el crecimiento económico, es decir, en términos casi exclusivamente del ingreso. Esta concepción limitada no hace justicia a la amplitud del impacto que el proceso de crecimiento y desarrollo –o su ausencia– tiene sobre las sociedades.

La mejora en los estándares de vida de una población depende no sólo de la cantidad de bienes concretos que los individuos pueden adquirir, sino del grado en el que la emancipación de la pobreza material permite a los pueblos crear y desarrollar su carácter moral y espiritual.[65] No debemos olvidar que una de las principales características de quienes viven inmersos en las más graves condiciones de pobreza, tanto en las sociedades desarrolladas como en las subdesarrolladas, es su alienación social, cultural, moral y espiritual.

Al pasar por alto estas consideraciones, las distintas estrategias que durante los siglos XX y XXI se han empleado para combatir la pobreza han hecho poco por promover la adquisición y el fortalecimiento de las virtudes individuales y sociales necesarias para lograr que una sociedad progrese por sí misma.

Como se ha manifestado repetidamente en la literatura, los modelos económicos tradicionales han resultado insuficientes para explicar la causa de la pobreza, entre otras

[65] Por carácter moral me refiero al conjunto de normas de conducta entre las personas que forman parte de cierto consenso social, como se manifiesta en los sistemas de creencias.

cosas porque –desde tiempos de Adam Smith– casi siempre se limitan a una sola variable: el ingreso. El origen del desarrollo económico y el progreso social, así como los elementos que los amenazan u obstaculizan –como argumentaré a lo largo de estas páginas– están relacionados estrechamente con el grado de igualdad en la distribución de los recursos cognitivos y mentales y de las virtudes sociales, es decir, la riqueza espiritual.

Un argumento recurrente en este libro es que, aun cuando la asistencia material y el ingreso son factores importantes para la erradicación de la marginación social y económica, esta asistencia no alcanzará su objetivo adecuadamente si se da por sentado que el mejoramiento de las condiciones materiales creará de manera automática más y mejores posibilidades para la realización individual y el bienestar social.

Los objetivos del desarrollo

He dicho antes que los objetivos del desarrollo son el *bienestar social y la realización individual*; sin embargo existen diversas formas de entender estos conceptos, y comúnmente se les emplea sin que quede claro a qué se refieren exactamente. Quisiera, por lo tanto, detenerme un poco para precisar qué debemos entender por bienestar social y realización individual.

En realidad, cuando se habla de bienestar se hace referencia a un conjunto variable de cualidades que las sociedades determinan por tradición o aspiración. Si coincidimos en que el objetivo de los procesos de crecimiento y progreso es desarrollar la capacidad de los individuos para llevar la vida material y espiritual que ellos escojan, es decir, su *autorrealización*, podremos hacer algunas generalizaciones tentativas.

Primero, la autorrealización implica algunos requisitos materiales: buena salud y alimentación, un mínimo de educación, servicios públicos suficientes y seguridad personal, etc.; en otras palabras, la autorrealización requiere del suficiente progreso material como para que la supervivencia no sea la única preocupación, como sucede en condiciones de pobreza.

Segundo, la autorrealización requiere, sobre todo, responder a la pregunta que se ha hecho a lo largo de la historia la mayor parte de las civilizaciones que han alcanzado un nivel mínimo de progreso material: ¿cómo es que los individuos logran alcanzar el máximo de su potencial y llevar una vida plena y significativa? Para prácticamente todas las civilizaciones existentes, *realizarse significa alcanzar el máximo desarrollo de los aspectos virtuosos de la naturaleza personal.*[66]

Tercero, esta manera de concebir la realización llevó a algunos filósofos y pensadores contemporáneos –entre ellos a Nozick–[67] a argumentar que la autorrealización requiere también un compromiso real con el esfuerzo por crear un mundo mejor.

Volviendo a la pregunta inicial, ¿por qué debemos preocuparnos por el crecimiento económico y el desarrollo so-

[66] Fogel, *The Fourth Great Awakening...*, *op. cit.*

[67] Robert Nozick, *Examined Life*, Nueva York, Touchstone Books-Simon and Schuster, 1989, 320 p.

cial?, la razón moral fundamental es, sin duda alguna, su impacto en el bienestar general de la humanidad. La creación de mercados, la globalización y el crecimiento económico, vistos por muchos como la ruta más segura para aliviar la pobreza, han demostrado ser necesarios; sin embargo no han sido suficientes para alcanzar la autorrealización y un bienestar generalizado y adecuadamente distribuido, ni siquiera en el seno de los países desarrollados.

Dado que el progreso se refiere, en su acepción más amplia, al mejoramiento del bienestar humano a través del tiempo y a la aplicación de las estrategias necesarias para que las personas puedan alcanzar la vida que elijan llevar, el desarrollo social implica no sólo elevar la cantidad de bienes, la expectativa de vida y la escolaridad de los individuos, sino también sus capacidades para realizarse y llevar una vida significativa y plena.

Si –como he argumentado– los problemas de desarrollo social y humano se encuentran en la base de los problemas económicos, es difícil explicar por qué en algunos países seguimos insistiendo exclusivamente en la desigual distribución de la riqueza material y no así en la privación social, intelectual y espiritual. Como veremos, el capital social y el capital humano, dos recursos espirituales y no materiales, son elementos cruciales para el éxito de políticas públicas viables, inclusivas y eficaces, así como para la creación de instituciones que resuelvan problemas políticos, sociales y económicos.

El argumento central de este libro es que hoy día las peores amenazas y las mejores oportunidades para el desarrollo de los pueblos y el crecimiento económico están asociadas a la desigualdad en la distribución de recursos humanos y sociales, y no única ni primordialmente de los materiales. Las clases bajas y las masas empobrecidas del mundo en desarrollo carecen de recursos humanos y sociales; de la misma manera, tanto en las sociedades subdesarrolladas como en las desarrolladas son requeridos por la mayoría de los desempleados crónicos, las minorías étnicas, la juventud sin educación ni un futuro claro, las mujeres pobres y los ancianos.

Si, como algunos han argumentado,[68] el incremento en los estándares de vida material puede contribuir a que una sociedad se vuelva más racional, abierta, tolerante y democrática, entonces es innegable la importancia de hacer coincidir el progreso material y el progreso espiritual de los pueblos. El crecimiento económico es valioso no sólo por las mejoras materiales que conlleva, sino por la forma en que afecta las actitudes sociales de los individuos y el carácter de las instituciones. Cuando los estándares de vida se estancan o retroceden, estas mismas actitudes se ven afectadas negativamente, la anomia se generaliza y el futuro se vislumbra con angustia e incertidumbre, la desconfianza y la escasez de bienes básicos deterioran las relaciones sociales y se repite el círculo vicioso del subdesarrollo.

Uno de los conceptos centrales en la discusión sobre las causas del progreso y el desarrollo ha sido la *racionalidad* de los actores o agentes económicos. Concebida originalmente como una virtud de los procesos de pensamiento, la racionalidad se transformó durante el siglo XX en una herramienta para la teoría económica y la biología evoluti-

[68] Benjamin Friedman, *The Moral Consequences of Economic Growth*, EU, Alfred A. Knopf, 2005, 592 p.

va en la explicación y predicción de los procesos humanos de elección ante la incertidumbre. Convertida en *canon*, tal concepción de la racionalidad humana ocupó, para bien y para mal, un papel dominante en la literatura sobre estos temas. El siguiente es un capítulo dedicado al análisis de las bondades y de las limitaciones de la concepción canónica, u óptima, de la racionalidad.

II. *HOMO ECONOMICUS VS. HOMO SAPIENS SAPIENS*: UNA CRÍTICA DE LA RAZÓN ARROGANTE

LOS PROBLEMAS DE LA TEORÍA ECONÓMICA Y DE LA RAZÓN ARROGANTE[69]

Los economistas hablan con frecuencia del modelo canónico de racionalidad económica, conocido también como *máxima* u *óptima*, como si éste hubiera logrado responder sumariamente a las importantes preguntas sobre el origen y la explicación de la racionalidad humana. Muchos de ellos asumen en su trabajo académico y práctico que es posible utilizarlo como un modelo o *canon* universal de explicación y de predicción del comportamiento humano de elección en condiciones de riesgo. Partiendo de estos fundamentos teóricos, y confiados en sus indiscutibles habilidades numéricas y estadísticas, así como en un supuesto mejor entendimiento de cómo los seres humanos responden a los incentivos, los economistas se han aventurado a explicar gran diversidad de fenómenos, desde la selección de compañeros sexuales hasta la epidemiología o las estrategias de juego en deportes como el soccer.[70]

[69] Carlos Pereda, *Crítica de la razón arrogante: cuatro panfletos civiles*, México, D.F., Altea, 1999, 155 p.

[70] Freakonomics, *op. cit.*

Indudablemente, y como expondré a lo largo de este capítulo, las aportaciones del modelo canónico al estudio de la racionalidad han ayudado a entender mejor los procesos de decisión racional. Desafortunadamente los límites de su capacidad explicativa han quedado por debajo de las expectativas originales de la teoría económica moderna: *óptima* dista mucho de ser un modelo universal de racionalidad. Sorprendentemente, las refutaciones al modelo canónico, pese a su enorme importancia teórica y su abundancia numérica, han pasado inadvertidas para gran número de economistas académicos y practicantes, quienes han optado por ignorarlas o resistirlas con una imperdonable arrogancia. Me explico.

Cuando hablamos de arrogancia, aun cuando se presente disfrazada de racionalidad, nos referimos a un vicio, un vicio que se manifiesta en un conjunto de creencias, deseos y, por supuesto, conductas específicas. Lo primero que distingue al arrogante es su desmesura, la desproporción de sus creencias y sus comportamientos tanto en la seguridad en sí mismo como en el menosprecio por lo que no cae dentro del ámbito de las ideas que defiende. Los objetos de esta altanería y del desprecio por lo distinto o lo diferente pueden ser tan comunes como diversos, desde los gustos literarios hasta las más refinadas teorías económicas y sociales.[71]

Tal vez el rasgo más desagradable de la razón arrogante sea el deseo de exaltar la propia superioridad intelectual, que con frecuencia resulta en una soberbia vana y, en el peor de los casos, claramente irracional. Esta forma de irra-

[71] Pereda, *op. cit.*, p. 26.

cionalidad, se manifiesta de distintas maneras, en el mundo académico, la más visible de las cuales es una forma de fundamentalismo: la necesidad de construir un entorno protegido de ideas distintas, de formar una secta de fanáticos que sólo reconocen a quienes están dispuestos a abrazar –sin dudas o críticas– la teoría o escala de valores propia y a menoscabar o ignorar a los que no estén de acuerdo con sus creencias.

Hoy día la razón arrogante se puede identificar dentro de las ciencias sociales en su tendencia –contraria a la tendencia interdisciplinaria de otras ciencias contemporáneas– a la simplificación y su obsesión por las fronteras disciplinarias: los antropólogos o filósofos de la ciencia no deben hacer economía ni los economistas pueden hacer observaciones psicológicas o sociológicas.[72]

Esta obsesión con los límites ha acarreado consecuencias negativas para el progreso de las ciencias sociales y el desarrollo de mejores explicaciones sobre el comportamiento humano racional y de cualquier otro tipo. Es importante resaltar dos de ellas: primero, el *analfabetismo disciplinario*, evidente en la ineptitud para comprender y dialogar con cualquier idea que escape a los estrechos límites de la disciplina en la que se trabaje. Segundo, el *fervor sucursalero*, que ha sido descrito por Pereda de la siguiente forma:

> Se conoce en la juventud una corriente de investigación (a menudo mientras se estudia en alguna universidad del extranjero); luego se continúa el resto de la vida repitiendo

[72] *Idem.*

> ciertas fórmulas hasta volverlas rancias. El resultado es previsible: trabajos polvorientos que se dirigen... a nadie (en la universidad en donde se inició tal corriente de investigación se suele estar en otra cosa). De esta manera, el investigador [...] se convierte en un experto, o más bien, en un meticuloso guardián de lo que [...] ya nadie trabaja.[73]

Con frecuencia estas conductas arrogantes se califican con el eufemismo de "tenacidad científica". Para Karl Popper, en una de sus aportaciones más importantes, la historia de la ciencia no es más que una recolección de los errores cometidos con tenacidad por los científicos a lo largo del tiempo.[74] Desde esta perspectiva se comprende que la economía haya sido la disciplina que más ha aportado a la teoría y la práctica del desarrollo social, pues es sin duda la que más errores ha cometido y superado. El primero de ellos –y fundamental para la definición de su naturaleza– fue su original intento de emular a la física al identificar los fenómenos humanos con los físicos y los naturales.[75] Hoy nadie duda de que la economía se trata fundamentalmente de otra cosa.

[73] *Loc. cit.*

[74] Karl Popper, *All Life is a Problem Solving*, Nueva York, Routledge-Taylor and Francis Group, 1999, 192 p.

[75] Robert Solow ha sostenido lo siguiente: "My impression is that the best and brightest in the profession proceed as if economics is the physics of society. There is a single universally valid model of the world. It only needs to be applied". Esto se debe en gran medida al método de elección de la mayoría de los economistas y a su objetivo fallido de convertir a la economía en una ciencia exacta. El origen de la economía como disciplina está indeleblemente marcado por el éxito de la física newtoniana,

La economía es *la ciencia de la elección*, nos dice la gran mayoría de los libros de texto.[76] A pesar de la claridad con que afirman este objetivo como guía de su labor explicativa, los economistas rara vez se preguntan acerca de la arquitectura de la mente a partir de la cual los seres humanos comprenden y ordenan el mundo para reducir la incertidumbre y hacer mejores elecciones. Esta omisión de la economía nos obliga a buscar las respuestas en las disciplinas científicas que sí se lo han preguntado de manera sistemática. Pero antes considero prudente analizar algunos conceptos que resultan imprescindibles para la mejor comprensión de lo que aquí se expondrá.

---

que los primeros economistas no lograron repetir. Su generalizada adherencia a los modelos formales, uno de los pilares de las ciencias exactas, su ignorancia de la importancia de la experimentación, otro de los pilares de la ciencia moderna, y la falta de atención a disciplinas que han realizado estudios formales y experimentales del comportamiento mental, han resultado en grandes y graves omisiones. El resultado inmediato ha sido la elaboración de una gran cantidad de modelos formales, o matemáticos, que carecen de evidencia experimental que permita explicar las peculiaridades del comportamiento humano real.

Las ciencias sociales no poseen en su instrumental teórico ningún concepto comparable al de los protones, neutrones, o genes y estructuras moleculares de la física decimonónica, sobre los cuales puedan construir sus explicaciones. La mayor parte de los intentos por alcanzar el estatus de ciencias exactas o naturales han sido fallidos o espurios.

[76] Paul Samuelson, *Economics*, Nueva York, McGraw-Hill, 1995, 832 p.

Conciencia, intenciones e incentivos

La *conciencia*[77] y la naturaleza *intencional*[78] que resulta de ella constituyen la realidad fundamental de todos los ámbitos de interacción humana. Aunque para una explicación aceptable de estos fenómenos se requiere la descripción de los procesos neuronales (biológicos y químicos) que posibilitan la percepción y los estados mentales en general,[79] nadie sugeriría que dichos procesos agotan el fenómeno de la conciencia humana; por eso el origen de la humanidad, entendida como algo más que un conjunto de reacciones químico biológicas, está íntimamente ligado al origen de la conciencia.

Si queremos comprender la racionalidad del progreso y el desarrollo humano es indispensable analizar primero las diversas formas en que la conciencia humana ha interactuado con la realidad natural y social, y los distintos patrones mentales, culturales e institucionales que dicha interacción ha producido a lo largo de la historia.

Esta afirmación merece una breve explicación histórica. En el origen de la vida no existían razones ni intenciones, sólo causas y efectos. No existían propósitos ni nin-

[77] La conciencia puede ser definida de una manera sucinta como la capacidad cognitiva para elaborar un mapa mental más o menos completo de uno mismo, de los demás seres humanos y del entorno.

[78] La intención es la propiedad de los sistemas mentales para determinar los objetivos de la acción humana.

[79] John Searle, *Intentionality. An Essay in the Philosophy of Minds*, EU, Cambridge University Press, 1983, 288 p.; Daniel Dennet, *Consciousness Explained*, EU, Little Brown and Company, 1991, 511 p.; y *The Intentional Stance*, Cambridge, Mass., The MIT Press, 1993, 400 p.

guna forma de teleología; en pocas palabras puede decirse que no existía ningún ser vivo con *intereses ni incentivos*. En cuanto aparecieron los seres vivos surgió, cuando menos, un interés obvio: la *preservación* (que significa, como mínimo, ser capaz de reconocer y atacar o huir de los depredadores, buscar alimento y reproducirse). Estos intereses primarios requirieron, además, de una concepción básica de los límites del organismo interesado en preservarse: si el organismo en cuestión, por ejemplo, necesita alimentarse, debe saber de alguna forma que no puede devorarse a sí mismo; ésta, me parece, pudo haber sido la primera forma de *conciencia*: un mapa o representación mental de sí mismo que le permitiera preservarse.

Así, la existencia continuada de un organismo es evidencia de que en él se reúnen dos capacidades esenciales: la capacidad para representarse a sí mismo y al mundo (conciencia), y la de *anticipar el futuro*. Para sobrevivir, los organismos tuvieron que desarrollar métodos de defensa o escape frente a las situaciones de peligro, así como dar soluciones a los problemas de alimentación y reproducción que les permitieran *actuar* en consecuencia. Para adquirir estas capacidades –resolver problemas y actuar–, los organismos requieren un sistema nervioso capaz de controlar sus movimientos y de anticipar las características del medio ambiente y las consecuencias de sus acciones en relación con sus intenciones. De esta forma, todos los cerebros se convirtieron, esencialmente, en *instrumentos para la anticipación y la conciencia*.[80]

[80] Dennet, *Consciousness Explained, op. cit.*, p. 177.

Desde entonces los cerebros más exitosos han sido aquellos capaces de obtener la mejor información lo más rápidamente posible, a fin de emplearla en lo que se conoce como las cuatro C: combatir, correr, comer y copular. Enfrentados a la necesidad de anticipar el futuro utilizando nuestro conocimiento del pasado, los organismos más inteligentes desarrollamos una gran capacidad para identificar *patrones* de comportamiento en el medio ambiente. Esta búsqueda de heurísticas –en otras palabras, patrones explicativos de la realidad– es un denominador común en buena parte de los organismos, denominador que evidentemente compartimos los seres humanos.

Bien sea que se tome conciencia de ello o que se reaccione a partir de dicho supuesto, la existencia de todos los organismos vivos se desarrolla conforme al principio de que el futuro será una repetición del pasado. Cuando esto no se ha cumplido, nuestra supervivencia ha dependido de la habilidad para rediseñar nuestros patrones heurísticos de manera que se ajusten a las condiciones cambiantes. Hoy día este rediseño se conoce, en algunas ocasiones, como *aprendizaje*, y en otras como *evolución*.[81]

Como explicaré más adelante, la sociedad, junto con todas sus reglas, es resultado de una creación colectiva de la mente humana, cuya evolución ha estado influida por los mecanismos de supervivencia, cooperación y selección natural. Los especialistas contemporáneos[82] describen el funcionamiento de la mente en términos de *modelos mentales*: una serie de módulos interconectados, cada uno de los cua-

[81] *Ibid.*, p. 182.
[82] Atran, 2004.

les es responsable de alguna función específica. Desde esta perspectiva lo que conocemos como "cultura" –o sistemas de creencias– no es sino una familia de fenómenos mentales que implica un uso extraordinario de procesos cognitivos cotidianos. Las culturas y las creencias que las componen no existen fuera de las mentes individuales que las emplean ni de los ambientes sociales que las limitan y les dan forma; en otras palabras, la cultura de una sociedad está compuesta de heurísticas, de módulos mentales compartidos que han sobrevivido y se han acumulado a través del tiempo en la forma de instintos, rituales, costumbres e instituciones.

Como instrumentos para la supervivencia, la cooperación y la selección natural, la utilidad de los modelos mentales está constantemente sometida a pruebas impuestas tanto por el entorno natural como por la realidad social en que existen. Resulta inevitable –y necesario– que estas pruebas motiven o incentiven en ellos las transformaciones que requieren para adaptarse a las condiciones cambiantes.

Es esencial entender que el conjunto de creencias y modelos mentales que caracterizan y dan sustento al comportamiento humano determina el rango y el carácter de la realidad que percibimos, y por lo tanto las alternativas de acción que realmente podemos tomar. Partiendo de ello podremos explicar mejor los orígenes y el desarrollo de los sistemas de creencias que han promovido el bienestar y la realización a lo largo de la historia, y distinguirlos de los que han fracasado en la misma tarea.

Hasta ahora, sin una teoría explicativa de la mente y la elección que resulte satisfactoria, la economía moderna se conforma con describir el comportamiento económico como una conducta generalizada que procura siempre la maximización de intereses individuales y egoístas; sin embargo carece de explicaciones para otra serie de comportamientos económicos fundamentales y generalizados. En opinión de North[83] las tres deficiencias centrales de la economía neoclásica son: no reconocer la existencia de la fricción en las interacciones, el carácter estático de sus modelos, y la falta e interés por el origen y la causalidad diversa de la intencionalidad en la conciencia humana.

Por una parte, el no tomar en consideración la fricción llevó a la teoría económica a pasar por alto la importancia de los costos de transacción,[84] que abordaré en el quinto capítulo; por otra parte, sus modelos son estáticos en tanto no incluyen la variable tiempo, necesaria para el estudio de comportamientos económicos cambiantes y en desarrollo; finalmente, el ignorar la intencionalidad de la conciencia humana –la más grave de todas las carencias a juicio de North– ha llevado a los economistas a obviar las formas reales en que un individuo elige entre las opciones que se le presentan. Ésta puede parecer una omisión trivial, sin embargo no lo es: un breve análisis de la noción de racionalidad en la economía moderna puede ilustrar su importancia.

[83] Douglass C. North, *Understanding the Process of Economic Change*, EU, Princeton and Oxford Press, 2005, 372 p.

[84] La "nueva economía institucional" resuelve algunos de estos problemas; sus fundadores, North entre ellos, la consideran una teoría distinta del neoclasicismo.

CONJETURAS: RACIONALIDAD Y ELECCIÓN

El conocimiento de la "realidad absoluta y objetiva"[85] no está al alcance de ningún ser humano; sin embargo frente a diversos ámbitos de nuestra existencia elaboramos complejos sistemas de creencias que nos acercan al conocimiento de la realidad y en los que inevitablemente vivimos inmersos. En la economía dichos sistemas nos ofrecen información acerca del funcionamiento de las interacciones económicas, de sus reglas y su comportamiento futuro. Algunas de estas creencias encuentran sustento en ciertas formas de justificación que emanan de lo que hemos llamado "método científico" y que –por lo mismo– aspiran a poseer un mayor grado de verdad. La economía como disciplina es el sistema de creencias por excelencia que aspira a un conjunto de afirmaciones justificadas y verdaderas –es decir, al conocimiento científico– sobre el comportamiento económico humano.

Indudablemente, muchos problemas que surgen en la explicación de procesos de crecimiento y desarrollo se originan en los fundamentos y conceptos de la economía moderna, donde se sustentan los distintos enfoques, desde la teoría de la modernización hasta el Consenso de Washington. El común denominador de estas recomendaciones frustradas –o frustrantes, dependiendo de la perspectiva del lector– ha sido su adherencia a la teoría canónica de racionalidad propia de la economía clásica y neoclásica, y su ignorancia, consecuencia del *analfabetismo disciplinario,* frente a otros

[85] Utilizo los términos "realidad" y "objetiva", lo mismo que "razón pura" y "razón práctica", en el sentido objetivo que Kant les diera.

enfoques complementarios o críticos de la literatura sobre la racionalidad y la mente humana.[86]

Por lo que se refiere al concepto de racionalidad, trataré de demostrar en las siguientes páginas que los economistas han sido presa de lo que ellos mismos han llamado *Path Dependence*,[87] o dependencia del pasado, y que podemos identificar como una consecuencia del *fervor sucursalero* de algunos de ellos: una inercia irracional que resulta en la adherencia a un concepto incompleto y disfuncional.

Es conocido el hecho de que la economía ha evolucionado aislada de otras ciencias sociales. Con frecuencia los economistas responden a esta crítica cuestionando –con razón– la necesidad de que el trabajo empírico de una ciencia social sea consistente con el de otra. Continuaré mi argumentación con el examen de la solidez de esta excusa.

Una definición sucinta de la economía moderna nos dice que es la ciencia que estudia el comportamiento humano y su relación con las elecciones racionales en la asignación de recursos limitados entre objetivos alternativos;[88] en

[86] A pesar de que la teoría económica no niega la existencia de la *mente* –de hecho se dedica al estudio de algunos procesos mentales básicos como la elección o la racionalidad– ha evitado incursionar en el problema de definirla, y, más grave aún, hasta hace muy poco ha eludido recurrir al lenguaje de la filosofía contemporánea, la neuroanatomía o la ciencia cognitiva –disciplinas que la han estudiado sistemáticamente– para entender su impacto y el de la racionalidad sobre el comportamiento económico. No sólo las humanidades y la filosofía necesitan analizar a la mente como un fenómeno natural. Como trataré de demostrar en esta parte, los distintos intentos economicistas por explicar el comportamiento humano sin referirse a la mente han resultado estériles.

[87] North, *op. cit.*

[88] Robins, 1935.

otras palabras, esta definición nos dice que la teoría económica está esencialmente relacionada con la noción de recursos limitados y con las decisiones humanas que intervienen en su asignación.

En este sentido la economía debe ser entendida inevitablemente como una *teoría de la elección*. Sin embargo, como ya expuse, la disciplina ha desatendido el estudio del contexto mental en que ocurre la elección humana. Aunque no siempre se le encuentra de manera explícita, ni se analiza con mayor detalle en la teoría económica, en cualquier definición que uno escoja la elección racional será inevitablemente un proceso mental o cognitivo.

Como todos los organismos, los seres humanos elegimos entre distintas opciones que siempre son resultado de nuestras percepciones sensoriales y están determinadas por las representaciones mentales del mundo en que vivimos; de este modo la comprensión y la explicación de las formas en que la mente humana entiende su entorno resultan fundamentales para la teoría económica.

Me he referido a la teoría económica moderna o neoclásica. Considero ahora necesario para mi argumentación profundizar un poco más en sus características. Al hablar de esta teoría me refiero al conjunto de programas de investigación económica que parten de las siguientes premisas:

1. Todas las motivaciones humanas pueden ser reducidas a una jerarquía de preferencias única o universal;

2. todos los seres humanos actúan de forma tal que maximicen sus utilidades dentro de esta jerarquía de preferencias y considerando las limitacione objetivas o las expectativas de estas limitaciones;

3. las expectativas respecto a estas limitaciones se elaboran a partir del uso racional de la información disponible, y

4. a la larga, la oferta es igual a la demanda en los distintos mercados.

Lal sintetiza esta posición teórica de la siguiente forma:

> La mayor parte de los aspectos del comportamiento humano, en una gran variedad de contextos y situaciones –nos dice– puede ser explicada por la combinación de los conceptos de conducta de maximización, equilibrio de los mercados y preferencias estables[...]como los encontramos en el corazón del enfoque económico del comportamiento humano.[89]

Para propósitos analíticos, entonces, parto de la premisa de que las distintas versiones de la teoría económica moderna aceptan estas proposiciones como núcleo de sus programas de investigación. Este cuerpo de supuestos se encuentra incluso en las nuevas versiones de la teoría de la elección racional. Dice Becker:

> Cualquier forma de comportamiento humano puede concebirse como aquella que involucra participantes que *1)* maximizan su utilidad, *2)* lo hacen a partir de un conjunto estable de preferencias, y *3)* acumulan

[89] Depak Lal, *Unintended Consequences: The Impact of Factor Endowments, Culture, and Politics on Long-run Economic Performance*, Cambridge, Mass., MIT Press, 2001, 304 p.

una cantidad óptima de información e insumos en una gran variedad de mercados.[90]

En primer lugar, es evidente en este núcleo que la ciencia económica moderna tiene una relación de dependencia lógica con una concepción específica de la racionalidad: la del modelo canónico; de hecho, para la mayoría de los economistas ésta es la única definición correcta de racionalidad. Desde este punto de vista, un individuo que actuara en una forma en que no maximizara sus intereses individuales, empleando la mejor información disponible, lo estaría haciendo irracionalmente. Entre otras cosas los economistas entienden que una parte de su trabajo es explicar el comportamiento económico de una forma racional, o al menos asegurarse de que la elaboración de políticas públicas, como las que tratan de fomentar el progreso de una sociedad, no sea irracional desde esta perspectiva de la racionalidad óptima.

En la opinión de sus defensores la racionalidad económica o canónica desempeña un papel fundamental en la asignación de recursos escasos o limitados. Conforme a este argumento justifican el uso del mismo esquema de racionalidad como instrumento para predecir el comportamiento humano y elaborar políticas públicas. Sin dicho presupuesto es evidente que el edificio teórico se derrumbaría y con él su estructura empírica y práctica. De aquí que resulte fundamental abocarse a una revisión de la economía de racionalidad utilitaria a la luz de la evidencia empírica; tarea para la cual hasta hace muy poco los economistas no estaban preparados.

[90] G. Becker, 1976, p. 14

En segundo lugar, la economía neoclásica defiende que su teoría de la elección explica los elementos determinantes de las decisiones individuales –y por lo tanto de los fenómenos de mercado– mediante la postulación de preferencias individuales y colectivas jerarquizadas y estables. Consecuentemente, la teoría de la elección individual posee, dentro de la teoría económica, la misma relevancia que la racionalidad canónica.

En suma, tanto la teoría de la racionalidad como la de la elección son elementos esenciales de la teoría económica moderna, sin los cuales su forma sería completamente diferente. Dada esta preeminencia, dichos elementos han sido profusamente discutidos desde su nacimiento; sin embargo, a pesar de que este conjunto de suposiciones teóricas se ha divulgado tanto como se ha criticado, es difícil encontrar una descripción sucinta y simple de estos debates y sus conclusiones. Las siguientes páginas representan un esfuerzo por resumirlos.

REFUTACIONES

Esencialmente las críticas y refutaciones dirigidas en contra del concepto de racionalidad óptima o canónica pueden clasificarse en tres tipos: prácticas, empíricas y filosóficas.

Por deficiencias prácticas entiendo la incapacidad de la ciencia económica para describir –ya no digamos explicar o predecir– la forma en que las personas toman decisiones racionales o eficientes en el mundo real y cotidiano; además, la economía ha sido también incapaz de describir las distintas formas de racionalidad de la actividad económica en la práctica o de decir cuáles son las variables que determinan los distintos grados o niveles de racionalidad.

El principal problema de la teoría económica moderna es la acumulación de evidencia empírica que muestra la persistencia de la irracionalidad de la actividad económica individual, al menos desde la concepción canónica de racionalidad; de ahí se desprende que la capacidad de la teoría para predecir el comportamiento humano es inaplicable en la mayoría de los casos. En parte, esta limitación se explica por el uso persistente de una concepción obsoleta de la racionalidad, la del utilitarismo del siglo XIX,[91] y la indiferen-

[91] En la versión benthamita del utilitarismo decimonónico la noción de "utilidad" en una persona es una medida de su felicidad o su placer. "La naturaleza ha colocado a la humanidad bajo el gobierno de dos soberanos –nos dice Bentham–: el dolor y el placer. De éstos depende lo que hacemos y lo que debemos hacer. Por una parte, determinan el estándar de lo correcto o lo incorrecto. Por otra, la cadena de causas y efectos está subordinada a su trono. Nos gobiernan en todo lo que hacemos, en todo lo que pensamos [...] *el principio de utilidad* reconoce esta sujeción y la asume como el fundamento de un sistema, el objeto del cual es crear felicidad a través de la razón y la ley" (Bentham: *The Principles of Morals and Legislation*, citado por McMahon, 2006).

En general la idea utilitaria original era enfocarse en el bienestar de las personas, concebido esencialmente como un estado mental resultado de la felicidad o el placer generado por algo. Uno de los componentes del utilitarismo es el "consecuencialismo moral", es decir, la idea de que la bondad de todas las conductas debe ser juzgada por los resultados que generan. La consecuencia esperada más importante del utilitarismo era "el mayor bien para el mayor número de personas". El segundo componente es la existencia de una jerarquía o suma de preferencias única para todos los seres humanos. De esta forma obtenemos la fórmula utilitaria que sostiene que cada elección individual debe ser evaluada por la suma total de las utilidades que genera. El principal problema de esta concepción es

cia hacia otras concepciones más recientes, más refinadas y más inclusivas de la racionalidad.

Durante el siglo XX, a pesar de un prolongado esfuerzo de expansión teórica, nunca se logró resolver los problemas de origen en la medición y comparación entre personas.[92] El análisis económico moderno ha definido la utilidad como una representación numérica de la ganancia que suponen las distintas elecciones observables de una persona. Esta posición pretende solucionar el problema de la comparación al reducir las variables de cada individuo a una expresión numérica dentro de una escala única. Sin embargo dicha solución es en última instancia arbitraria, pues no justifica la agregación de las variables en una jerarquía única de preferencias. Desde sus orígenes el "cálculo de la felicidad" de Bentham, por más que intentó encontrar un paralelo con la física de su época, nunca logró la precisión de las matemáticas de Newton. Como decía Locke: el objeto de placer de una persona puede ser la causa del dolor de otra.

Esta propuesta cayó desde un principio en el error de asumir que sentirse bien es lo mismo que hacer el bien, y desconoció o no exploró otras formas de motivación como los valores, y los valores sobre los valores: el altruismo, el

---

que la noción de felicidad no puede ser comparada entre personas de una manera precisa y mesurable, como lo requiere el método científico. Por eso en una versión moderna del utilitarismo los economistas del siglo XX intentaron definir la utilidad como la satisfacción de los deseos y no como felicidad. En esta nueva versión de la teoría lo que importa es la fuerza del deseo que será satisfecho, y no la intensidad de la felicidad que genera.

[92] Samuelson, *Economics*, *op. cit.*; Gregory Mankiw, *Principles of Economics*, EU, The Dryden Press, 1998, 537 p.

honor, la obligación. La idea utilitarista pasó también por alto la capacidad de los individuos para cuestionar su propio esquema de preferencias y modificarlo a voluntad temporal o permanentemente.[93]

Si los seres humanos son motivados únicamente por la optimización del placer y la disminución del dolor, como asume el utilitarismo, ¿por qué frecuentemente los individuos sacrifican su bienestar individual por el de otros, como hacen los soldados en las guerras o los filántropos?

La primera respuesta de los utilitaristas a este cuestionamiento resultó en una paradoja: la medida del bien y el mal es, efectivamente, la del placer y el dolor; pero el placer de la mayoría es mucho más importante que el de un individuo aislado. El estándar de utilidad –sostienen– no es simplemente el de maximizar el placer individual, sino el de maximizar el placer de la mayoría. Esta afirmación contradice de manera flagrante su definición de racionalidad, que pone originalmente al individuo, no a la mayoría, al timón de las elecciones. En vano recorremos la literatura buscando una justificación lógica a este argumento normativo –loable moralmente, pero incongruente– de los economistas de la Ilustración. Esta respuesta no es sino una petición de principio formulada para rescatar a la teoría de la amenaza del hedonismo individualista al que la mayoría de los filósofos de la Ilustración, con cierta incoherencia, se opuso.

Tras examinar esta contradicción, desde principios del siglo XIX Mill refutó el modelo benthamita al demostrar que la felicidad –sea ésta concebida como utilidad o como pla-

[93] Amartya Sen, *Rationality and Freedom*, Cambridge, Mass., Belknap Press/Harvard University Press, 2002, 752 p.

cer– no puede ser usada como un estándar válido de comparación entre individuos ni entre colectividades.[94]

Peor aún: "hay ataques que matan, pero también hay defensas que matan", dice Pereda.[95] Con el tiempo, el esfuerzo del utilitarismo por rescatarse a sí mismo resultó teóricamente regresivo: no resuelve el problema inicial ni formula predicciones novedosas; solamente justifica de una manera *ad hoc* las refutaciones al modelo de racionalidad canónica.

Sen[96] ha caracterizado al individuo idealizado por la teoría de la racionalidad óptima como el "tonto racional": un individuo que piensa sólo en sí mismo y que es incapaz de distinguir entre cuestiones esencialmente diferentes, como el bienestar personal, los intereses privados, las metas de corto y largo plazos, o los valores individuales, incluidos los valores sobre los valores o metapreferencias. El "tonto racional" no puede sino responder a estas distintas preguntas de la misma forma repetitiva: la maximización egoísta. Ser egoísta no es necesariamente una tontería, pero carecer de la libertad y la razón para escoger cuándo serlo y cuándo no, sí lo es. En esta forma la economía, sin evidencia que lo apoye, ha puesto al *homo economicus* por encima del *homo sapiens sapiens*.

Desde entonces las refutaciones al modelo canónico de racionalidad se han multiplicado. A partir de los trabajos

[94] John Stuart Mill, *Bentham. Dissertations*, Reino Unido, Haskell House, 1973.

[95] Carlos Pereda, *Razón e incertidumbre*, México, D.F., Siglo XXI Editores/UNAM, 1994, 308 p.

[96] Sen, *Rationality and Freedom*, *op. cit.*

de Kahneman (Premio Nobel de Economía en 2003)[97] y Slovic y Tversky –que discutiremos más adelante–[98] se ha demostrado empíricamente que las elecciones individuales no pueden ser racionales para la gran mayoría de las personas, al menos en el sentido limitado y canónico de maximización de utilidades. Es aquí donde se demuestran los problemas de la concepción de racionalidad de la teoría económica moderna: la evidencia empírica y experimental no justifica sus posiciones teóricas.

Conviene aquí resaltar los resultados de un estudio experimental e intercultural que fue elaborado recientemente en 12 países, distribuidos en los cinco continentes, donde están representadas 15 sociedades distintas.[99] En él los autores se toparon con graves problemas para sustentar empíricamente la concepción de racionalidad del *homo economicus* que postula la teoría neoclásica.

Uno de los problemas centrales se refiere a la presuposición, en la teoría económica moderna, del individualismo egoísta en la satisfacción de los intereses. La evidencia empírica sugiere que los individuos se preocupan de manera sistemática por la reciprocidad y justicia de sus acciones, y están dispuestos a incurrir en costos personales para alcanzar y respetar estos objetivos comunitarios. Analizaré de-

[97] D. Kahneman y Amos Tversky, *Choices Values and Frames*, *op. cit.*

[98] Paul Slovic, Daniel Kahneman y Amos Tversky, *Judgment Under Uncertainty. Heuristics and Biases*, EU, Cambridge University Press, 1982, 544 p.

[99] Joseph Henrich *et al.*, "In Search of Homo Economicus: Experiments in 15 Small Scale Societies", *American Economic Review*, vol. 91, núm. 2, 2003, pp. 73-79.

talladamente dicha evidencia en el capítulo cuarto de este libro.

El resto de sus hallazgos son igualmente sorprendentes. En primer lugar, el modelo canónico de racionalidad económica no encuentra soporte empírico en ninguna de las sociedades estudiadas; en segundo lugar, existe una enorme variación conductual de un grupo, que el esquema canónico no puede explicar; en tercero, la integración de sistemas de creencias altruistas y de cooperación a las reglas de los mercados explica mejor el comportamiento de estos últimos que el modelo del individuo egoísta en todos los grupos; en cuarto, el comportamiento económico individual no explica el comportamiento económico colectivo; y en quinto y último, el comportamiento experimental observado en este estudio es generalmente consistente con el comportamiento real que se observa en las sociedades. Los autores concluyen:

> Aunque nuestros resultados no implican necesariamente el abandono de los marcos racionales de decisiones, sí sugieren dos revisiones mayúsculas. Primero, el modelo canónico del actor individual y egoísta procurando maximizar sus utilidades es sistemáticamente violado. En todas las sociedades estudiadas [las soluciones cooperativas] resultan estrictamente positivas y con frecuencia rebasan la expectativa de maximización de ingresos [del modelo canónico]. Segundo, las preferencias respecto a las elecciones económicas no son exógenas, como postula el modelo canónico, sino que se encuentran moldeadas por el conjunto de interacciones sociales y económicas en la vida [de las sociedades]. Finalmente, la conexión entre los datos de la

investigación experimental y el estudio de la estructura de la vida económica cotidiana proveen de importantes conclusiones sobre la necesidad de revisar el modelo canónico de elección individual.[100]

Estas conclusiones apuntan a la necesidad de entender la función de los sistemas de creencias y representación del mundo en la elección entre distintas opciones. Asimismo sugieren que estos sistemas mentales han evolucionado adaptándose a diferentes circunstancias en diferentes sociedades, por lo que no existe un modelo único de racionalidad.

Elección e irracionalidad: la teoría de los prospectos

La evidencia experimental nos lleva a la conclusión de que las habilidades utilizadas por los seres humanos reales en la toma de decisiones parecen ser muy distintas de lo que presupone el modelo canónico de la economía moderna; en realidad estas habilidades están orientadas a una tarea específica, y los problemas se agrupan por contenido y no por una estructura formal "óptima" como lo requiere; es decir, las habilidades utilizadas en la solución de problemas conocidos no pueden ser fácilmente transferidas a problemas desconocidos, a pesar de que posean esencialmente la misma estructura.[101]

[100] *Ibid.*, pp. 77-78.
[101] Einhorn, 1980.

La conclusión es que las personas tienen más capacidad para tomar decisiones relevantes y significativas cuando el contexto les es familiar, principio al que se conoce como *orientación a la tarea*. Algunas estrategias de decisión se eligen casi de manera inercial: generalmente se recurre al esquema mental más disponible a la atención o a la memoria, el más reciente, prominente o atractivo. Éste es el origen de muchos de los sesgos en los procesos cognitivos, incluidos algunos que son centrales en la explicación del comportamiento económico.

En una crítica a la teoría de la racionalidad utilitaria del neoclasicismo, Kahneman y Tversky[102] postularon una alternativa denominada *teoría de los prospectos* (*prospect theory*). Entre otras ideas novedosas, y a diferencia de la teoría de la *utilidad esperada* que asigna valor a los bienes finales, la teoría de los prospectos asigna valor tanto a las pérdidas como a las ganancias en la toma de decisiones bajo condiciones de incertidumbre y riesgo.

Daniel Kahneman, el primer psicólogo cognitivo en recibir el Premio Nobel de Economía, ha continuado el estudio de los mecanismos de pensamiento y decisión bajo incertidumbre. Sus conclusiones, de nuevo, son una abierta refutación al modelo canónico. Una enumeración sucinta de sus hallazgos experimentales sería la siguiente:

1. El "anclaje" y el "ajuste" –esto es, el compromiso con una estrategia heurística anterior y el intento de ajuste de

[102] Daniel Kahneman y Amos Tversky, *Choices, Values, and Frames*, *op. cit.*

la realidad a esta estrategia, incluso cuando ésta falla– son prácticas comunes en la toma de decisiones económicas, particularmente en los países pobres.[103]

2. Igualmente común en todo el mundo es el "optimismo infundado" o "confianza infundada", que puede ser de tres tipos: la exageración de las capacidades propias, la sobrestimación del control o conocimiento que se tiene sobre las circunstancias, y la ignorancia o subestimación de las capacidades de los competidores.

3. La "aversión al riesgo" es una característica humana que nos lleva a otorgar mayor importancia a las pérdidas que a las ganancias al tomar decisiones, incluso cuando son equivalentes.

4. Finalmente, el "efecto patrimonial" nos lleva a dar mayor valor a los bienes cuando los poseemos que cuando no;[104] en otras palabras, es más lo que pierdo cuando dejo de tener algo, que lo que gano cuando obtengo lo mismo.

Estos mecanismos explican gran parte de la conducta aparentemente irracional, pero usual, en los seres humanos. Es importante observar, además, las características comunes entre ellos. Puede afirmarse que la inercia en la utilización de esquemas cognitivos conlleva decisiones "irracionales" más o menos predecibles. Muchos de los errores son errores de referencias falsas: una decisión inercial o precipitada, como ocurre en los casos de anclaje o ajuste, puede llevar a

[103] P. Slovic, D. Kahneman y A. Tversky, *Judgement Under Uncertainty...*, *op. cit.*

[104] McFadden, citado en *The Economist*, febrero de 2005.

realizar comparaciones utilizando un marco de referencia que no es relevante en la nueva situación, como le ocurre frecuentemente a los emigrantes del campo a la ciudad o de un país a otro.[105] Nada parecido a la racionalidad óptima se presenta en estos casos; de hecho, es claro que los modelos mentales afectan la toma de decisiones en formas inconsistentes con la teoría de la elección del neoclasicismo.

La evidencia más reciente[106] revela incluso que gran parte de los seres humanos tiene una aversión natural a la participación en los mercados, o "agorafobia" (en el sentido literal, en griego, significaba "temor al mercado"). La participación en los intercambios del mercado implica siempre el riesgo de pérdidas: recibir poco o pagar demasiado por un bien. Al contrario de lo que la teoría económica predice, las oportunidades de beneficio son más bien interpretadas como posibilidades de error y arrepentimiento, e inhiben frecuentemente la participación de los individuos en las transacciones, a costa de sus beneficios potenciales.

El problema del arraigo al pasado y la aversión al riesgo es mucho más complejo; en muchos casos, en una interpretación inadecuada de la ya mencionada teoría de la "dependencia del pasado", se le ha visto como simple inercia. North arroja luz sobre su complejidad:

> Cómo el pasado se conecta con el futuro es el tema de la dependencia del pasado, un término que es usado, mal usado y abusado. No significa nada más que el hecho de que

[105] Kahneman y Tversky, *Choices, Values and Frames*, *op. cit.*

[106] McFadden, citado en *The Economist*, febrero de 2005.

> las elecciones en el presente son limitadas por la herencia [...] acumulada del pasado. La interacción de creencias, instituciones y organizaciones en la estructura total hace que la dependencia del pasado se convierta en un factor fundamental en la continuidad (y la supervivencia) de una sociedad. La dependencia del pasado no es una simple inercia.[107]

En otras palabras, los sistemas de creencias no son simplemente dependientes del pasado: se forman de experiencias acumuladas y por tanto *son* el pasado en el que se sustenta cualquier forma de elección humana.

Es importante resumir algunas de las conclusiones más importantes de la psicología cognitiva sobre el comportamiento de la mente en la elección de alternativas bajo riesgo.

Primero. Los seres humanos reales dependen de un inventario de esquemas y estructuras de conocimiento, modelos mentales o sistemas de creencias almacenados en la memoria de largo plazo, así como de una poderosa memoria asociativa que les permite recuperar y utilizar información, a pesar de la limitada capacidad de memoria inmediata. Una parte central de estos esquemas mentales son las heurísticas de primer orden –y no los algoritmos de segundo orden de los modelos económicos– y sus resultados son funcionales; es decir, orientados a la adaptación y la supervivencia, más que eficientes u óptimos.

Segundo. Los sesgos y errores que esta forma de procesamiento mental tiene no sólo nos alejan de la racionalidad óptima sino que son persistentes y difíciles de corregir, aun

[107] North, *Understanding the Process...*, *op. cit.*, pp. 51-52.

cuando han sido descritos de manera detallada y adecuada a los responsables de una decisión.[108]

Tercero. Los dos puntos anteriores nos llevan a esperar que en el proceso de toma de decisiones las personas se apoyarán con mayor frecuencia en la memoria asociativa de largo plazo y la capacidad para reconocer patrones, y menos en el cálculo de probabilidades o la evaluación de opciones óptimas. Esto significa que el comportamiento humano depende de las estructuras de conocimiento o modelos mentales, independientemente de la optimización o de las limitaciones objetivas.

Cuarto. Esta dependencia de los modelos mentales es "irracional", al menos en el sentido limitado que le da el modelo canónico de la teoría neoclásica; sin embargo es precisamente ésta la forma en que la razón humana funciona en la realidad.

El desafío para el economista moderno es, entonces, elaborar teorías de la elección y de la racionalidad que sean consistentes con los hallazgos de la ciencia cognitiva, así como acercarse a los métodos de investigación de otras ciencias sociales que enriquezcan y complementen sus conclusiones.

Progreso y degeneración en la teoría económica

Ahora bien, la falta de evidencia experimental que corrobore sus conjeturas ha orillado a la mayoría de los econo-

[108] Daniel Kahneman, "Maps of Bounded Rationality: Psychology for Behavioral Economics", *The American Economic Review*, vol. 93, núm. 5, 2003, pp. 1449-1475.

mistas a escoger entre dos caminos: algunos atribuyen las fallas de maximización a ciertas deficiencias de información en los agentes económicos, e incorporan esta falta dentro de sus teorías del comportamiento económico real; otros, sostienen que la maximización es más compleja de lo que parece, y agregan a sus modelos de incentivos, racionalidad y elección, diversos elementos según el caso, de forma que la nueva evidencia se acomode a la teoría dominante.

Desafortunadamente al recurrir a estas estratagemas teóricas los economistas transforman las nociones de "información", "incentivo", "interés" y "utilidad" en conceptos vacíos, que por lo mismo –es decir, por no decir nada– se vuelven irrefutables. Con toda proporción guardada, el camino teóricamente degenerativo que siguen estos economistas es el mismo que en su tiempo siguieron el marxismo y el psicoanálisis, por mencionar dos desastres teóricos y prácticos del siglo XX. En palabras de Pylyshyn:

> [...]no podemos conformarnos con una teoría económica que necesita ser modificada cada vez que se encuentra una nueva observación, aunque en estas condiciones la teoría sea capaz de explicar de una forma ad hoc todas las observaciones existentes: por eso existe el prefijo "pre" en la palabra predicción.[109]

La segunda de estas estratagemas correctivas, agregar hipótesis *ad hoc* y *ad nauseam*, ha tentado a gran número

[109] Pylyshyn, *Computación y conocimiento. Hacia una fundamentación de la ciencia cognitiva*, Madrid, Debate, 1988, p. 122.

de economistas; sin embargo, al escoger esta estrategia han llevado el concepto neoclásico de racionalidad más allá de sus límites conceptuales, distanciándolo de su definición original, restándole utilidad práctica, y vaciándolo de todo contenido empírico. En el sentido lakatosiano,[110] se trata claramente de un movimiento teórico regresivo. Estas propuestas de defensa de la teoría económica no sólo diluyen su contenido empírico sino que reducen sus posibilidades de incrementarlo. En una caricatura, los economistas neoclásicos modernos no formulan predicciones sino excusas.

Así, esta concepción neoclásica de la racionalidad óptima reduce de manera simplista el significado de la racionalidad sin proponer definiciones alternativas que sean más completas e inclusivas; de ahí sus problemas filosóficos y conceptuales. La presuposición, casi universal entre los economistas, de que todos los valores que motivan las elecciones pueden ser expresados en una jerarquía de preferencias única y precisa, carece de sustento filosófico, empírico y práctico. En palabras simples: el modelo no explica ni se justifica ni arregla nada.

Ahora bien, de todo esto surgen dos interrogantes clave en torno de la labor de los economistas que me interesa revisar. Primero, *¿por qué los economistas se han propuesto estándares tan rígidos y limitados para explicar la toma de decisiones?, ¿por qué han insistido en sostener una concepción "austera" de la razón?*[111] La idea de una sola jerarquía de preferencias racionales para toda la humanidad resulta, como

[110] Lakatos, 1978.

[111] Pereda, *Razón e incertidumbre, op. cit.*

lo era la teoría física del siglo XIX,[112] algo parsimonioso y simple, pero reduce a la humanidad a un agregado de "tontos racionales". En ninguna otra disciplina que se dedique al estudio de la racionalidad existe tal apego a la simplicidad; en todas ellas se admite sin conflicto la posibilidad de hacer evaluaciones múltiples de la realidad y del ser racional al mismo tiempo.

Una concepción más adecuada de la racionalidad –esa capacidad que tienen los humanos para orientarse en el mundo– tendría que fundarse en un concepto *amplio*[113] de razón que le permitiera convivir con la inevitable realidad de la incertidumbre.

Segunda interrogante: *¿por qué los economistas no han incluido diferentes concepciones de racionalidad dentro de sus explicaciones, como sí lo han hecho la filosofía, la ciencia cognitiva y otras ciencias sociales modernas?*

La imitación irreflexiva de las ciencias exactas, atrapadas en la búsqueda de simpleza y formalización en sus modelos,[114] responde a la primera pregunta; la ignorancia sobre otras ciencias sociales responde a la segunda.

A la contribución de otras ciencias al problema de racionalidad me referiré en el siguiente capítulo, pero debo advertir que la pregunta original sobre la racionalidad humana en economía debe descomponerse en otras tres pre-

[112] Porque la física del siglo XX dejó atrás estas aparentes certezas. Mirowski, 1989.

[113] O "enfática" como le llama Pereda, *Razón e incertidumbre, op. cit.*

[114] Phillip Mirowski, *More Heat than Light. Economics as Social Physics, Physics as Nature's Economics*, EU, Cambridge University Press, 1991, 462 p.

guntas: *1)* cómo funcionan el cerebro y las redes neuronales cuando tomamos decisiones; *2)* cómo interviene la conciencia en los procesos mentales que dan origen a los sistemas de representación y de creencias, en la creación y percepción de incentivos y en la formación de intenciones, y *3)* cómo se convierten los estados mentales en decisiones y comportamientos. Estas tres cuestiones se abordarán en el siguiente capítulo, a la luz de las investigaciones recientes de la neurociencia, la ciencia cognitiva y la psicología cognitiva.

Según la opinión de los expertos[115] la racionalidad debe ser entendida como la disciplina –normativa y aprendida– de sujetar nuestras elecciones y objetivos, valores y prioridades, a un escrutinio razonado. Esta concepción de racionalidad contrasta con las definiciones limitadas a alguna fórmula axiomática de "consistencia interna", como "la búsqueda inteligente del interés individual" o alguna variante de conductas simples de maximización o supervivencia.

La insistencia en que las personas son incapaces de valorar alguna otra cosa además de su interés individual, generalizada en la literatura económica, no hace justicia a la capacidad racional ni a la causa de la razón humana en general. Si los seres humanos hemos luchado por siglos en hacer de la razón un instrumento que nos sirva para alcanzar aquello que valoramos, nuestra concepción de racionalidad debe ser capaz de explicar cómo es que llegamos más allá de los límites del interés egoísta.

Buena parte de este problema –como ya lo he dicho antes– se debe a que los economistas no se han preguntado

[115] Pereda, *Razón e incertidumbre, op. cit.;* Sen, *Rationality and Freedom, op. cit.*; Dennet, *Freedom Evolves*, EU, Penguin Books, 2003, 368 p.

lo suficiente sobre la estructura mental que los seres humanos han creado para ordenar la realidad que los envuelve y reducir la incertidumbre. Las ideas, creencias y modelos heurísticos de elección, los ritos y las costumbres, e incluso las instituciones que han creado, sólo pueden ser explicados como resultado de la respuesta de los seres humanos a los desafíos cambiantes y a la incertidumbre que les impone el entorno en el que viven.

Los cambios más importantes en la evolución humana han ocurrido como resultado de múltiples experiencias que fueron acumuladas en diversas formas de conocimiento. Este bagaje de conocimiento ha cumplido con la función de reducir gradualmente la incertidumbre a lo largo de las generaciones por medio de la innovación, la creatividad y el aprendizaje aplicado en la solución de problemas.

Uno de los primeros economistas que entendieron la importancia de este hecho fue Friederich Hayek, quien trató[116] de explicar el proceso de formación de creencias, su transferencia a través del aprendizaje y su impacto en las decisiones económicas.[117] Si bien pueden parecer rudimentarias según los estándares de la ciencia cognitiva actual, sus conclusiones acertaron al asegurar que las creencias son resultado del esfuerzo mental por dar significado a las experiencias sensoriales. En la mente –sostiene– no reproducimos la realidad sino que construimos sistemas de representación y clasificación que nos permiten interpretar el medio ambiente. Su consejo a los economistas de incursionar en el

[116] F.A. Hayek, *The Sensory Order: An Inquiry into te Found of Theoretical Psychology*, Chicago, University of Chicago Press, 1952, p. 143.

[117] *Loc. cit.*

estudio de la mente y sus productos –como otros tantos– pasó desapercibido por décadas, y apenas recientemente ha sido retomado por otras disciplinas.

En los últimos veinte años estas disciplinas han llegado a la conclusión de que los sistemas de creencias y los modelos mentales son los repositorios culturales de dicho conocimiento acumulado, que ha determinado, para bien o para mal, la condición humana actual.

En conclusión, la crítica a la economía moderna podrá estar de moda y ser una fuente de entretenimiento, pero por sí misma no nos lleva muy lejos en la explicación del comportamiento humano ni en la resolución de los problemas del desarrollo. Para superar la crítica requerimos teorías que ofrezcan una explicación aceptable de la influencia que las diferentes experiencias y sistemas de creencias resultantes tienen en las diversas estrategias empleadas por las sociedades para lidiar con los problemas y la incertidumbre de su medio. Antes de discutir las posibilidades teóricas existentes, permítame el lector concluir este capítulo con una definición amplia e inclusiva de la racionalidad humana.

¿Qué es la racionalidad?

Me he referido en este capítulo a tres definiciones diferentes de racionalidad. La primera de ellas, la más antigua y simplista,[118] supone que los seres humanos son omniscien-

[118] De acuerdo con algunos cognitivistas los seres humanos nacemos con la tendencia a creer en entidades omniscientes y la mantenemos durante algunos años de la infancia. Es sólo con el desarrollo cognitivo

tes, es decir, poseen una capacidad cognitiva ilimitada para analizar la información relativa a un problema o elección y encontrar la estrategia óptima de solución. La segunda es una modificación de la primera, que reconoce las limitaciones de tiempo, de información y, sobre todo, de capacidad cognitiva en los seres humanos, pero mantiene el canon de racionalidad como un ideal de optimización. Estas dos versiones describen la mayor parte del trabajo que se realiza actualmente en la economía y la biología sobre el comportamiento racional.

Un tercer programa de investigación sobre racionalidad, el de la teoría de los prospectos, ha atacado las dos versiones anteriores y ha demostrado empíricamente que la mayoría de las veces los seres humanos nos comportamos de manera irracional o, cuando menos, incurrimos sistemáticamente en errores de razonamiento en el sentido que les da la idea de optimización. La pregunta relevante es entonces: ¿somos los seres humanos racionales o irracionales?

Según la opinión de algunos expertos[119] la racionalidad es más bien el resultado evolutivo de una disciplina mental humana y no una fórmula algorítmica de consistencia lógica. La racionalidad, así entendida, consiste en la habilidad de utilizar el escrutinio razonado para anticipar los problemas, entender y evaluar los objetivos, seleccionar valores y hacer elecciones sistemáticas preferentemente libres. La

y dentro de una cultura específica que los seres humanos abandonamos e intercambiamos estas creencias primitivas y casi supersticiosas por creencias más elaboradas y realistas.

[119] Amartya Sen, *Development as Freedom*, *op. cit.*

búsqueda del interés egoísta no está fuera de esta definición, pero ni se limita a ella ni la considera necesaria.

De esta forma, la racionalidad consiste, estrictamente hablando, en el uso de habilidades mentales[120] para el escrutinio racional y disciplinado que nos permitan explicar y anticipar, o predecir, nuestra realidad humana y natural.

Si esta definición parece no esclarecer cabalmente los límites de su objeto es precisamente porque hasta ahora la evolución y la diversidad de la racionalidad humana parecen no tenerlos.

[120] Entre éstas podemos incluir la memoria, el lenguaje, la conciencia, la intencionalidad, la habilidad para formular teorías sobre la mente de los demás y cooperar con ellos, y todas aquellas de las que la evolución nos provea en el futuro.

III. RAZÓN Y PROGRESO: LA REVOLUCIÓN COGNITIVA

> Para predecir el comportamiento económico del hombre, necesitamos saber no sólo que es racional, sino también cómo percibe el mundo, qué alternativas puede discernir y qué consecuencias le atribuye a cada una.
>
> HERBERT SIMON[121]

Durante las últimas cinco décadas una revolución ha transformado la manera en que concebimos el comportamiento humano: el surgimiento de la ciencia cognitiva.

La ciencia cognitiva es un campo interdisciplinario en donde convergen las ciencias naturales, las ciencias sociales y la computación: la neurociencia, la psicología cognitiva, la filosofía analítica, la lingüística y la inteligencia artificial. La racionalidad de la ciencia, los modelos de racionalidad en la inteligencia artificial, la simulación o reproducción de la toma de decisiones en sistemas virtuales, los modelos de cooperación y de teoría de juegos son sólo algunos de los objetos de estudio de esta nueva disciplina. Resultan de especial

[121] Herbert Simon, *Models of Man*, EU, Wiley, 1975, 287 p.

importancia para el tema que me ocupa sus investigaciones acerca de la conciencia, la intencionalidad y la elección racional como procesos cognitivos y ejes del comportamiento económico humano. En las siguientes páginas trataré de resumir las que me parecen sus mayores contribuciones.

La mente y la computadora

Durante el siglo XIX y la primera mitad del XX las nociones mecanicistas que habían dominado el estudio de la mente humana fueron desplazadas por analogías biológicas y fenomenológicas, como en los casos del psicoanálisis[122] y la teoría económica.[123] A fines del siglo XX y principios del XXI la analogía más útil y recurrida ha sido la de la mente como una computadora.

¿Cuál es el sustento de esta analogía? Desde sus antecedentes en las calculadoras, estas máquinas se diseñaron para evitar al ser humano la tarea de pensar y para hacer más rápido y exacto el procesamiento de información; en consecuencia fue inevitable que se relacionara a las computadoras con la inteligencia y el pensamiento humano, en muchos casos subrayando sus similitudes. En las últimas dos décadas se ha ampliado y corroborado la utilidad de esta analogía con cualquier fenómeno que pueda ser descrito en términos de un sistema de procesamiento de información.

[122] La noción psicológica de *energía* y la de *represión*, por ejemplo, tienen su orígen en la física decimonónica.

[123] La analogía en la teoría económica moderna es entre la noción de energía en la física y la de utilidad en el comportamiento económico (Mirowski, *op. cit.*)

Sobre esa base, la ciencia cognitiva es, en términos prácticos, el estudio de la naturaleza de los procesos mentales a través del diseño y análisis de sistemas computacionales, orientado por tres objetivos básicos: el análisis de las posibles explicaciones del comportamiento inteligente (incluidos los procesos de decisión racional), la explicación de habilidades mentales humanas, y el diseño y construcción de sistemas digitales inteligentes.

Sin duda la mayor parte de las actividades mentales tiene el carácter de actividades de procesamiento de información. Desde esta perspectiva, los estudios en torno a los aspectos del comportamiento económico en que son esenciales los procesos cognitivos (como por ejemplo la teoría de los incentivos, la racionalidad y la teoría de la elección) deberían incluir los avances en esta nueva disciplina que, como describiré a continuación, ha sido capaz de construir explicaciones más acertadas tanto en lo conceptual como en lo empírico y lo práctico. En términos del crecimiento del conocimiento científico la ciencia cognitiva ha sido capaz de aumentar el contenido de la teoría y, por lo mismo, su capacidad de predecir el comportamiento humano por sobre otras alternativas teóricas.

A pesar de que uno de los padres fundadores de esta disciplina, Herbert Simon,[124] fue galardonado con el Premio Nobel de Economía, los economistas no parecen haber sido influidos de manera significativa por sus conclusiones. ¿Por qué la ciencia cognitiva ha tenido un impacto tan limitado sobre la economía?

[124] Simon, *Models of Man, op. cit.*

Mencioné que la economía ha evolucionado aislada de otras ciencias, y que los economistas suelen responder a esta crítica disputando la necesidad de que el trabajo empírico de una ciencia social tenga que ser consistente con el de otra. Esta respuesta, aunque de algún modo cierta, es parcial e insuficiente, entre otras razones porque algunos de los resultados empíricos de la ciencia cognitiva y de la psicología experimental son mutuamente excluyentes con las afirmaciones teóricas de la economía moderna. Por lo tanto, no se trata sólo de la consistencia teórica entre las ciencias sociales, sino de la consistencia entre la teoría y la realidad; en otras palabras, es una cuestión de racionalidad científica.

El objetivo debería ser, cuando menos, que las propuestas de la teoría económica moderna no se encontraran en flagrante contradicción con los resultados empíricos de otras ciencias. A la resolución de este problema se han abocado científicos cognitivos, pero también algunos economistas, entre quienes destaca North,[125] fundador de la economía institucional, y psicólogos como Kahneman.[126] Veamos algunos ejemplos relevantes de estas propuestas.

Los límites de la razón: sistemas de creencias y modelos mentales

Como sus antecesores en otras disciplinas, los científicos cognitivos de hoy día se preguntan qué significa conocer algo o, dicho de otro modo, ¿cómo es que los seres humanos

[125] North, *Understanding the Process...*, *op. cit.*

[126] Kahneman, *op. cit.*

somos capaces de formular ideas o sostener creencias sobre la realidad, algunas de ellas altamente predictivas?, ¿cómo utilizamos estas creencias para orientar nuestras decisiones y nuestro comportamiento en el mundo? De este modo los científicos cognitivos investigan, entre otras cosas, el aparato sensorial de las personas, los mecanismos de aprendizaje, la conciencia y la intencionalidad, y –por supuesto– la racionalidad o irracionalidad de los procesos mentales y su influencia sobre el comportamiento; es decir, evalúan las fuentes de conocimiento, su origen, almacenamiento, procesamiento y utilización en la toma de decisiones.

Sus intereses abarcan el estudio de las diferencias (en la racionalidad, el aprendizaje, etc.) tanto individuales como grupales; sus esfuerzos suelen culminar con la reproducción o simulación de estas habilidades mentales en un programa de computadora, que no es más que un modelo cifrado en un lenguaje de computación, en lugar del lenguaje matemático formal con el que están más familiarizados los economistas.

Dentro del núcleo de presuposiciones teóricas de la ciencia cognitiva encontramos tres postulados fundamentales.

Primero: en el centro de los procesos de pensamiento se encuentra un sistema de representación mental del mundo exterior generalmente asociado a la capacidad cognitiva para crear y utilizar un sistema de símbolos o un lenguaje (imágenes o proposiciones formales).[127]

Segundo: la computadora no es sólo un instrumento de estudio; es también el modelo más fiel sobre cómo funciona la mente humana.

[127] Elguea, 1983.

Tercero, y de gran importancia metodológica y epistemológica para las ciencias sociales: la comprensión del funcionamiento de la mente humana sólo puede alcanzarse desde una perspectiva interdisciplinaria.

La ciencia cognitiva ha estudiado también la intencionalidad como una propiedad de los estados mentales. En este sentido los estados mentales no son solamente formas de representación de ideas sobre el mundo; son también lenguajes o formas de expresión de creencias, deseos, sentimientos, emociones e intenciones. En concreto, los estados mentales expresan todo arreglo de productos de la conciencia que oriente la acción hacia la transformación del mundo real.

Para propósitos de síntesis, a este conjunto de fenómenos cognitivos los llamaré *modelos mentales* o *sistemas de creencias.* Aunque estrictamente hablando la primera denominación proviene de la psicología cognitiva[128] y la segunda de la filosofía,[129] en la medida en la que un sistema de creencias está compuesto por conjuntos de modelos o esquemas mentales, en este libro ambas nociones resultan complementarias en la explicación de un solo fenómeno: el comportamiento mental.

Si el cerebro es concebido –de forma literal o analógica– como una computadora en la cual la mente es el sistema operativo, entonces la mente es un sistema de símbolos o de representación del mundo, que incluyen también –de acuer-

[128] La psicología como la ciencia cognitiva hace referencia a esquemas mentales o heurísticos para la resolución de problemas.

[129] En la epistemología el conocimiento se define como un conjunto de creencias justificadas y verdaderas.

do con la mayoría de los científicos cognitivos– intenciones, preferencias, creencias, esquemas o modelos, y planes.

Dentro de la analogía referida, las estructuras de datos de la computadora se corresponden con las estructuras de conocimiento de la mente humana, y algunos de estos sistemas de símbolos o estructuras de conocimiento fungen como "modelos de la realidad en la mente"; de ahí que una de las conclusiones más importantes de la ciencia cognitiva sea que la mente humana parece estar especialmente equipada para formular modelos consistentes de la realidad, o patrones heurísticos, tomando un número pequeño o limitado de hechos.

Sin embargo –debo subrayar– esto no significa que los seres humanos en general procedan como los científicos, probando empíricamente sus modelos mentales según los métodos de la lógica formal o de la ciencia; por el contrario, el hecho de que estos modelos sean consistentes o coherentes con algún criterio preestablecido no implica que sean verdaderos ni justificados.

La ciencia cognitiva es, en síntesis, una teoría de la representación mental y de los procesos de pensamiento como modelos mentales,[130] en contraste con la economía, que es, hasta ahora, básicamente una teoría de las consecuencias o de los resultados económicos del comportamiento humano. El hecho es que a la fecha la mayoría de los economistas asume que las decisiones individuales maximizan preferencias dentro de los límites objetivos de un mercado, sin más preguntas sobre el proceso mental,

[130] Roger McCain, *A Framework for Cognitive Economics*, Connecticut-Londres, Praeguer Publishers, 1992, 336 p.

individual y colectivo que hace que este conjunto de decisiones sea posible.

A principios del siglo XXI es todavía cierto que el modelo canónico de la economía moderna, en contradicción con los resultados de la ciencia cognitiva, asume que los seres humanos poseen una capacidad cognitiva ilimitada. Sin dicha capacidad sería imposible evaluar toda la información disponible[131] y calcular, en un esquema comparativo de costo-beneficio y de maximización de utilidades, la mejor de todas las decisiones posibles. Sólo partiendo de esta suposición, los esquemas de racionalidad y elección de la economía moderna podrían tener todavía alguna utilidad.

Sin embargo la evidencia empírica nos dice, incluso con anterioridad al surgimiento de la ciencia cognitiva, que las personas no funcionan "óptimamente" ante problemas mal estructurados, información insuficiente y tiempo limitado. Todo esto sin tomar en cuenta la restringida capacidad de atención que parece casi una característica innata de los seres humanos.

Arrow, fundador de la Teoría General del Equilibrio en economía, ha señalado la limitada capacidad explicativa del modelo neoclásico, siendo que éste requiere de otras

[131] Como veremos más adelante, la prescripción inicial de información completa fue modificada por una de información suficiente y oportuna, de una manera degenerativa y *ad hoc* porque no corrige el problema fundamental del modelo canónico de racionalidad. En la realidad resulta casi igualmente complicado encontrar información completa que encontrar información suficiente y oportuna. Incluso si esta última prescripción fuera el caso, la capacidad cognitiva de la gran mayoría de los seres humanos es sumamente limitada en el análisis de información suficiente y oportuna.

presuposiciones, además de la racionalidad óptima, que son –por dondequiera que se les vea– simplemente incorrectas. En ausencia de tales presuposiciones (conjuntos completos de mercados perfectos o información suficiente y oportuna, por ejemplo), el problema de maximizar resulta demasiado complejo para los seres humanos reales: optimizar bajo supuestos de conocimiento restringido y sin condiciones de equilibrio bien definidas, como ocurre casi siempre en la realidad, resulta inmensamente más difícil y complejo de lo que suponen los modelos económicos.

Es necesario insistir en que hasta ahora la evidencia apunta a confirmar que la mayor parte de los modelos mentales o sistemas de creencias no es puramente lógica o proposicional, sino ambigua, muchas veces inconsistente y otras abiertamente irracional.

Contrario a lo que sostiene la concepción de racionalidad de la teoría económica moderna, uno de los resultados consistentes de la ciencia cognitiva es que en los seres humanos reales el procesamiento de información suele ser incompleto y sesgado. Esto es en gran parte resultado de las limitantes de la capacidad cognitiva humana, tanto en la velocidad con la que se procesa la información como en su almacenamiento en la memoria de corto y largo plazos.

Aun cuando desde Simon algunos economistas han elaborado modelos de comportamiento económico en contextos de información incompleta o de racionalidad limitada, todos ellos mantienen intacto el concepto original de racionalidad económica como el de maximización egoísta, y no han incluido en sus análisis los descubrimientos en torno a los distintos procesos cognitivos reales que se presentan en la elección de alternativas.

Más grave aún: es claro ahora, gracias a la evidencia experimental,[132] que la lógica formal que encontramos en las matemáticas, la probabilidad estadística y el cálculo económico no es la lógica de la mente humana no entrenada. Los procesos humanos de inferencia tienden más bien a ser procesos de razonamiento plausible o tentativo. Los resultados empíricos de diversas investigaciones indican que tendemos a buscar evidencia que confirme las presuposiciones mentales y sociales con las que estamos comprometidos o a las que estamos acostumbrados, así como a ignorar la evidencia que las refuta; ambas prácticas contradicen al modelo canónico de racionalidad.

En términos generales, para el procesamiento de información y la toma de decisiones la mente humana tiende a apoyarse en estereotipos y modelos incompletos de la realidad.[133] Estas estructuras jerárquicas de asociación mental fueron originalmente bautizadas por Minsky[134] como "modelos o esquemas mentales".[135] Baste ahora mencionar que estos distintos modelos están diseñados para proveer soluciones en situaciones específicas donde la información es siempre incompleta o insuficiente y donde todos los esquemas de decisiones que reduzcan la incertidumbre tienen el potencial para ser considerados racionales.

Así, para lidiar con un problema o tomar una decisión, la mente comienza por seleccionar el esquema mental que se

[132] F. Collin Camerer, George Loewenstein y Matthew Rabin, *Advances in Behavioral Economics*, EU, Russell Sage Foundation, 2004.

[133] Minsky, 1975; Johnson-Laird, 1988.

[134] Minsky, 1975.

[135] Me he referido a ellas como "modelos mentales o sistemas de creencias" y las analizaré con más detalle en el cuarto capítulo.

encuentra más a la mano, sin compararlo con otras opciones. Este procedimiento es el camino usual de la mente no entrenada en las complejidades de la optimización, ya que provee al individuo o a la comunidad de respuestas ensayadas, simples, rápidas y generalmente acertadas. Es sólo cuando este procedimiento inicial falla, que la mente busca de una manera sistemática –en ocasiones mediante un procesamiento de segundo orden– más información u otro esquema de toma de decisiones que resulte más adecuado a la situación.

Como lo mencioné, en la vida real la capacidad de la mente humana para procesar información en la toma de decisiones o en la resolución de problemas refleja tres limitaciones importantes: *limitaciones de tiempo, limitaciones de información y limitaciones en las habilidades cognitivas o mentales.* Estas limitaciones no son –como con frecuencia se dice en economía– las excepciones de un modelo general de "racionalidad óptima", sino la realidad cotidiana del proceso de elección humana, y es aquí donde encontramos una importante e ineludible refutación a la posibilidad de un esquema generalizable a todos los seres humanos: solucionar problemas no es lo mismo que optimizar, porque la solución no necesariamente maximiza la utilidad individual ni tampoco resuelve el problema en la forma más eficiente.

En todo caso, es importante distinguir *normatividad* de *explicación*: no es lo mismo prescribir una forma en la que los seres humanos podrían encontrar resultados óptimos –que es lo único a lo que el modelo canónico puede aspirar– que describir y explicar cómo toman realmente sus decisiones.

Para hacer frente a las tres limitaciones mencionadas, los modelos mentales poseen capacidades heurísticas mediante las cuales toman las decisiones y los problemas llegan a ser resueltos.[136] En este sentido, por "heurísticas" debemos entender los conjuntos de reglas simples para solucionar problemas, reglas que hacen más eficiente el procesamiento cognitivo de información y que se encuentran con frecuencia alejadas de la racionalidad económica óptima y de cualquier otro marco normativo de racionalidad basado en lenguajes de segundo orden o reglas de consistencia interna.

En otras palabras: las heurísticas son procedimientos recurridos útiles para llegar a una solución, pero que no garantizan que la solución encontrada sea óptima en el sentido neoclásico ni tampoco en el matemático. Las heurísticas no garantizan, aun siguiendo el mismo procedimiento, que se alcancen siempre los mismos resultados.[137] Estas soluciones reflejan las limitaciones de los sistemas de creencias –entre las que encontramos la ya mencionada "dependencia del pasado" (o *Path Dependence*)–[138] y responden más a las necesidades de adaptación, supervivencia y continuidad que a los principios de eficiencia económica o maximización de utilidades.

Estas heurísticas reflejan, en buena medida, las ventajas comparativas de la mente humana: una memoria de largo plazo con gran capacidad para el almacenamiento de in-

[136] Slovic, Kahneman y Tversky, *Judgment Under Uncertainty…*, *op. cit.*

[137] Esto último es lo que distingue a las heurísticas de los algoritmos –que por definición siempre alcanzan el mismo resultado– y que las hace más simples y accesibles a la mente humana, precisamente debido a las tres limitaciones cognitivas antes mencionadas.

[138] North, *Understanding the Process...*, *op. cit.*

formación, una prodigiosa habilidad para la asociación y recuperación de información relevante y para la identificación de patrones –como la creatividad y la intuición–, y una hasta ahora inagotable capacidad de aprendizaje.

Más aún: dada la naturaleza simbólica de los sistemas de creencias y sus heurísticas, los resultados empíricos indican que existe una propensión natural en el equipamiento genético y cognitivo humano a comparar estrategias y cooperar con otros en la solución de los problemas y en la toma de decisiones.[139] Es decir, *las decisiones son generalmente tomadas por individuos que tienen en mente el interés de su comunidad, más que por individuos egoístas que persiguen su interés personal.* Ante la abrumadora evidencia, es claro que una teoría de la racionalidad que pretenda explicar estos comportamientos colaborativos no puede partir exclusivamente de individuos egoístas que buscan maximizar sus utilidades. Es ésta una conclusión de gran importancia que analizaré con detalle en el siguiente capítulo.

Desarrollo económico y cognición

"Yo nunca soñé con ganar cuando era un niño. Nosotros éramos pobres. Cuando eres pobre no siempre tienes la capacidad para tener grandes sueños, a veces ni siquiera sabes qué es lo que puedes soñar."[140]

[139] Cosmides, 1989.

[140] Lans Armstrong, comunicación personal.

Permítame el lector referirme nuevamente al núcleo de la teoría neoclásica descrito en el segundo capítulo y considerar su relación con la naturaleza del desarrollo social.

En la versión más simple de este modelo la realidad es estática, la naturaleza de la mente humana no se toma en cuenta, no existen organizaciones ni instituciones más allá del mercado, y el cambio, por lo tanto, se reduce al cambio relativo de precios en un mercado impersonal. El impacto de la conciencia y sus productos, como la confianza y la cooperación, la ideología, los modelos mentales y los sistemas de creencias, no se incluyen ni explican en este modelo. Peor aún, el cerebro humano resulta una especie de caja negra en donde entra información y salen elecciones óptimas.

En otras palabras, desde el punto de vista de alguien interesado en el comportamiento humano y en los procesos de creación de prosperidad y progreso, este modelo ignora o da por resueltos los problemas más importantes. En él los costos de crear y ensayar esquemas de pensamiento para elegir y actuar, la consolidación de relaciones de confianza entre extraños, la adquisición y el procesamiento de información, la reducción de la incertidumbre y la mengua de los costos de transacción no existen o simplemente no se les incluyen.[141]

A falta de una mejor explicación, e influidos por la teoría de la selección natural de la biología evolutiva, los economistas sostienen que el principio de maximización de

[141] Algunos alegarán que la economía institucional ya ha venido a llenar este vacío. Sin embargo, como aclararé en la siguiente parte, ni los economistas institucionales se reconocen como neoclásicos ni la economía institucional ha logrado llenar todos los vacíos.

riqueza sigue operando por la simple razón de que la competencia, en condiciones de escasez, premiará la estrategia más eficiente con la supervivencia, frente a la extinción de las estrategias ineficientes. Al menos en el caso del comportamiento económico la evidencia histórica contradice esta aseveración y, cuando menos, pone en duda la validez de las analogías biológicas en la explicación económica.

Al tomar en cuenta que –al menos hasta ahora– en la historia de la humanidad el crecimiento económico ha sido más raro que el estancamiento se pensaría que las estrategias económicas "eficientes" son excepcionales en la experiencia humana. Además se podría concluir que dichas estrategias han sido aprendidas recientemente, por lo que su origen no puede estar en las leyes de la evolución natural, sino en el cambio social.

En el mismo sentido, con la aplicación literal del principio de selección natural a la economía no es posible explicar el porqué de la persistencia centenaria de formas ineficientes de organización económica, política o social en África, Asia, América Latina y una gran parte de Europa Oriental;[142] de hecho estos ejemplos contradicen en cierta forma la idea de la extinción de las estrategias ineficientes postulada por la biología evolutiva. A pesar de los avances metodológicos y teóricos, la disparidad en el desempeño económico de las distintas sociedades no ha sido satisfactoriamente explicada por la teoría económica moderna, como tampoco lo ha sido el estancamiento continuado o incluso el retroceso económico que descubrimos en otras. Recientemente dos economistas del MIT, Banarjee y Duflo, ilustraron en uno de sus estudios la

[142] Dennet, *Freedom Evolves, op. cit.*

pobreza de algunas explicaciones económicas: "Uno percibe claramente la resistencia de los pobres a comprometerse psicológicamente con un proyecto que les permita ganar más dinero".[143] Una conclusión todavía más pobre que las personas a que se refiere y al menos tan injusta como las condiciones en que viven.

Conscientes de las múltiples limitaciones de esta teoría, algunos economistas y otros científicos sociales –entre ellos varios cognitivistas– han tratado de completarla y refinar sus respuestas. Lo que ha faltado en las explicaciones economicistas es, dicho de una forma simple, y como ya debe ser claro hasta este punto, un mejor entendimiento de la naturaleza del comportamiento real de la mente humana y de sus productos, la cooperación y la coordinación, que se presentan en contextos sociales específicos.

Es posible resumir en una sola recomendación las distintas propuestas económicas que han inspirado muchos de los cambios que durante los últimos 60 años se han dado en el mundo en vías de desarrollo: para progresar, todo país necesita adoptar la organización económica de mercado orientada a la maximización de utilidades, tal y como se presenta en los países desarrollados de Europa, Norteamérica y Asia. En esta forma los países subdesarrollados podrán rápidamente alcanzar los niveles de vida y las altas tasas de crecimiento y productividad de las democracias capitalistas. El Consenso de Washington no es más que una variante de esta vieja recomendación: las sociedades tradicionales deben modernizarse, donde "modernizarse" quiere decir emular a las democracias capitalistas desarrolladas.

[143] Citado en *The Economist*, abril de 2007, p. 90.

En primer lugar, y paradójicamente, esta recomendación promueve la creación de expectativas irracionales: la meta es alcanzar los estándares de consumo de Estados Unidos, los servicios sociales de Suecia, la productividad de los trabajadores de Japón, y la cantidad de vacaciones que disfrutan los franceses. No es posible encontrar un solo país que reúna todas estas características. Más aún, esta diversidad de objetivos no refleja sino los distintos esquemas de preferencias que forman parte de los modelos mentales y los sistemas de creencias de cada uno de los países que suelen tomarse como modelos.

Una caricatura estereotipada puede ilustrar este punto: los estadunidenses valoran especialmente el consumo, los franceses la comida, y los europeos en general los días de descanso. Es evidente que cada cultura define en forma peculiar qué entiende por "bienestar social" o por "estándar de vida" y cómo asigna los beneficios de sus sistemas productivos.

Una primera y obvia conclusión de esto es que la liberalización de los mercados, el respeto a la propiedad, la disciplina fiscal y todo el arreglo de recomendaciones de los "consensos económicos" no traerán consigo la creación automática de sistemas progresivos de creencias como el japonés o el alemán.

El trabajo de Kahneman[144] ha demostrado que las estructuras de mercado no determinan las estructuras de conocimiento, sino todo lo contrario: los modelos mentales o sistemas de creencias tienen dinámicas propias que con frecuencia perturban y determinan el funcionamiento de

[144] Kahneman y Tversky, *Choices Values and Frames*, *op. cit.*

los mercados. Un ejemplo popular es el concepto de "exuberancia irracional", de la que se quejaba frecuentemente Greenspan respecto al mundo desarrollado,[145] o la noción de "expectativas irracionales" a la que se refieren los economistas.[146] Es evidente que en la diversidad cultural del mundo pobre podemos esperar todavía mayores diferencias en los esquemas de toma de decisiones. No basta, sin embargo, con mencionarlas, atestiguar su existencia y medir su frecuencia: es necesario explicar y encontrar las causas de lo que, de manera equivocada, es llamado "irracionalidad".

Existe una estrecha relación entre los sistemas de creencias y los sistemas productivos. Aun si la racionalidad óptima fuera una forma apropiada de describir el comportamiento humano en algunas democracias capitalistas (que, como ya examinamos, no lo es), las expectativas de transferir dichos esquemas a otras sociedades seguirían siendo infundadas. Es evidente que los responsables de la toma de decisiones en Sudán o en la selva tropical húmeda de Paraguay, lo mismo que sus habitantes, carecen de las estructuras de conocimiento asociadas a las instituciones y economías de mercado de los países desarrollados. A esto se debe el que con frecuencia encontremos en el mundo en vías de desarrollo una aguda inconsistencia entre los incentivos que promueven por ciertas reformas y los esquemas mentales existentes en cada cultura.[147] ¿Por qué los campesinos en Ghana

[145] Greenspan, Allan, 2007.

[146] Fisher, 1980; Thomas Sargent, *Rational Expectations and Inflation*, EU, Harper Collins College, 1993, 365 p.; Robert Lucas, *Models of Business Cycles*, EU, Blackwell, 1989, 128 p.

[147] Easterly, 2002.

no cultivan piñas, que podrían darles un retorno de 200 o 300%? ¿Por qué otros campesinos en Kenya no utilizan los fertilizantes cuyos beneficios les han sido demostrados a ellos mismos? ¿Por qué los indígenas mexicanos de la sierra de Durango no cooperan con el ministerio de educación y el Banco Mundial en la rehabilitación de la escuela de sus hijos?

La clave para entender las elecciones de los individuos no es, como sostiene Easterly,[148] la estructura existente de incentivos, sino la estructura mental de sus percepciones e intenciones. Lo que verdaderamente explica las elecciones individuales es la forma en que la mente interpreta la información que recibe y elabora propósitos de acción. Como mencioné, los modelos mentales o sistemas de creencias que los individuos y sus comunidades construyen para explicar el mundo que los rodea dependen de las circunstancias históricas que han tenido que enfrentar. Individuos con antecedentes diferentes tendrán sistemas de creencias diferentes, percibirán el mundo en formas distintas, se sentirán incentivados por razones diferentes y formularán, por lo tanto, diferentes elecciones.

Sostener, como se ha hecho desde la teoría económica, que los seres humanos responden a incentivos,[149] es una verdad trivial: lo que tiene de verdad lo tiene por tautológico: no existen comportamientos sin alguna forma de incentivos. Lo interesante sería describir cómo y por qué ciertos incentivos específicos y no otros se integran en los modelos mentales, así como la forma en que los sistemas de creencias

[148] *Idem*.

[149] *Ibid.*, p. 141.

orientan las intenciones de actuar y por lo tanto las elecciones. Esto explicaría por qué el incentivo por excelencia del modelo canónico, el ingreso, no opera como se esperaría en múltiples sociedades.[150] No se trata de un problema de expectativas irracionales sino de expectativas *diferentes.*

Por ejemplo, es injusto afirmar que los pobres carecen de orientación hacia el futuro cuando en realidad su situación restringe su horizonte al futuro inmediato: sus estructuras de conocimiento están orientadas a la subsistencia, no al ahorro ni a la acumulación de bienes para consumo futuro. Este fenómeno, dicho sea de paso, ocurre también entre la población pobre y marginada de los países desarrollados.

El hecho de crecer en un ambiente que ofrece pocas oportunidades y alternativas limitadas a las familias pobres tiende a promover el desarrollo de modelos mentales limitados. Si el sistema de creencias de una comunidad, por ejemplo, sólo ofrece a una mujer la posibilidad de ser madre y cuidar del hogar, resultará sumamente difícil para ella el siquiera percibir otras posibilidades, aunque éstas realmente se encuentren en su entorno. Parafraseando a George Orwell: "La característica sobresaliente de la pobreza es su capacidad de aniquilar el futuro."

En la economía neoclásica hay una literatura sobre expectativas racionales o adaptativas[151] que aborda este problema; sin embargo, una vez más, no explica la evidencia experimental de manera satisfactoria. En la realidad, las más de las veces las expectativas no se adaptan, ya que los modelos mentales tienen fuerte orientación a la continuidad

[150] Joseph Henrich *et al.*, "In search of Homo Economicus", *op. cit.*
[151] Fisher, 1980; Sargent, *op. cit.*; Lucas, *op. cit.*

y cualquier información nueva relacionada con una reforma económica produce disonancia cognoscitiva.

De acuerdo con las investigaciones, frente a estas disonancias los individuos asumen, comúnmente, una de cuatro posturas predominantes: ser incapaz de recordarla, ser incapaz de entenderla, malinterpretar la información o interpretarla de forma que sea consistente con los viejos modelos, o –por último– desacreditar la información o su fuente como irrelevantes.

Casi todos los economistas aceptan que las ideas y valores afectan el comportamiento económico, aunque no nos explican cómo; en este sentido, si bien es cierto que algunos autores aceptan que los modelos mentales o sistemas de creencias desempeñan un papel importante en la explicación del desarrollo, no existen suficientes estudios experimentales a partir de los cuales pueda describirse con detalle su contribución al comportamiento económico. Se requiere mucho más para hacer que avance nuestro conocimiento en esta nueva dirección.

La razón de ese descuido reside, en parte, en la complicada naturaleza de los sistemas de creencias y en los problemas que se derivan de su definición, operación y análisis. A esto hay que añadir las dificultades asociadas con la identificación y medición del efecto de los sistemas de creencias sobre las actitudes, los incentivos y el comportamiento económico individual o agregado. Sin embargo los estudiosos del nuevo campo de la economía experimental han encontrado algunas soluciones ingeniosas a estos problemas,[152] que describiré en el siguiente capítulo.

[152] Camerer, Loewenstein y Rabin, *Advances in Bahavorial Economics, op. cit.*

Dicho lo anterior conviene anotar que a pesar de su resistencia al cambio, los sistemas de creencias nunca son esquemas rígidos e inmutables; por el contrario, su naturaleza es evolutiva, o dicho de otra forma, adaptable. Dentro de ciertas circunstancias los sistemas de creencias son susceptibles de ser modificados, ampliados o transformados por la experiencia o, incluso, por el escrutinio razonado. No olvidemos que algunos de los sistemas de creencias más exitosos del pasado se extinguieron precisamente por su incapacidad para cambiar.[153] En el mediano y largo plazos, el aprendizaje (que implica cambio y adaptación) es una de las mayores virtudes de la inteligencia humana.

Es importante, antes de continuar, recuperar algunas ideas sobre los modelos mentales o sistemas de creencias; como dije, éstos pueden definirse como sistemas de conceptos o ideas que guían la acción humana. Esta última, a su vez, es el resultado de dos componentes básicos: el pensamiento o actividad mental (percepciones, actitudes, intenciones, entendimiento, representación y significación), y la conducta (el comportamiento real). Aunque algunos autores le reconocen cierta contribución a la genética,[154] los modelos mentales se trasmiten socialmente; emanan de diferentes tradiciones históricas que determinan y explican su forma presente, pero no futura.

Los conceptos propios de un sistema de creencias del tipo que describiré en el siguiente capítulo contribuyen a explicar la pobreza y la prosperidad. No obstante, la medida precisa en que contribuyen al crecimiento económico

[153] Diamond, *Collapse…*, *op. cit.*

[154] Neuronomics, citado en *The Economist*, 2005.

está todavía por encontrarse. En otras palabras, los sistemas de creencias constituyen sin duda un elemento importante, pero no agotan los factores que participan en el progreso y el desarrollo. La demografía –es decir, la cantidad y características de una población–, la geografía, los desastres naturales y las enfermedades –por citar algunos ejemplos– representan aún obstáculos insalvables para algunos pueblos.

Conclusión: la economía neoclásica como una disciplina normativa

Lo examinado en las secciones anteriores nos lleva a la conclusión de que existe una íntima interacción entre las decisiones económicas y los modelos mentales o sistemas de creencias. Incluso cuando las personas tratan de maximizar sus utilidades y de responder a incentivos económicos, las limitaciones cognitivas, en tanto preceden el posible ejercicio de una racionalidad óptima, tienen una influencia relevante en el comportamiento económico. Esta línea de argumentación nos obliga a reconocer que el estudio del comportamiento económico y el estudio de los procesos cognitivos no pueden mantenerse separados uno del otro. ¿Qué deberían hacer los economistas interesados en esta conclusión?

En primer lugar, los economistas deben familiarizarse con las conclusiones de la neurociencia, la psicología y la ciencia cognitiva acerca de las estructuras de conocimiento, los modelos mentales o sistemas de creencias, y las intenciones como factores causales del comportamiento humano. Éstas son las únicas disciplinas que han alcanzado resultados empíricos científicamente significativos. Es muy posible que en las primeras décadas del siglo XXI este conjunto de disciplinas haga descubrimientos sobre el funcionamiento de la mente y del cerebro humano que modifiquen fundamentalmente la forma en que hacemos ciencias sociales. Nadie interesado en estos temas debe ignorarlas.

Segundo, y consecuentemente, la economía debe tomar en cuenta la evidencia experimental acumulada sobre las limitaciones de la capacidad cognitiva humana, así como su tendencia a organizarse alrededor de heurísticas y no de un razonamiento lógico formal. Por ejemplo, las políticas antiinflacionarias basadas en expectativas racionales podrían ser mejoradas si se entendieran los diferentes sistemas de creencias bajo los cuales opera la mente de los consumidores, en un entorno que ha erosionado sistemáticamente sus ingresos.

Tercero, la economía debe aceptar la naturaleza general y diversa del escrutinio racional humano, entender las circunstancias bajo las cuales estas distintas formas de racionalidad pueden ser "optimizadas", y asumir una función normativa en la evolución de los criterios de racionalidad subyacentes en los sistemas de creencias. En otras palabras, la teoría económica podría ayudar a las personas a ser más prósperas de lo que son, algo que hasta ahora no está haciendo, pues sus mejores sistemas de análisis y toma de decisiones no son cognitivamente accesibles para la mayoría de quienes están, en lo cotidiano, tomando decisiones.

Los economistas necesitan prestar más atención a la elaboración de teorías económicas prescriptivas o normativas que sean cognitivamente accesibles; y con cognitivamente accesibles queremos decir capaces de integrarse a un modelo mental existente o de modificarlo.

En esta forma la disciplina podría ampliar sus objetos de estudio: el objetivo principal sería incrementar nuestra comprensión de las maneras en que los procesos de pensamiento influyen en el funcionamiento de las organizaciones empleadas por los seres humanos en la asignación de recursos. El análisis de las decisiones individuales estaría orientado, por un lado, a aportar información para construir teorías de la interacción social a través de los mercados, las organizaciones productivas y las instituciones en general; por el otro, buscaría comprender sus consecuencias en la asignación de recursos limitados. Podría investigar cómo operan los procesos de retroalimentación a partir de decisiones económicas anteriores y determinar su impacto sobre la formación de esquemas de decisión y de los modelos mentales.

Igualmente, siendo los incentivos uno de los instrumentos más importantes de política económica, la disciplina podría estudiar con mayor profundidad la relación entre éstos y los sistemas de creencias. Finalmente, podría comenzar el estudio de la asignación y la distribución de uno de los recursos limitados más relevantes: el esfuerzo cognitivo humano.

A lo largo del siguiente capítulo abordaré el tema central de este libro: las distintas formas en que la capacidad cognitiva –una forma de capital humano– es utilizada por los seres humanos para organizarse, cooperar y alcanzar objetivos comunes –o capital social. Estas dos formas de capital inmaterial convergen y se acumulan en los sistemas de creencias que caracterizan una cultura. A esta fuente de capital se le ha llamado *riqueza espiritual.*

IV. CONFIANZA Y DESARROLLO: LA DISTRIBUCIÓN DE LA RIQUEZA ESPIRITUAL

La evolución de la cooperación

Aunque hace tan sólo 10 000 años, los seres humanos ya habitaban los cinco continentes, no habían alcanzado aún una organización social compleja y eficiente, si se les compara con otras especies, como los insectos, que poseían organizaciones numerosas y mucho más complejas. Nómadas y agresivos, como sus ancestros de millones de años atrás, los seres humanos todavía cazaban y peleaban en bandas o grupos pequeños, organizados alrededor de lazos familiares o genéticos y con una profunda desconfianza frente a los extraños.

El sedentarismo se consolidó progresivamente entre el final de la última glaciación y hace 10 000 años, cuando los seres humanos dejaron de perseguir su fuente de alimento y empezaron a reunir y cuidar rebaños, a cultivar plantas y a conservar y almacenar sus frutos. En el transcurso de unas cuantas decenas de generaciones, tan sólo un instante en términos evolutivos, los seres humanos fueron capaces de formar organizaciones de asombrosa e inigualable complejidad. No solamente clanes, tribus y aldeas, también ciudades, ejércitos, imperios, naciones-Estado, partidos políticos, empresas y corporaciones internacionales.

Si se entiende la cooperación como la coordinación del comportamiento de varios individuos en la búsqueda de un objetivo común, se advierte que varias especies, además de la humana –como las bacterias, los insectos y algunos mamíferos– han desarrollado su organización a partir de ella. Sin embargo ninguna de estas especies tiene la complejidad de los sistemas humanos de cooperación, pues, a diferencia de todas ellas, el *homo sapiens sapiens* –es decir, el hombre moderno– es el único que no exige como requisito para la cooperación el parentesco genético. La biología actual nos ha proveído de una explicación convincente acerca de este atributo de las sociedades animales: la cooperación entre individuos genéticamente relacionados, como mecanismo de selección natural, optimiza las oportunidades de supervivencia del grupo genético al que éstos pertenecen, aunque no necesariamente las del individuo que realiza la acción.

En el caso de la especie humana se presentan diversas formas, además de la genética, de organizar la cooperación, formas cuyo desarrollo no puede ser disociado del surgimiento de la mente y la inteligencia. Aunque sigue siendo un tema controvertido, hay entre los estudiosos del fenómeno[155] consenso respecto a que la inteligencia simbólica se desarrolló en los seres humanos no sólo para lidiar con los problemas del mundo exterior, como la defensa frente a los depredadores, la caza y la recolección de alimentos –tareas que ya realizábamos exitosamente como especie– también para permitir a los individuos relacionarse e interactuar mejor entre ellos.

[155] Seabright, *op. cit.*

Este argumento merece una explicación detallada. La incertidumbre y las dificultades del entorno favorecieron el desarrollo de algunas herramientas o módulos cognitivos específicos; entre éstos podemos destacar la habilidad de inferir la presencia de organismos peligrosos o depredadores, la capacidad de elaborar narraciones causales para explicar los eventos naturales, así como la habilidad para reconocer en los demás seres humanos la existencia de mentes propias, con creencias, deseos e intenciones particulares que explican, mejor que ninguna otra cosa, las causas de su comportamiento. Los científicos cognitivos denominan a estas habilidades, respectivamente, el *descubrimiento de agentes*, el *razonamiento causal* y la *teoría de la mente de los otros.*[156]

Como para muchos otros organismos, el *descubrimiento de agentes* significó para el ser humano la posibilidad de identificar en otras criaturas voluntades y comportamientos independientes o contrarios a los suyos. Ya sea que estos agentes representen una amenaza para la supervivencia o que nosotros mismos seamos los depredadores de otros organismos, el descubrimiento de agentes supone la habilidad para asumir que algún movimiento, ruido u olor ajeno es causado por un agente externo, animal o persona, cuyo comportamiento no responde a nuestra voluntad.

Un segundo módulo mental es el *razonamiento causal.* Hasta ahora, sólo el cerebro humano ha desarrollado la capacidad de imponer una narración más o menos compleja de relaciones entre causas y efectos –es decir, con una lógica causal– a cualquier conjunto de sucesos que se le presente, incluso cuando estos eventos u ocurrencias son totalmente

[156] Marantz, 2007.

azarosos. Esta habilidad o módulo mental es el origen de nuestros sistemas de creencias: es mediante la elaboración de narraciones causales que los seres humanos razonamos sobre fenómenos naturales inesperados y encontramos significado donde antes no lo había.

El tercer módulo, que resulta el más importante para los propósitos de este capítulo, es una especie de intuición, útil socialmente, que se conoce como la *teoría de la mente de los demás.* Desde esta perspectiva, *una parte importante de la inteligencia evolucionó con el fin de permitir al ser humano analizar, entender y anticipar las intenciones y las acciones tanto propias como ajenas.* Esta habilidad nos permite anticipar las acciones de los otros, así como hacerles ver –o creer– cuáles son nuestras intenciones al actuar; en otras palabras, es gracias a esta habilidad que los seres humanos construimos nuestras distinciones entre enemigos y potenciales colaboradores. Progresivamente, el desarrollo de estas capacidades devino complejos mecanismos colaborativos, diseñados para resolver los problemas de supervivencia en un entorno usualmente incierto y hostil.

La biología no ha podido explicar aún el enorme salto que significa la aparición de fenómenos sociales como la cooperación, la reciprocidad, la confianza y el altruismo entre individuos no relacionados genéticamente. Lo mismo sucede con el rango y la complejidad de los proyectos de cooperación humana moderna, así como con el alto grado de confianza requerida entre sus miembros. Desde un punto de vista puramente biológico, todos estos elementos, así como el hecho de que no exista ninguna otra especie en la que se presenten, resultan todavía inexplicables.

Los biólogos –como también los economistas– han disputado algunas nociones de reciprocidad, cooperación, confianza y altruismo, básicamente porque contradicen las predicciones (o retrodicciones, según sea el caso) de la teoría de la selección natural. Si el altruismo en las relaciones es definido como la ayuda que se le brinda a otra persona a un costo neto para uno mismo, parece lógico esperar que la selección natural eventualmente eliminaría este tipo de comportamiento; sin embargo la evidencia apunta a que, relativamente pronto en la historia de la humanidad, la cooperación, la confianza y el altruismo se convirtieron en estrategias evolutivas estables. ¿Cómo podemos explicar esta contradicción?

En la base de las definiciones contemporáneas de cooperación, confianza y altruismo encontramos un supuesto fundamental; en los tres casos se requiere "la intención de aceptar la vulnerabilidad que resulta de tener expectativas positivas de las intenciones del comportamiento de otra(s) persona(s)".[157] Esta aceptación de vulnerabilidad potencialmente destructiva puede ser explicada de dos formas, que discutiré a continuación.

La primera explicación, la más recurrida por los biólogos, es conocida como la teoría de la selección genética,[158] y sostiene que existe en los genes la inclinación a facilitar la reproducción de copias exactas de sí mismos, aun cuando se encuentren en otros organismos, con el fin de incrementar su tasa de reproductividad. Es decir, de acuerdo con esta

[157] Rousseau, *op. cit.*, p. 395.

[158] Alexander Hamilton, *The Federalist Papers*, Nueva York, Penguin, 1961, 528 p.

teoría los genes serían los causantes de los comportamientos de un organismo que busca beneficiar a otros, incluso en detrimento de sí mismo, siempre que exista una probabilidad suficiente de que los otros organismos contengan réplicas de los mismos genes. Esto explica, en forma consistente con la teoría de la selección natural, el altruismo entre familiares genéticamente relacionados. Sin embargo es incapaz de explicar el altruismo entre individuos que no guardan dicha relación, y que encontramos de manera generalizada en las comunidades humanas.

La segunda explicación de la cooperación, de la confianza y del altruismo no es biológica ni económica. Se encuentra en la estructura cognitiva que subyace en el origen de estos tres fenómenos y que posibilita la coordinación entre individuos para la elaboración de soluciones colaborativas que produzcan mejores resultados que lo óptimo, es decir, capaces de generar mayor bienestar social que el agregado de conductas individuales y egoístas.[159]

[159] La teoría de juegos examina las formas en que los individuos eligen comportarse cuando buscan maximizar sus intereses. John Nash, un matemático reconocido con el Premio Nobel de Economía, demostró que existen juegos (concretamente "el dilema del prisionero", al que me referiré más adelante) en que los jugadores llegan a soluciones de equilibrio basándose en principios enteramente egoístas e individuales. Esta situación se conoce hoy día como "el equilibrio de Nash" o de cooperación egoísta. A esta situación se llega cuando ninguno de los jugadores tiene nada que ganar como resultado de cambiar la estrategia unilateralmente. La situación de equilibrio de Nash rara vez es el mejor de los resultados realmente posibles; es simplemente el que resulta cuando los jugadores son incapaces o no desean cooperar en otras formas más refinadas.

Los seres humanos, entonces, han construido gradualmente condiciones mentales y sociales en las que, en orden cronológico y progresivo,[160] la reciprocidad, la cooperación y la confianza fungen como instrumentos para la superación de las tentaciones egoístas e inmediatas. Recurriendo a estas maneras de organizar la acción los seres humanos logramos prosperar en una forma más eficiente y acelerada, más que mediante la pura motivación individual. Esta afirmación requiere una explicación más elaborada. Empezaré con la más básica y primitiva forma de cooperación: la reciprocidad.

El origen de la cooperación: la reciprocidad condicionada

Hablamos de un acto de reciprocidad condicionada cuando se presentan al menos tres ingredientes esenciales: la realización por un primer actor de una acción que tiene algún costo para él; un lapso entre la realización y la recepción de la acción beneficiosa, y la expectativa de otro actor que ha iniciado la interacción de recibir un beneficio equivalente o superior del actor beneficiado inicialmente.

Partiendo de esta caracterización elemental podemos definir las condiciones necesarias para la aparición de la reciprocidad condicionada. Primero, los integrantes de una comunidad dependen para su supervivencia y la mejora de su bienestar, de beneficios mutuos. Segundo, los beneficios esperados son contingentes a la historia particular de

[160] Ascendente, cuando menos, en términos de la complejidad de la tarea.

interacciones repetidas entre los individuos. Tercero, los individuos deben poseer suficientes habilidades mentales y de procesamiento de información como para distinguir entre individuos y recordar el grado en que cada uno de ellos cumplió con la entrega de beneficios en ocasiones anteriores; es decir, la reputación de cada individuo. Finalmente, los individuos deben poseer suficiente elaboración cognitiva y flexibilidad conductual para interactuar con otros organismos basados en la historia diferenciada de sus interacciones. Sólo los seres humanos –y, de hecho, muy recientemente en su historia evolutiva– cumplen con todas estas condiciones.

Una serie de cambios graduales, minúsculos y todavía indiferenciados para un biólogo, transformaron para siempre, en el transcurso de los últimos 200 000 años, la naturaleza de nuestra especie. El más importante de estos cambios fue la adquisición de la capacidad cognitiva de pensamiento simbólico y abstracto, junto con el consecuente desarrollo de la comunicación entre los seres humanos; en otras palabras, la adquisición de modelos mentales para la representación del mundo, y el lenguaje.

La gran variedad de fines y objetivos que los seres humanos persiguen con el uso de su capacidad mental y del lenguaje es enorme. Sin embargo es posible clasificar estos propósitos en dos grandes rubros: *cognición* y *comunicación*. Ambas son capacidades complejas y sólo parcialmente explicadas por la ciencia moderna. Me limitaré a describir los aspectos que se relacionan directamente con el tema de este libro: el progreso social.

Como ya lo mencioné, una parte crucial de la habilidad mental es la capacidad cognitiva para formular teorías sobre los estados mentales de los demás (intenciones, deseos y expectativas), útiles para la elaboración de hipótesis, a partir del lenguaje verbal y no verbal, sobre sus comportamientos futuros; de lo que se habla es de la capacidad de formular una *teoría de la mente de los demás*, capacidad que se convertiría en el fundamento de las relaciones entre los seres humanos.

El lenguaje, como manifestación simbólica de la inteligencia humana, no es simplemente una forma de representar ideas mentalmente, es también un medio para expresarlas a los demás e identificar y comprender los deseos, intenciones, sentimientos y emociones de los otros; por eso el lenguaje es la herramienta fundamental para lograr en la realidad social los objetivos que los miembros de una comunidad se proponen alcanzar.

En la misma forma el lenguaje nos sirve para aprender y compartir un conjunto de normas comunes de comportamiento, y de este modo hace posible el sentimiento de pertenencia a una comunidad. El conocimiento sobre los demás, así como la capacidad de estructurarlo en sistemas de creencias o modelos mentales compartidos, son la base misma de la reciprocidad, la cooperación y, en general, de toda acción humana colectiva.

Entre las diversas historiografías que abordan el desarrollo de las civilizaciones, la idea de un grupo de personas que comparten un lenguaje común ha sido empleada frecuentemente como unidad básica de análisis. Desde esa perspectiva, los aportes de la lingüística comparada han permitido precisar los orígenes y las historias subsecuentes de las poblaciones, definidas de acuerdo con dicho criterio lingüístico.

Estos cambios deben haber ocurrido al menos hace 140000 años, mucho antes de la extinción del último ancestro común a todos los seres humanos y un poco antes de las migraciones provenientes de África que terminaron por poblar el mundo entero hace más de 10000 años.

Las primeras evidencias que tenemos del surgimiento de estas capacidades mentales datan de hace aproximadamente 65000 años. En las pinturas rupestres, en los objetos de los sitios funerarios y en algunas herramientas rescatadas de las comunidades del primer ser humano anatómicamente moderno –el Hombre de Cro-Magnon– es posible encontrar indicios del surgimiento del lenguaje y del pensamiento simbólico y abstracto.

La transición de la humanidad a grupos y sociedades más complejos pudo ocurrir sólo cuando el equipamiento mental y genético de los seres humanos permitió la creación de una amplia gama de comportamientos productivos, artísticos, sociales y organizacionales. Todos estos desarrollos, a su vez, se fundamentaron en la capacidad de compartir, a través del lenguaje, distintas interpretaciones del mundo vinculadas por un solo denominador común: los sistemas de creencias y modelos mentales compartidos por una comunidad. La agregación y elaboración progresiva de estos sistemas es lo que generalmente llamamos cultura.

Historiadores y etnógrafos han investigado a detalle estos comportamientos; por ahora me basta con subrayar que, desde su aparición, las habilidades mentales, el lenguaje y las creencias compartidas se convirtieron en el sustento indispensable de la existencia de los grupos humanos y las comunidades organizadas.

La cooperación y la confianza: la explicación del comportamiento humano colectivo

Una vez que surge la reciprocidad es relativamente fácil establecer y explicar dos de las formas más elaboradas de colaboración: la cooperación y la confianza. Con la aparición del lenguaje y de sistemas más complejos, los humanos desarrollaron las habilidades necesarias para reconocer los beneficios que ofrece el posponer la gratificación de una acción cuando las recompensas a mediano o largo plazos pueden ser mayores o múltiples.

El desarrollo de la memoria y la estructura cognitiva de los seres humanos posibilitó el diseño de "sistemas de contabilidad" que se emplearon para almacenar y consultar la historia de las interacciones con distintos individuos. A partir de entonces las expectativas y la reputación se convirtieron en los ejes de la cooperación humana, al permitir la construcción de los acuerdos y compromisos necesarios para las acciones colectivas recíprocas.[161]

Con el desarrollo de estos primitivos modelos mentales los seres humanos aprendimos gradualmente a prosperar cooperando. En un principio la reciprocidad condicionada convirtió a los seres humanos en "cooperadores condicionales": individuos que basan sus decisiones en la confianza en el estricto cumplimiento de sus expectativas sobre el comportamiento de aquellos con quienes tienen la intención de asociarse y en la simetría de recompensas. Una vez alcanzados los beneficios de este estadio, y de la mano con el desa-

[161] Elinor Olstrom y James Walker, *Trust & Reciprocity..., op. cit.*

rrollo de la inteligencia, la especie humana exploró nuevas formas de colaboración, más complejas e ingeniosas.

Como lo mencioné, los seres humanos adquirimos la capacidad de anticipar las intenciones de los otros al descifrar su lenguaje verbal y no verbal (expresiones faciales, tono de voz, posturas, vestido), así como la habilidad de formular *teorías o modelos sobre la mente de los demás*. En esta forma logramos anticipar sus acciones y aceptar arreglos cooperativos condicionados al cumplimiento de las expectativas. La existencia misma de la división del trabajo, la especialización y la coordinación, depende de la adquisición de estos modelos mentales.

Entendida de esta forma, la reciprocidad humana es un conjunto de comportamientos generados por una estrategia cognitiva de supervivencia y bienestar sustentada en el uso colectivo de modelos mentales y del lenguaje. Ésta es la forma en que los seres humanos logramos mantener acuerdos entre nosotros que superan los resultados de las acciones egoístas e inmediatas, acuerdos que son el cimiento de las comunidades y de las organizaciones, que multiplican el bienestar y la prosperidad de los individuos que las componen.

Como todos los seres vivos, los humanos somos criaturas evolutivas, es decir, capaces de adaptarnos. Lo excepcional es nuestra capacidad para crear, aprender y modificar reglas y normas simbólicas de comportamiento que afectan las intenciones, y por lo tanto los incentivos para participar en las diversas interacciones sociales y económicas. En la especie humana, y sólo en ella, el *aprendizaje* acompaña a la genética en la determinación del cambio y la evolución de los sistemas de creencias.

La transformación cultural, es decir, el cambio en las creencias y valores, representa una herramienta fundamental para la prosperidad de las comunidades o naciones, pues, entre otras cosas, determina las actitudes e ideas que tienen los individuos acerca de las oportunidades que se les presentan, el riesgo en sus decisiones y la recompensa que resulta de éstas. En pocas palabras, los sistemas de creencias determinan la forma en que los individuos piensan y actúan sobre su propia prosperidad. Es de acuerdo con los modelos mentales que se definen los principios y las metas alrededor de las cuales se organiza la actividad económica, y sin actividad económica resulta imposible el desarrollo.

Durante los últimos cien años hemos experimentado y aprendido que las nociones de la racionalidad canónica han sido incapaces de explicar las numerosas excepciones y contradicciones del modelo.

En general estas nociones invocan alguna forma de modificación de los *incentivos* al comportamiento económico humano. Sin embargo el término "incentivo", como el de "racionalidad", debe entenderse en forma amplia. En cualquiera de sus acepciones implica la existencia de un sujeto con un instrumental cognitivo que lo hace capaz de percibir el incentivo, procesarlo cognitivamente, entenderlo o valorarlo como tal, y convertirlo en la *intención* de su comportamiento económico de cualquier otro tipo.

Una idea que está íntimamente relacionada con la noción de incentivo, conjuntamente con la de intencionalidad, es la de *valor*: son las cosas que valoramos las que nos incentivan a actuar con el fin de conseguirlas. Los objetos de valor se presentan en formas diversas, en la medida en que están determinados por múltiples factores, como su utilidad, su disponibilidad, su contribución a la realización individual o al bienestar, la importancia que la comunidad les otorga, etc. No existe un conjunto estable de preferencias sino sistemas de creencias que valoran diferentes satisfactores y promueven, por lo tanto, incentivos distintos.[162]

A su vez el procesamiento cognitivo del incentivo depende, de nuevo, de un sistema de creencias compartido por los miembros de una comunidad, que se manifiesta en un lenguaje común, y en actitudes, valores y reglas de comportamiento generalizados. Sin este conjunto de requisitos cognitivos los incentivos no existen, o –mejor dicho– simplemente no son percibidos. Una vez más, éste es un terreno en el que los economistas no han incursionado hasta ahora. La falta de una teoría que les permita esclarecer cómo percibimos los incentivos los seres humanos y elegimos entre las distintas posibilidades, explica la mayor parte de sus fracasos en la predicción del comportamiento humano.

Una consecuencia de esta carencia es que la promoción del crecimiento económico por medio de políticas públicas se ha realizado sin una descripción suficiente o adecuada del lugar de los incentivos en el comportamiento humano, factor que da cuenta de buena parte de los fracasos de estas reformas que presuponen una teoría errónea o incompleta de los incentivos.

[162] Algunos ejemplos contemporáneos: hay sociedades que consumen grandes cantidades de comida chatarra y hay sociedades que la aborrecen, hay personas que se han vuelto dependientes de los teléfonos celulares y otras que los odian. Dos semanas en una reserva ecológica son vacaciones para algunos grupos e insufriblemente incómodas para otros. Como decía Locke: "Some people like lobster, and some people like cheese."

La orientación de los procesos de crecimiento y desarrollo depende, en gran medida, de nuestra capacidad para entender, adaptar y modificar los incentivos que fomenten la creación de riqueza. En este sentido el cambio de incentivos implica, antes que nada, la capacidad de cambiar las actitudes, creencias y presuposiciones, es decir, los sistemas de creencias que sustentan el proceso de decisiones en las distintas comunidades o países.

La traducción de estas conjeturas en políticas públicas específicas es tentadora, pero riesgosa. La transformación del sistema de creencias de una comunidad requiere, antes de aventurarse a hacer propuestas, de la comprensión del sistema de representaciones mentales que los individuos utilizan para entender el mundo real y actuar en él. Es igualmente importante subrayar que para emprender cualquier modificación es necesario considerar el delicado balance que debe existir, en lo que toca a las creencias, entre continuidad y cambio. Toda transformación que transgreda dicho balance será rechazada como una incongruencia o simplemente ignorada, como ocurrió tantas veces durante el siglo pasado en el mundo en vías de desarrollo.

También es importante resistir la tentación en que han caído algunos estudiosos de estos fenómenos de formular generalizaciones fáciles e infundadas; por ejemplo, mucho se ha discutido, sin llegar a ninguna conclusión significativa, sobre cuál debe ser la unidad de análisis en el estudio del cambio cultural y el progreso económico:[163] ¿son los mercados?, ¿deben ser las etnias, las naciones o las comunidades

[163] Lawrence Harrisson y Samuel P. Huntington, *Culture Matters. How Values Shape Human Progress*, Nueva York, Basic Books, 2000, 348 p.

lingüísticas?, ¿deben ser las tradiciones religiosas o los sistemas compartidos de valores? En el mundo actual, donde las diferencias se atenúan cada vez más, encontrar la respuesta a esta interrogante no es cosa sencilla: hay naciones, por ejemplo, cuyo territorio es reconocido solamente en los mapas, o lenguas que se hablan en todo el mundo.

Con los valores y las religiones se presenta una confusión similar. A lo largo del siglo XX, por ejemplo, el confucianismo fue utilizado primero para explicar el fracaso de Asia, después su éxito, y en los noventa, de nuevo, la profunda crisis económica en la que se vio inmersa. Lo mismo ocurre con el protestantismo y el catolicismo: a pesar de que carecen de una "ética protestante" existen –y han existido aun antes de Weber– naciones e individuos católicos que han progresado rápidamente: la España de los siglos XVI y XX, o Irlanda en el siglo XXI bastan como ejemplos. En la misma forma existen comunidades subdesarrolladas de origen protestante que se resisten al cambio y al progreso. Cuando hablamos de creencias, por lo tanto, debemos refinar y poner a prueba nuestra unidad de análisis si queremos que sea empíricamente significativa y, sobre todo, que los resultados obtenidos de su estudio deriven realmente en una mejora de los estándares de vida y realización individual en los países pobres.

Progreso y degeneración en los sistemas de creencias

En este libro he adoptado la noción de modelos mentales o sistemas de creencias como unidad básica en el análisis de las culturas y los procesos de acción y representación del mundo. En la sección anterior llegamos a la conclusión de que las comunidades humanas desarrollaron desde sus orígenes esquemas y reglas estrictas de pensamiento y de comportamiento, y que estos conjuntos de reglas constituyeron a su vez unidades culturales –los modelos mentales o sistemas de creencias– que permitieron la acción colectiva y la vida en sociedad.

Mientras la cultura consiste en un conjunto de sistemas de creencias (sociales, políticos, religiosos, morales), estos sistemas se componen de información que se trasmite de una generación a otra, información que incluye no sólo un lenguaje, también modelos mentales o reglas de pensamiento, heurísticas específicas y normas de acción. A medida que las sociedades humanas fueron evolucionando, ciertos modelos mentales de cooperación se volvieron –cuando menos en un sentido social muy básico– indispensables, por lo que los individuos que no pudieron o no quisieron adaptarse a ellos fueron excluidos de las comunidades y difícilmente sobrevivieron.

La trasmisión cultural de modelos mentales complementó y enriqueció la trasmisión de modelos genéticos. La competencia y la selección natural entre comunidades humanas ocurrieron, de entonces en adelante, no sólo en el plano físico –la supervivencia del más fuerte– también en el plano simbólico, es decir, entre las cualidades de sus modelos mentales, como su eficiencia adaptativa, su pragmatismo, sus capacidades heurísticas, explicativas y predictivas, la facilidad de trasmisión, su traducibilidad a otros lenguajes. La selección de los miembros de una comunidad ya no dependería necesariamente de su constitución genética sino de su adherencia a un sistema de creencias compartido y de su habilidad cognitiva para utilizarlo en beneficio propio y de la comunidad.

He descrito los sistemas de creencias como conjuntos organizados de conceptos, ideas o modelos mentales que guían la acción humana; a su vez, la acción puede ser vista como el resultado de dos componentes básicos: el pensamiento o actividad mental –percepciones, intenciones, actitudes, entendimiento, representación y significado– y la conducta como tal. Apegados a esta caracterización, una explicación exitosa del comportamiento humano depende de la comprensión de las cualidades del comportamiento mental. La conciencia y la elaboración de mecanismos de representación mental –es decir, los lenguajes y los sistemas de creencias– son el origen y el sentido de la intención. La intencionalidad, parte inherente a la actividad mental, es lo más cercano a una *causa* del comportamiento humano.

Un sistema de creencias, y el conjunto de modelos mentales que lo componen, es mucho más que un simple glosario: es una herramienta cognitiva que permite aprehender, anticipar y definir intenciones, así como comunicar y legitimar una forma compartida de clasificar, evaluar y justificar un rango determinado de expectativas y obligaciones sociales. El sistema de creencias hace posible la comunicación y la cooperación, a la vez que limita el comportamiento y las acciones individuales –que de otra forma serían erráticas y disfuncionales– dentro de los límites preestablecidos que conocemos como "cultura".[164]

Es evidente, siguiendo esta línea de argumentación, que distintos modelos mentales han cambiado y proliferado a lo

[164] North, *Understanding the Process…*, *op. cit.*

largo del tiempo y a lo ancho del mundo. Sin embargo, para propósitos de análisis se pueden identificar en todos ellos algunos componentes comunes y generales, bien sea porque la naturaleza despliega ciertas características a las que todos los modelos mentales tienen que responder –por ejemplo la necesidad de anticipar el futuro y reducir la incertidumbre–, o porque los objetivos estructurales de cualquier sistema humano de ideas y creencias así lo determinan, como por ejemplo la subsistencia del grupo o la búsqueda de progreso y bienestar.

En primer lugar, todos los modelos mentales pueden ser clasificados según su grado de utilidad en la anticipación del futuro (capacidad predictiva) y en la resolución de problemas. Desde esta perspectiva los sistemas de creencias se conciben como *progresivos* o *degenerativos*.

Un modelo mental es progresivo cuando la heurística que lo dirige logra tres cosas: primero, contribuye a la consecución de los objetivos sociales, cualesquiera que éstos sean, mediante su capacidad para anticipar la realidad; segundo, se modifica como resultado de la experiencia y la innovación; y, tercero, es capaz de crecer, tanto por la apropiación de nuevas ideas como por la incorporación de nuevos miembros a la comunidad. Un sistema de creencias es degenerativo, en cambio, cuando carece de todas estas condiciones. Usualmente y con el tiempo, las sociedades siguen la suerte de sus sistemas de creencias: progresan o se empobrecen.

Otros dos elementos comunes a todos los sistemas de creencias son, por un lado, las características cognitivas que permiten *calcular* el costo-beneficio (no sólo monetario) de una decisión y, por el otro, la existencia de *reciprocidad* en las relaciones y transacciones; es decir, la habilidad para reconocer cuándo pagar favores con favores y cuándo tolerar o sancionar abusos con castigos. En la medida en que participan en la definición del comportamiento de los individuos y en la forma en que se dan sus interacciones, estas características resultan determinantes para la integración de grupos y la cohesión social.

Además, ambas habilidades son requisitos para la cooperación entre seres humanos, cooperación que exceptuando algunos casos extremos de misantropía[165] encontramos también en todos los sistemas de creencias existentes.

Resulta imprescindible identificar en un sistema de creencias específico el balance entre estas características para lograr una comprensión adecuada del mismo y de la comunidad en que se emplea. Así, por ejemplo, si los individuos son sólo calculadores se vuelven oportunistas o abusadores sistemáticos y nadie puede confiar en ellos. En el otro extremo, las personas que realizan favores indiscriminadamente son fácilmente explotables, por lo que se empobrecen y tienden a fracasar. Así, el balance entre reciprocidad y cálculo racional, que demostró ser una mejor estrategia de selección natural que la desconfianza, ha sido la base de nuestra vida social desde el inicio de la civilización, y lo encontramos en mayor o menor medida en todas las sociedades vivas.

Una de las consecuencias inesperadas más importantes de dicho balance ha sido el desarrollo de la habilidad para compartir en forma regular y elaborada las tareas entre personas que no guardan ninguna relación genética. Fue mediante este intercambio de bienes y favores entre ajenos

[165] Peter France, *Hermits. Insights of Solitude,* Nueva York, St. Martin's Press, 1996, 240 p.

y desconocidos, y el crecimiento exponencial de sus miembros hasta alcanzar millones de integrantes, que las organizaciones humanas evolucionaron hasta lo que conocemos hoy día.

La evidencia prehistórica es muy clara: los antecesores de los seres humanos –como el recién descubierto *homo floresiensis*– habitaban en grupos de aproximadamente 40 individuos; el *australopitecus*, que vivió hace más o menos cuatro millones de años, lo hizo en grupos de 70; los primeros fabricantes de herramientas –hace dos millones de años– formaron grupos de 80 a 100 miembros; el *homo erectus* participó en grupos de 110 a 120, y el *hombre de Neandertal* en grupos de 150. Las primeras villas y aldeas del *homo sapiens sapiens* contaron a sus habitantes en cientos, e incorporaron el comercio entre aldeas como una actividad cooperativa central para su existencia. Con el tiempo crearon las primeras ciudades que rebasaron el millar de habitantes, hasta constituir imperios y naciones con millones o miles de millones de integrantes. En 2007 la mayor parte de la población mundial habitaba ya en concentraciones urbanas con poblaciones de varios millones,[166] donde la coordinación y la cooperación ocurrían cotidianamente.[167] Esta evolución en el tamaño y la complejidad de las comunidades humanas no puede, claro está, disociarse de las transformaciones en los sistemas de creencias.

[166] Citado en *The Economist*, 2006.

[167] Estudios recientes (Kurzban y Houser, 2005; Diego Gambetta y Heather Hamill, *Streetwise: How Taxi Drivers Establish Customers' Trustworthiness*, EU, Russell Sage Foundation, 2005, 243 p.) han demostrado consistentemente la tendencia sistemática (e intercultural) entre los seres

La existencia de grandes grupos organizados alrededor de sistemas de creencias más progresivos y complejos hizo posible la coordinación y colaboración en actividades de gran escala: la cacería mayor, las primeras construcciones, sistemas de defensa más elaborados y seguros. A medida que las aldeas –y después las ciudades– crecieron en tamaño, aparecieron los grandes proyectos de construcción e irrigación, así como la especialización y el comercio.

El incremento en el número de individuos coordinados por modelos mentales complejos ha traído consigo, entre otros, tres beneficios fundamentales: el *riesgo compartido*, la *especialización* y la *acumulación de conocimientos*. Quizá la innovación más importante, producto de esta agregación exponencial de individuos a una comunidad, fue la evolución de los sistemas de creencias hacia la especialización en áreas no directamente relacionadas con la producción o el acopio de comida. El ejercicio del estado de derecho, el surgimiento de los derechos de propiedad, y la acumulación de conocimientos son algunos de los ejemplos más relevantes.

Es posible clasificar en forma similar el rango de las actividades sociales humanas y destacar su origen y sus características con relación a la especialización y la distribución del trabajo. En la última parte del siguiente capítulo profundizaré en esta clasificación; por ahora baste mencionar que, en su forma más básica, esta perspectiva organiza

---

humanos a cooperar (63%) cuando hay señales de cooperación entre las otras partes, en lugar de abusar (20%) o de tolerar el abuso (13%) sistemáticamente. Aunque preliminares, estos resultados apoyan la tesis de que la cooperación se ha convertido en una estrategia evolutiva estable entre los seres humanos.

la actividad humana especializada en tres grandes rubros: *producción*, *cognición* y *coerción*.

La mayor parte de la creciente complejidad y prosperidad de las sociedades humanas en los últimos miles de años se debió a una tendencia a la especialización progresiva, que significó a su vez una mayor distribución del riesgo y la acumulación y trasmisión de conocimientos acumulados en los sistemas de creencias. Las sociedades que no lograron crear sistemas especializados de conocimiento, así como esquemas funcionales para la distribución del trabajo y mecanismos de retribución social que hicieran posible la confianza entre extraños, quedaron atrapadas en un círculo vicioso sin posibilidades para prosperar significativamente.

Debo reiterar que no todos los sistemas de creencias se orientan en pos de los mismos objetivos ni bajo los mismos criterios; por el contrario, sus formas y usos se encuentran sumamente diversificados. Sin embargo tienen en común conjuntos de expectativas normativas, tanto cognitivas como sociales, que son compartidas por los miembros de una comunidad y que evolucionan adaptándose a las circunstancias o encontrando soluciones novedosas a los problemas sociales.

Nuestra tarea, pues, es explicar la diversidad de los sistemas de creencias que han proliferado en nuestra historia y que coexisten actualmente, así como entender sus implicaciones sobre la estructura, la organización, el desarrollo y el éxito o el fracaso de las sociedades. Esta labor requiere, en principio, distinguir los tipos de sistemas de creencias que evolucionaron como resultado de la necesidad de reducir la incertidumbre proveniente del medio ambiente, de aquellos que respondieron a las necesidades de certidumbre frente al medio ambiente social.

Los seres humanos comienzan sus vidas con un equipamiento genético que los provee de una arquitectura mental inicial. Desde los primeros días, además, la mente interactúa con la herencia cultural de decenas de generaciones, herencia que a su vez es moldeada por las experiencias individuales de aprendizaje; esta forma en una parte de nuestra actividad mental está estructurada por la genética y el resto posee una enorme flexibilidad y capacidad de adaptación.

El aprendizaje colectivo o agregado acumula una serie de conocimientos específicos, patrones heurísticos y herramientas de pensamiento, así como actitudes, valores, reglas e instituciones. Estas formas de actividad han enfrentado y superado la prueba del tiempo y el lento proceso de ensayo y error, eliminando a su paso otras formas de comportamiento. La cultura de una sociedad, es decir, el conjunto de sistemas y creencias que la distinguen de otras, es resultado de dicha evolución. Este bagaje de conocimiento acumulado, producto de la sucesión de cientos de generaciones, constituye la mayor fuente de riqueza material y espiritual para una comunidad. En palabras de North:

> El crecimiento en el conocimiento acumulado es el determinante fundamental de la mejora en el bienestar de los seres humanos [...] es la compleja interacción entre el conocimiento acumulado, las instituciones y los factores demográficos, lo que determina el proceso de cambio económico.[168]

[168] North, *Understanding the Process...*, *op. cit.*, p. 78.

La racionalidad y los sistemas de creencias

Como consecuencia de su particular arquitectura mental, de entre todos los seres vivos sólo los humanos somos capaces de invocar una forma de pensamiento que se adhiere explícitamente a reglas y que nos lleva a conclusiones que pueden ser juzgadas por un grupo determinado como válidas o inválidas. Esta capacidad peculiar no es sino el origen mismo de la racionalidad.

Desde una perspectiva puramente cognitiva, la cultura humana es un conjunto cambiante de creencias, sistematizadas por la experiencia y el análisis, que se convierten en modelos mentales o de pensamiento. En términos generales los sistemas de creencias o modelos mentales buscan homogeneizar tanto las ideas como las acciones de los individuos, e incrementar la capacidad de anticipar el entorno y reducir la incertidumbre relativa al comportamiento de los miembros de una comunidad; por eso mismo los modelos mentales son también unidades evolutivas que cambian con la experiencia y se adaptan a las circunstancias específicas. En este sentido, cualquier trasgresión a este conjunto de creencias es siempre un intento, fructuoso o infructuoso, de *refutación* o de *expansión de la capacidad cognitiva o heurística* del sistema.

Si, en cambio, empleamos una perspectiva puramente social, la misma cultura se muestra como un sistema de reglas sobre el comportamiento esperado entre sus integrantes. La literatura se ha referido a una parte de estas expectativas mutuas también como *reglas sociales* o *morales*.[169]

[169] Robert Nozick, *The Nature of Rationality*, EU, Princeton University Press, 1993, 242 p.

Los modelos mentales o sistemas de creencias son reglas o normas para la organización social, y eventualmente para la creación de instituciones. La desviación de estas expectativas suele constituir, una trasgresión moral, más que un intento de falsación empírica de una idea. Puede ser igualmente aceptada o rechazada como una nueva regla, pero su introducción siempre perturba el orden moral.

Tanto en su sentido cognitivo como en el social, los sistemas de creencias determinan el rango de ideas y acciones que un ser humano puede realizar, por lo que constituyen el sustento del capital espiritual con que cuenta una sociedad. La capacidad cognitiva de encontrar soluciones a sus problemas, la habilidad de enriquecer y aprovechar el capital humano de sus integrantes, la espontaneidad de su sociabilidad, y la eficiencia de sus organizaciones, la confianza, el respeto a los acuerdos, la reducción de la incertidumbre y el riesgo, y, finalmente, la solidez de sus instituciones, son los elementos que integran la riqueza espiritual de los pueblos.

Ahora bien, los juicios que desde nuestros diversos sistemas de creencias emitimos sobre la validez de una idea o argumentación –como expusimos en la primera parte– no necesariamente respetan las leyes de la consistencia lógica o responden a un cálculo frío de las probabilidades; por lo mismo, las decisiones no siempre se adecuan a los requerimientos racionales óptimos del modelo canónico de la economía neoclásica. Esto, sin embargo, no significa que el comportamiento humano sea ilógico o inexplicable, sino que el vocabulario del economista, o del especialista en lógica o estadística, pertenece a un mundo de reglas lógicas distinto. En tanto no se refiere a cosas o eventos del mundo real, sino a las afirmaciones sobre dicho mundo, este tipo de vocabulario especializado puede definirse como un vocabulario de *segundo orden.*[170]

Los lenguajes que de manera cotidiana hemos utilizado los seres humanos por miles de años son *lenguajes de primer orden*, pues rara vez se refieren a las condiciones lógicas de verdad o falsedad de nuestras afirmaciones –como ocurre con el especialista en lógica o el filósofo interesado en la epistemología– y las más de las veces se emplean para interpretar los hechos en el contexto del mundo tal y como lo percibimos.

Ya sea que estemos estructurados neurológicamente –según afirman unos–[171] o seamos entrenados para ello por medio del aprendizaje y el uso de modelos mentales,[172] los seres humanos tendemos a enfocar nuestra mente en el análisis de eventos en cierto contexto predeterminado tanto por la sociedad como por la naturaleza. De esta forma, la claridad, velocidad y complejidad del razonamiento de los individuos parece ser una función del grado de familiaridad y organización de la información que ha de ser procesada, más que de una habilidad abstracta y general.

De acuerdo con Kahneman,[173] para comprender adecuadamente la lógica con la que razonan los individuos es necesario tomar en cuenta dos factores fundamentales. El

[170] Ian Hacking, *Rewriting the Soul*, Nueva Jersey, Princeton University Press, 1995, 336 p.

[171] M.R. Bennett y P.M.S. Hacker, *Philosophical Foundations of Neuroscience*, EU, Blackwell Publishing, 2003, 480 p.

[172] Howard Gardner, *The Mind's New Science. A History of the Cognitive Revolution*, EU, Basic Books, 1987, 448 p.

[173] Slovic, Kahneman y Tversky, *Judgement Under Uncertainty...*, *op. cit.*

primero tiene que ver con el *contenido* de la información: mientras más familiar y relevante sea ésta para los modelos mentales o sistemas de creencias disponibles, más rápidamente podrá ser procesada y el problema en cuestión resuelto. El segundo se refiere a la *forma* en que se analiza la información: un individuo tiene éxito en la resolución de problemas en la medida en que es capaz de recurrir a modelos mentales o sistemas de creencias que consideren la existencia de problemas similares y que posean una heurística para resolverlos.

Así, al tomar en cuenta este tipo de factores, las diversas descripciones posibles del comportamiento racional prevén tanto el origen simbólico de la mente humana como la influencia del sistema de representación en el proceso de elección entre alternativas.

Como ha subrayado Putnam,[174] la comunidad a la que pertenece un sujeto de conocimiento es también fundamental para entender su comportamiento cognitivo. Es de aquellos con los que convivimos desde niños de quienes aprendemos qué tipo de soluciones o concepciones se considera aceptables, cuáles son falsas o peligrosas, cuáles justificadas o injustificadas. Estos juicios no pueden ser inicialmente elaborados por un individuo solo, sino que resultan de la experiencia colectiva de anticipación de la realidad y reducción de la incertidumbre. Precisamente porque cada uno de nosotros pertenece a una o varias comunidades de conocimiento acumulado, tiene sentido –tanto por razones

[174] Robert Putnam, *Democracies in Flux. The Evolution of Social Capital in Contemporary Society*, Nueva York, Oxford University Press, 2002, 528 p.

cognitivas como morales– consultar o tomar en cuenta el juicio de la comunidad.

El programa de investigación que he venido desarrollando hasta aquí tiene como núcleo un conjunto de interrogantes básicas, principalmente en torno de la forma en que una comunidad construye sus modelos mentales o sistemas de creencias, la manera en que los integra con el conocimiento cambiante del mundo real y la forma en que los usa adecuadamente en diversas circunstancias.

En este capítulo he revisado la importancia de la reciprocidad condicionada como un mecanismo evolutivo que ofrece una explicación del origen de la sociabilidad en la humanidad. Más adelante en nuestra historia surgieron nuevas y más complejas habilidades mentales y sociales que favorecieron el advenimiento de dos virtudes sociales de importancia nuclear: *la cooperación y la confianza.*

La cooperación egoísta

Es posible suponer que la supervivencia de los primeros seres humanos dependía de su capacidad para confiar y cooperar con quienes los unían algún parentesco genético. Más adelante –como ya expusimos–, el proceso de evolución extendió a los extraños la posibilidad de la reciprocidad condicionada.

Esta tendencia a la cooperación y la coordinación fue un resultado inesperado de la evolución de la conciencia y la inteligencia humanas. Hemos visto que el uso de la inteligencia en las cuestiones sociales dio a los individuos la posibilidad de predecir situaciones y calcular con mayor exactitud sus intereses individuales y colectivos de largo plazo, habilidades que son los fundamentos de un sistema de creencias. Como resultado, las comunidades obtuvieron la inteligencia social necesaria para analizar y decidir cuándo convenía respetar y cuándo romper los acuerdos establecidos con otros individuos.

Es muy probable que en sus orígenes la inclinación instintiva a la reciprocidad condicionada haya estado motivada por la selección natural. La reciprocidad condicionada –es decir, el orientar nuestro comportamiento según el trato que recibimos de los demás– ofreció resultados cuyos beneficios superaban a los derivados de acciones individuales o de la cooperación exclusiva entre familiares. Gran cantidad de estudios en distintos contextos y periodos históricos justifica estas conclusiones.[175]

Más adelante los seres humanos aprendimos a respetar los acuerdos con personas con las que tenemos relaciones repetidas y de largo plazo, y a romperlos con quienes no volveremos a interactuar. Los estudios del comportamiento cooperativo realizados en contextos diversos han establecido con suficiente claridad que la expectativa de colaboración futura desempeña un papel fundamental en la definición de la colaboración presente. Axelrod,[176] quien llamó a esta forma de colaboración *cooperación egoísta* –la más primitiva de ellas–, enumera tres características que aumentan las posibilidades de cooperación en una relación entre dos o más personas:

[175] Karen Cook, Russell Hardin y Margaret Levi, *Cooperation Without Trust?*, EU, Russell Sage Foundation, 2005, 253 pp.

[176] Robert Axelrod, *The Evolution of Cooperation*, EU, Basic Books, 1984, 256 p.

1. La relación supone una interacción frecuente.
2. Los individuos que la integran pueden distinguir claramente a los actores confiables de los que no lo son.
3. Las recompensas por cooperar son mayores que las producidas por la acción individual.

Esto explica también por qué el papel de la cooperación es tan importante en la creación de prosperidad. Contrario a las conclusiones de la economía o la biología modernas –que han insistido en el interés individual y egoísta como motor del comportamiento–, las sociedades con sistemas de creencias que fomentan hábitos de cooperación refinados, incluso a costa de los intereses individuales, han sido a lo largo de la historia mucho más exitosas económica y socialmente que las sociedades en donde la consecución del interés individual es la norma. Estas últimas son las sociedades más primitivas, en las cuales la búsqueda del interés individual egoísta y la falta de cooperación arrojan un resultado pobre para todos los participantes.[177]

Así, un análisis comparativo de las sociedades modernas hace evidente que las sociedades que han alcanzado los

[177] Ostrom y Walker, *op. cit.*; Karen Cook, *Trust in Society*, EU, Russell Sage Foundation, 2001, 464 p.; Roderick Kramer y Karen Cook, *Trust and Distrust in Organizations*, Nueva York, Russell Sage Foundation, 2004, 381 p.; Russell Hardin, *Trust & Trustworthiness*, Nueva York, Russell Sage Foundation, 2002, 256 p., y *Distrust*, Nueva York, Russell Sage Foundation, 2004, 334 p.; Tom Tyler y Yuen Huo J., *Trust in the Law. Encouraging Public Cooperation with the Police and Courts*, Nueva York, Russell Sage Foundation, 2002, 296 p.; Randolph Nesse, *Evolution and the Capacity for Commitment*, Nueva York, Russell Sage Foundation, 2001, 334 p.

niveles más altos de prosperidad y los mejores estándares de vida poseen fuertes tradiciones de sociabilidad espontánea y de organizaciones cooperativas, muchas de ellas formalizadas a través de diversas instituciones. En el otro extremo, sociedades como las latinoamericanas o africanas, donde, fuera del ámbito familiar o del grupo primario, predomina la desconfianza, las posibilidades de construir organizaciones complejas y productivas entre extraños, y de establecer instituciones que den certidumbre a la vida social y económica, son mínimas.

En otras palabras, hoy día es evidente –de una manera que no lo era hace 10 000 años– que entablar una relación en la que la explotación mutua y oportunista sea la regla, puede ser mucho más desventajoso que relacionarse basándose en la confianza y la cooperación mutua. Más que la geografía, las armas o los gérmenes,[178] es la falta de un sistema de creencias que fomente la cooperación, la confianza y la institucionalización de reglas en una sociedad lo que explica la mayor parte de la pobreza y la desigualdad actual. Examinemos con más cuidado esta aseveración.

Cooperación, generosidad y reputación

Mencioné antes que la teoría de juegos y cooperación sostiene que la cooperación surge de manera espontánea entre los seres humanos, siempre que exista la posibilidad de establecer una relación de largo plazo y de interacciones repe-

[178] Diamond, *Guns, Germs and Steel*, *op. cit.*

tidas. Ahora bien, sostener que la posibilidad de encuentros sostenidos y de largo plazo es *necesario* para el desarrollo de actitudes cooperativas, no significa que sea *suficiente*. Existe otra serie de requisitos, descritos por versiones más recientes de la teoría de la cooperación,[179] que trataré de resumir en las siguientes páginas.

Una vez que los individuos de una comunidad han reconocido o calculado que volverán a encontrarse en repetidas ocasiones compitiendo por los mismos objetivos, entenderán también que su bienestar futuro depende de su comportamiento con los otros: si los trata bien y los ayuda, lo tratarán bien y lo ayudarán. De esta forma, el comportamiento competitivo se torna cooperativo.

Cuando este hecho ocurre, la cooperación evoluciona a través de tres estadios diferentes. Al principio, la cooperación puede comenzar incluso en un contexto de constantes traiciones; basta que un pequeño grupo de individuos elija basar sus interacciones en la reciprocidad para que la cooperación se inicie. En segundo lugar, con una alta probabilidad, este pequeño grupo de cooperadores prosperará más rápidamente que cualquier otro individuo o grupo de individuos que emplee una estrategia distinta; con el tiempo, la comunidad de cooperación, una vez establecida con base en la reciprocidad, desarrollará habilidades para identificar, protegerse, castigar o excluir a los individuos no cooperativos dentro de su comunidad.

En condiciones propicias, la cooperación basada en la reciprocidad ocurre hasta entre antagonistas, como en el conocido caso de las trincheras franco-alemanas durante la

[179] Axelrod, *op. cit.*

primera guerra mundial.[180] De esta forma primitiva y simple se inicia el gran proceso de la evolución social.

Al analizar las distintas características y estrategias de una relación de mutua cooperación, algunas de ellas destacan sobre otras. La primera y más importante es la habilidad de los participantes para tratar a los demás miembros con *generosidad*, es decir, continuar cooperando con ellos a pesar de que inicialmente sean egoístas y cometan abusos. Otorgar el beneficio de la duda a los nuevos participantes, perdonar u olvidar los errores cuando esta conducta no es sistemática y, sobre todo, asumir que son capaces de aprender a cooperar, son cualidades esenciales de cualquier sistema progresivo de creencias. Cuando todos o casi todos los participantes actúan de esta manera, los beneficios para la comunidad se multiplican exponencialmente.

La segunda característica se activa cuando la primera estrategia fracasa; es decir, cuando algún miembro abusa sistemáticamente de la confianza de los demás. En estos casos, el *castigo* y eventualmente la *exclusión* son el único camino viable. La confianza y el respeto a las reglas de cooperación dependen también de la capacidad que la comunidad tiene para castigar a los infractores e impedirles la participación.

Por último, la tercera característica básica de una relación de mutua cooperación es la necesidad de que las reglas de cooperación –incluidos los castigos a las infracciones– sean *claras* y de aplicación *sistemática*. La ambigüedad en las reglas tiende a hacerlas azarosas y a diluirlas, por lo que la

[180] El hecho lo documenta Axelrod (*op. cit.*), pero hay al menos dos películas que han dramatizado la historia: Joyeux Noel, Francia, 2006, por ejemplo.

incertidumbre en las relaciones se convierte en una especie de entropía social. Aunque se encuentra implícita en las demás, la capacidad para recordar la historia de una relación de cooperación, y de derivar de ella una *reputación* como comunidad o como individuo, es también importante.

Así, la *generosidad* evita la desconfianza endémica y paralizante, el *castigo* desincentiva las estrategias no cooperativas y el abuso, y la *claridad* y la *reputación* facilitan la inclusión de nuevos participantes y promueven la cooperación de largo plazo.

A pesar de sus importantes aportaciones, esta primera versión de la teoría de la cooperación deja sin resolver el problema central de describir y explicar las condiciones necesarias y suficientes para que surja la cooperación en las grandes comunidades, integradas principalmente por extraños, como las naciones actuales; allí los individuos cooperan entre ellos de manera cotidiana, a pesar de que no se conocen y se relacionan o intercambian favores sólo una vez en sus vidas y sólo momentáneamente. ¿Cómo es esto posible?

La respuesta sucinta a esta pregunta es que el ejercicio sistemático de las reglas de cooperación tiende a formalizarlas y a convertirlas en instituciones. Abundaré sobre este tema en las siguientes secciones de este capítulo.

Desigualdad espiritual: la distribución de la confianza, los valores y el altruismo

Una característica del mundo actual es que la riqueza espiritual, entendida como la capacidad para cooperar y confiar en los demás, se encuentra tan desigualmente distribuida, dentro y entre las sociedades del mundo, como la riqueza material.

En un primer nivel de sociabilidad existen sociedades y grupos fuertemente individualistas y con muy poca capacidad para la asociación y la cooperación. Sus organizaciones son jerárquicas y los vínculos entre los individuos están determinados en gran medida por relaciones genéticas, de autoridad o de fuerza. Indudablemente las primeras comunidades humanas tenían estas características, pero aún hoy las encontramos en las bandas de narcotraficantes, en las agrupaciones criminales y en los estados-nación que han fracasado en constituirse o están en proceso de desintegración. La moral en estas sociedades es la supervivencia individual.

En el siguiente nivel de sociabilidad se hallan las sociedades familistas en que la forma principal de asociación –aunque no la única– está basada en la familia nuclear (es decir, genética) y extendida. Estas sociedades se constituyen usualmente en clanes, tribus o grupos, y la moral que predomina en ellas se divide en dos clases: la que se aplica a los miembros del grupo, y la que se aplica a todos los demás. Evidentemente la cooperación y la confianza se limitan a los integrantes del grupo, y los demás –para quienes se reserva casi siempre un trato discriminatorio– son excluidos.

Finalmente existen las sociedades con un alto nivel de sociabilidad, donde la cooperación y la confianza entre extraños es la norma institucional y no la excepción, y además hay en ellas una gran propensión a la sociabilidad espontánea. En estas sociedades las reglas de comportamiento han hecho posible la interacción y la confianza entre extraños, *como si fueran* miembros de la misma familia. Éstas son las sociedades más prósperas que conocemos.

Aunque desde hace tres décadas lo había ya observado Arrow,[181] fue muy recientemente que la literatura sobre capital social y actividad económica reconoció en la ubicuidad de la sociabilidad y la confianza un factor determinante en el desempeño económico de las sociedades. En otras palabras, la confianza y la sociabilidad tienen un gran impacto sobre el tipo de economía y, por ende, de prosperidad que una sociedad es capaz de generar. Si las personas que tienen que trabajar juntas lo hacen en un ambiente de confianza, basado en el respeto común a un conjunto de normas éticas, de cultura de trabajo y de responsabilidad –en otras palabras, un modelo mental o sistema de creencias compartido–, el grupo resulta más productivo y eficaz.

Una sociedad con estas características posee una mayor capacidad de innovación, que permite a sus organizaciones adquirir múltiples formas y adaptarse más rápidamente. A esta capacidad se le conoce en la literatura especializada como *capital humano y social*; a la acción conjunta de ambas la he denominado aquí *riqueza espiritual.*

El capital humano y la creación de riqueza material

El concepto de capital humano fue introducido por la economía en los años sesenta[182] y parte de la premisa de que el capital no se encuentra sólo en la tierra o en las fábricas, ni

[181] Kenneth Arrow, J., "Alternative Approaches to the Theory of Choice in Risk-Taking Situations", *Econometrica*, vol. 19, 1951, pp. 404-437.

[182] Schuman, 1968.

siquiera en la tecnología, sino en el conocimiento y las habilidades que poseen los miembros de una sociedad.

Como hemos visto, los seres humanos inician su vida con una arquitectura mental determinada genéticamente por millones de años de evolución; sin embargo su mente se enriquece a a lo largo de la vida en dos formas distintas: a través del *patrimonio cultural* que nutre los sistemas de creencias, aprendidos de los grupos primarios y secundarios en los primeros años de vida, y a través del *aprendizaje individual*. La combinación de estos factores y la capacidad para aprender de nuevas experiencias –es decir, la flexibilidad cognitiva– determina el capital humano de un individuo. La cantidad y calidad de este capital favorece la aplicación del conocimiento acumulado por la sociedad y por el individuo en la solución de problemas, en la toma de decisiones económicas, en su productividad y, eventualmente, en su realización personal y su contribución al bienestar social.

Una de las consecuencias más notables de la evolución de la vida económica fue la *terciarización* del trabajo y las ocupaciones.[183] Asociada al crecimiento de la educación superior –aunque no necesariamente dependiente de éste–, la presencia de profesionales en las economías modernas ha ido en aumento desde su aparición.

Debemos entender que los "profesionales" son todos aquellos individuos que se dedican a la adquisición y utilización de conocimientos en un campo determinado. En este sentido, la existencia de profesionales en una sociedad depende del desarrollo de competencias cognitivas, no materiales, que tienen un enorme impacto sobre la creación

[183] Fogel, *The Fourth Great Awakening, op. cit.*

de prosperidad y bienestar. Médicos, ingenieros, abogados, maestros, matemáticos, físicos y hasta filósofos, son ejemplos de este tipo de actividad, ocupaciones todas ellas en que la prosperidad proviene de la fuerza de las ideas. Los profesionales han ido creando gradualmente una clase secular de expertos en el mundo natural o social, que racionalizan la conducción de las sociedades y van eliminando el monopolio que la religión había ejercido por siglos.

Esta nueva clase de profesionales ha recibido de los estados modernos la responsabilidad sobre tres tareas fundamentales: la creación y sostenimiento del orden social (conducción del Estado), la creación de prosperidad y bienestar (conducción de la economía), y la generación de nuevos conocimientos (educación, ciencia y tecnología). En los últimos cien años –a causa de estas atribuciones– el valor de este grupo de profesionales, en términos del producto interno bruto de un país, ha aumentado a más del doble del valor de la tierra y de los activos materiales en los países desarrollados.[184] Es de esta centralidad creciente de los profesionistas en las sociedades, y no simplemente del advenimiento de la tecnología de información, de donde surge el concepto de *sociedad del conocimiento.*

El torrente de conocimientos científicos y tecnológicos que ha orientado el desarrollo en el mundo, creando en muchos casos los estándares de vida más altos de la historia, fue producido por este grupo de profesionales y las instituciones tecnológicas, educativas, productivas, gremiales, etc., de las que ha dependido su trabajo.

[184] *Idem.*

El capital social y el desarrollo

Para continuar y ampliar el programa de investigación sobre el capital humano, Coleman argumentó que, además de las habilidades y el conocimiento, una enorme cantidad de capital y riqueza depende de la habilidad de las personas para asociarse unas con otras, distribuir entre ellas el trabajo y alcanzar las metas que se han propuesto. A esta habilidad la llamó *capital social.*[185]

El capital social puede también definirse como el conjunto de valores informales y de normas compartidas que posibilita y fomenta la cooperación entre los miembros de un grupo.[186] Estos valores y normas, que se originan en los sistemas de creencias de la comunidad, favorecen el ejercicio de la confianza entre los miembros del grupo al generar en los individuos la expectativa de un comportamiento honesto y predecible de los demás. La confianza, entonces, actúa como el catalizador que permite a un grupo o sociedad funcionar de una manera más eficiente y beneficiosa para sus integrantes.

Esta habilidad para asociarse en forma productiva depende, a su vez, del grado en que los sistemas de creencias y los modelos mentales de una comunidad sean capaces de subordinar, mediante normas y valores, el interés individual al de una comunidad o grupo, o "encapsular" los intereses diversos de los individuos.[187] De esta manera, el capital

[185] James S. Coleman, *Foundations of Social Theory, op. cit.*

[186] Putnam, *Democracy in Flux..., op. cit.*; Francis Fukuyama, *State Building*, EU, Cornell University Press, 2004, 160 p.

[187] Russell Hardin, *Distrust, op. cit.*

social determina el rango y la dimensión de las acciones colectivas que un grupo es capaz de realizar, desde los sistemas simples de seguridad y protección comunitaria, los matrimonios y las familias extendidas, hasta la formación de empresas y corporaciones productivas, o sistemas complejos de gobierno.

Hoy día todas las comunidades o sociedades poseen en cierto grado alguna forma de capital social; de no ser así se desintegrarían gradualmente. Sin embargo es posible identificar grandes diferencias entre ellas tomando en cuenta tres factores básicos:

1. Su capacidad para *reproducir* modelos mentales exitosos, con sus reglas y valores, en todos los estratos de la sociedad.
2. Su capacidad para *institucionalizarlos* en la forma de acuerdos estables y permanentes entre sus miembros.
3. La *eficiencia adaptativa*,[188] o naturaleza progresiva o regresiva de los sistemas de creencias que las sustentan.

El capital social, resultante de la confianza y la cooperación, es un elemento esencial de la capacidad que las sociedades tienen para prosperar, pues influye directamente sobre su productividad y competitividad. A pesar de esta importancia económica, su impacto inicial se encuentra en las esferas de lo social y lo político, y es en ese plano donde se determina su capacidad para influir en los demás aspectos de una comunidad. Permítame el lector explicar con más detalle esta afirmación.

[188] North, *Understanding the Process*..., *op. cit.*

Se ha argumentado que los mercados constituyen en sí mismos una escuela para la sociabilidad y la creación de capital social al incentivar a los individuos a coordinarse unos con otros para su beneficio personal.[189] Sin embargo –como he manifestado anteriormente– esta habilidad para la cooperación no surge de una manera natural y espontánea en los mercados; por el contrario, requiere de hábitos que anteceden a la aparición de mercados, como valores compartidos, tradiciones, costumbres, normas. Una vez más, las posibilidades de coordinarse dependen de la capacidad cognitiva y del desarrollo de modelos mentales que orienten las ideas y la actividad humana hacia la colaboración económica productiva; en esta forma es más probable que el capital social sea la causa de una economía de mercado exitosa, y no viceversa, como sucede, igualmente, con los sistemas democráticos, que se alimentan de la confianza y la cooperación preexistentes en una sociedad.

En las sociedades donde el capital social es abundante, tanto la economía como la política se vuelven altamente participativas y dinámicas. Allí, la capacidad para organizar y formar grupos, corporaciones o redes, parece multiplicarse y evolucionar interminablemente. En las sociedades con bajos niveles de confianza y poco capital social, en cambio, ocurre una de dos cosas: o bien el Estado se vuelve autoritario, jerárquico y centralista –y funciona con grandes ineficiencias, como ocurre en Cuba y Corea del Norte– o la anarquía y el desorden destruyen toda posibilidad de prosperidad y desarrollo, como ha ocurrido en los casos de Sudán o Somalia.

[189] Samuelson, *Economics, op. cit.*

Desde los días de Hobbes y Locke[190] se han debatido el origen y la naturaleza del Estado. En la línea de Locke, la literatura sobre el capital social sostiene que la tendencia hacia la cooperación y la autoorganización, aprendida a lo largo de la historia, es necesaria para el adecuado funcionamiento de las instituciones políticas, sociales y económicas. Es el gobierno de la ley, basado en la soberanía y la participación popular, lo que crea una sociedad libre y ordenada. No es posible construir una sociedad con estas características progresivas partiendo de una masa de individuos desorganizados, aislados y desconfiados, o de un gobierno dictatorial y autoritario.

Una estructura social estable y progresista es posible sólo si las personas con intereses comunes pueden trabajar unas con otras para formular y realizar objetivos comunes, habilidades que dependen no sólo de la legislación sino primordialmente de la capacidad de los individuos para controlar sus impulsos y sus intereses egoístas, y para tolerar sus diferencias y respetar los derechos de los demás; dicho en una sola idea: para *confiar* entre ellos.

Por el contrario, una sociedad con un bajo nivel de capital social tenderá a producir –en el mejor de los casos– organizaciones pequeñas, frágiles, ineficientes y poco productivas. Con mayor facilidad que otras, será una sociedad vulnerable a la corrupción, la inseguridad y el crimen, y –de no desintegrarse del todo– quedará a merced de los avatares de un Estado hobbesiano: autoritario, violento, burocrático y costoso.

[190] Hobbes, *op. cit.*; John Locke, *An Essay Concerning Human Understanding*, Nueva York, Penguin Classics, 1998, 816 p.

Las sociedades con una alta acumulación de riqueza espiritual –es decir, de virtudes individuales y sociales que fomenten la cooperación, la confianza, el respeto a los valores comunes, y el capital humano y social– resuelven más rápidamente sus necesidades materiales y pueden concentrarse en la creación de bienestar social y en la realización individual. Son sociedades más justas y participativas en la distribución de los beneficios de la prosperidad, en cuyos entornos florecen las artes, y se desarrolla la ciencia y la tecnología.

En contraste, las sociedades pobres espiritualmente mantienen con dificultad a la mayoría de sus miembros en niveles de subsistencia, y sus preocupaciones no consisten sino en la satisfacción de las necesidades más materiales y pedestres: alimento, habitación y protección.

De esta forma, la prosperidad resultante del éxito de los modelos mentales tiende a convertir la vida económica en un medio para la consecución de objetivos sociales superiores, como el bienestar común o la realización individual, sin ser más un fin por sí mismo. En estas economías el capital humano y social ha remplazado a otras formas de capital. A principios del siglo XXI la agenda contemporánea de la lucha contra la pobreza y la injusticia debería estar encabezada no por la redistribución del ingreso, la comida o la vivienda, sino por la distribución de la riqueza espiritual y las virtudes individuales y sociales, como por ejemplo la autoestima, la disciplina, el conocimiento, la cooperación y la confianza, los valores sociales y también la educación.

A pesar de que la asistencia material es indispensable en la lucha contra la pobreza y el subdesarrollo, dicha asistencia estará insuficientemente orientada si suponemos que el mejoramiento de las condiciones materiales lleva natural e inevitablemente al mejoramiento del bienestar social o a la realización de los objetivos individuales más elevados.

La búsqueda de igualdad, entonces, no debe orientarse sólo al incremento del ingreso *per se*, sino a facilitar el acceso a los recursos espirituales que han posibilitado el enriquecimiento de los sistemas de creencias necesarios para la creación de prosperidad y bienestar; recursos que no se distribuyen ni se compran en el mercado. Las acciones requeridas para alcanzar la igualdad espiritual se empalman –pero no son idénticas– con las necesarias para lograr la igualdad material. En la siguiente sección ahondaré en esta afirmación y me referiré a dos de los fenómenos más complejos y difíciles de explicar en la esfera del comportamiento humano: el altruismo y el sacrificio individual por los demás.

Altruismo y racionalidad

A pesar de que la actividad económica se encuentra íntimamente ligada a la vida social y política de una comunidad, existe la tendencia a considerar a la vida económica como una esfera aislada del resto de la sociedad y con reglas *sui generis*. El divorcio entre los fundamentos psicológicos y culturales de la vida económica y social, y los intereses de los economistas actuales al estudiar el resultado de las interacciones económicas, es, quizá, la mejor prueba –y la de peores consecuencias– de dicha tendencia.

En sus intentos explicativos, los economistas del siglo XX buscaron simplificar y formalizar una realidad compleja y difícil de medir. Estos esfuerzos resultaron en la descripción del *homo economicus* y en la formulación del modelo de racionalidad canónica al que me referí en el segundo capítulo. Desde esta perspectiva, la vida económica es un mundo en el que los individuos se asocian con el único objetivo de satisfacer en forma egoísta sus necesidades y deseos individuales.

Como he expuesto en las páginas anteriores, es difícil encontrar en la realidad alguna actividad económica que no requiera cierto grado de colaboración, cooperación y sociabilidad entre los seres humanos. La especialización del trabajo en el universo de las sociedades modernas se ha encargado, además, de convertir dicha colaboración en un imperativo.

Examiné ya, también en el segundo capítulo, la afirmación de que los seres humanos actúan como individuos que buscan la maximización de sus utilidades, y de que ésa es la única forma posible de conducta racional. Tales premisas sintetizan uno de los sistemas de creencias degenerativos más generalizados. Como ilustré en los capítulos anteriores, la mayor parte de la humanidad se rehúsa *de facto* a comportarse de acuerdo con las reglas de racionalidad de este sistema de creencias. ¿Por qué ocurre así? ¿Es que la mayoría de los seres humanos son sujetos irracionales condenados a la ofuscación y la pobreza?

En los hechos se trata menos de un problema real de la humanidad que de una consecuencia del divorcio de la teoría económica con la realidad: es un ejemplo más de una conjetura científica que, como tantas otras, no encuentra sustento en la evidencia empírica. Ésa es la historia de la ciencia a la que hace referencia Karl Popper, la de la falibilidad del esfuerzo cognitivo.

Como mencioné en el segundo capítulo, dado que las complejas herramientas cognitivas necesarias para realizar este tipo de cálculos económicos óptimos no se dan naturalmente, y el aprehenderlas requiere de gran cantidad de recursos –de manera que la mayor parte de los seres humanos no puede siquiera entender los rudimentos de la noción de "maximización óptima"–, es evidente que siempre será sólo una pequeña minoría la que podrá incluir dicha noción como parte de su sistema de creencias y ponerla en práctica.

La literatura contemporánea especializada[191] ha prestado más atención al hecho de que los seres humanos no pueden concebirse a sí mismos como entes separados de las comunidades a las que pertenecen –sean éstas familiares, de trabajo o políticas– ni diferenciarlas de sus sistemas de creencias. La identidad y la pertenencia a un grupo son dos caras de la misma moneda. Mediante la pertenencia a un grupo y la adquisición de un sistema común de creencias, los seres humanos desarrollamos virtudes individuales y sociales que favorecen el establecimiento de las relaciones de confianza necesarias, entre otras cosas, para el intercambio económico progresivo. Una vez que se ha reconocido eso, comienza a llenarse un importante vacío teórico.

Precisamente una de las omisiones importantes de la teoría de racionalidad de la economía neoclásica es que no nos explica la razón por la cual los individuos confían unos en otros y, de esta forma, hacen posible la prosperidad.[192] La teoría económica asume, sin justificarlo, que los

[191] Cook, Hardin y Levi, *op. cit.*

[192] Algunos lectores economistas debatirán esta afirmación y responderán que la economía institucional ha dado cuenta de estas anomalías

acuerdos entre los individuos se respetarán y los contratos se cumplirán. El hecho de que en gran parte de las sociedades modernas las cosas ocurran de esta manera no es una justificación de tal creencia, sino un fenómeno que requiere de una explicación.

Una de las contribuciones científicas más importantes de fines del siglo XX, el estudio sistemático en torno de los orígenes del orden social como un hecho espontáneo y descentralizado, ofrece dicha explicación. Igualmente importante ha sido el estudio de la forma en que ese orden espontáneo puede reglamentarse e institucionalizarse, hecho que simplifica las interacciones sociales. Abordaré este último punto en el siguiente capítulo.

La literatura sobre la *confianza* y el *capital social* ha predominado en las últimas décadas entre los científicos pertenecientes a la llamada *nueva sociología*. Luhman, Coleman, Putnam y Fukuyama,[193] entre otros, han sostenido que la confianza es un lubricante esencial en las interacciones humanas, que facilita la cooperación y contribuye al mantenimiento del orden social, el progreso y la prosperidad colectiva.

---

en la teoría neoclásica. Douglass C. North (*Understanding the Process...*, *op. cit.*), fundador de la economía institucional, está en desacuerdo con quienes así piensan y sostiene que continúan siendo teorías diferentes y que los logros de la economía institucional no han sido incorporados adecuadamente en la teoría neoclásica.

[193] Luhman, *op. cit.*; Coleman, *op. cit.*; Putnam, *Democracy in Flux*; y con L.R. y R.Y. Nanetti, *Making Democracy Work...*, *op. cit.*; Francis Fukuyama, *Trust. The Social Virtues and The Creation of Prosperity*, Nueva York, The Free Press, 1995, 480 p.

La confianza puede definirse como la expectativa que se desarrolla dentro de una comunidad de que sus miembros se comportarán en forma regular y predecible, honesta y cooperativa. Esta expectativa está basada en la existencia de un conjunto compartido de reglas y normas de comportamiento –o modelos mentales– desarrollado a lo largo de años de interacciones y cifrado en un sistema de creencias eventualmente institucionalizable, que constituye el núcleo mismo de la cultura de una comunidad. En gran medida tienen menos importancia la naturaleza y las características específicas de estos valores, que el hecho de que sean compartidos dentro de un sistema común de creencias.

Entre los fenómenos más difíciles de explicar, tanto para los biólogos como para los economistas, encontramos el altruismo y el sacrificio individual, comportamientos complejos pero sistemáticos y recurrentes desde el origen de las sociedades humanas, que ilustran la naturaleza típicamente humana de los valores y la colaboración. Abordaré en primer término el altruismo.

Recientemente, a partir de la evidencia empírica, Hardin elaboró la explicación más socorrida y aceptada actualmente sobre el comportamiento cooperativo altruista, conocida como la teoría del *encapsulamiento de los intereses*.[194] De acuerdo con esta teoría la confianza es siempre una relación triádica, integrada por una persona que confía, una segunda persona en la que se deposita la confianza, y un interés común a propósito del cual se establece la relación. La contribución más importante de esta caracterización es que deja claro que no sólo los objetivos que persiguen los

[194] Hardin, *Distrust, op. cit.*

actores, sino también los actores mismos y la relación entre ellos pueden convertirse en la causa de la colaboración.

Los incentivos para confiar y cooperar en esta forma altruista pueden ser descritos sintéticamente de la siguiente manera: primero, tú confías en mí si tienes alguna razón para creer que es importante para mí el que tú me percibas como una persona *confiable*. Esta percepción no depende necesariamente de mis intereses individuales, sino también de la intención de que tus intereses se conviertan parcialmente en los míos, es decir, se encapsulen unos en los otros. Las razones de tal encapsulamiento pueden ser diversas, pero el hecho no implica por sí mismo, como el neoclasicismo económico o la biología asumen, la similitud de los intereses entre los individuos; basta con que un individuo decida hacer "suyos" los intereses de otro *a costa* de los propios, para convertirlos en la explicación de sus intenciones y en la causa de su comportamiento. A pesar de que el costo es potencialmente destructivo para los individuos, se trata de un comportamiento sistemático en las sociedades modernas, como lo fue en las antiguas. Como se puede percibir, esta conclusión contradice flagrantemente los supuestos de la racionalidad canónica. ¿Cómo puede explicarse dicha contradicción?

En la teoría económica moderna es el *homo economicus* quien determina el comportamiento del *homo sapiens sapiens*: el único objetivo racional reconocido es la maximización de los intereses individuales egoístas. Los estudios de cognición, sin embargo, han demostrado que los seres humanos tienen la capacidad de reflexionar y escoger las metas y los valores que dirigen sus acciones.[195] En otras

[195] Sen, *Development as Freedom, op. cit.*

palabras, los objetivos de una persona pueden incluir otras metas, además, por encima y en ocasiones en contra de la maximización de sus utilidades.

En opinión de Sen cualquier persona tiene la capacidad de decidirse por perseguir la "justicia social" –a pesar de que lo empobrezca o no lo haga más feliz– por el simple hecho de que le parezca *lo correcto*. En éste, como en otros casos similares, el comportamiento está orientado por un valor que se encuentra por encima de las preferencias individuales; de ahí que Sen se refiera a ese tipo de valores como "metapreferencias" o "valores sobre valores".[196]

En una explicación meramente *ad hoc*, algunos economistas han explicado este fenómeno de las "metapreferencias" –típico del razonamiento y el comportamiento humanos – argumentando que los intereses de los individuos que participan en él son idénticos, y negando, por lo tanto, la existencia misma del altruismo. Por el contrario, la evidencia experimental concluye que las personas asumen realmente el compromiso de encapsular los intereses de otros como parte de sus mismos intereses, *a pesar de los costos en que incurren por la posible divergencia entre los intereses propios y ajenos*.

Esto implica una decisión previa: los individuos deciden encapsular los intereses de otros dentro de los suyos por el *valor intrínseco* que tiene para ellos una relación específica de largo plazo o por *la importancia que atribuyen a los valores elegidos*, y dejan de lado las consideraciones sobre los posibles costos o beneficios futuros.

[196] *Idem.*

La relación de largo plazo puede ser una sociedad de trabajo, una amistad, una relación amorosa, etc.; todas ellas tienen en común el que una persona tome los intereses de otra *como si fueran suyos*, porque valora la relación y el bienestar del otro por *sí mismos*, sin importar que existan diferencias e incluso contradicciones entre los intereses individuales. De la misma manera, en ocasiones los individuos persiguen la justicia, el honor, la dignidad y la generosidad por el valor que poseen en *sí mismos*, aun cuando su consecución suponga más costos que beneficios individuales.

POBREZA Y PROSPERIDAD EN LOS MODELOS MENTALES: RACIONALIDAD Y EFICIENCIA ADAPTATIVA

Creencias y progreso

En este libro he adoptado la noción de modelos mentales o sistemas de creencias como la unidad básica de las culturas y los procesos de representación y acción en el mundo; en este sentido, un sistema de creencias consiste en un conjunto de información trasmitido de una generación a otra, que incluye un lenguaje común y también modelos mentales o reglas de pensamiento, heurísticas específicas y normas de acción.

Como vimos, la trasmisión histórica de modelos mentales complementó y enriqueció la trasmisión de información genética, extendiendo la competencia y la selección natural entre las comunidades humanas del plano físico al plano simbólico; en adelante, la competencia en y entre las sociedades se ha dado a través de los modelos mentales, según su eficiencia adaptativa, su pragmatismo, sus capacidades heurísticas, explicativas y predictivas, su facilidad de trasmisión y traducción a otros lenguajes. La selección y aceptación de los miembros de una comunidad ya no depende tanto de su constitución genética como de su adherencia a un sistema de creencias compartido y de su habilidad cognitiva para utilizarlo en beneficio propio y de la comunidad.

Es necesario reiterar que no todos los modelos mentales están regidos por los mismos objetivos ni los mismos criterios. La historia de la humanidad es un testimonio de la diversidad y flexibilidad de sus formas y de los modos en que pueden ser empleados como herramientas cognitivas. Sin embargo todos los modelos mentales tienen en común ciertas reglas básicas y algunas expectativas normativas elementales –tanto de carácter cognitivo como social– que evolucionan de manera particular adaptándose a las circunstancias propias de una comunidad.

A pesar de la dificultad que supone el emitir juicios de valor cuando se comparan diferentes culturas, desde el punto de vista de la creación de prosperidad, bienestar social y realización individual es posible comparar el éxito o el fracaso de las estrategias empleadas por distintas sociedades. El juicio, además, resulta legítimo si se considera que tanto la prosperidad como el bienestar social y la realización individual se convirtieron, a lo largo del siglo XX, en los objetivos sociales y de política pública predominantes en la mayoría de los países.

En consecuencia, una comparación entre diferentes culturas permitiría calificar a cada una de ellas como un sistema de creencias *progresivo*, si resuelve problemas eficientemente e incrementa la prosperidad material y espiritual –en palabras de North:[197] si posee eficiencia adaptativa– o como un sistema de creencias *degenerativo*, si destruye u obstaculiza el bienestar social esperado.

No todos los sistemas de creencias desarrollan la misma habilidad para resolver problemas o generar las virtudes individuales y sociales necesarias para alcanzar los objetivos de prosperidad que una sociedad se haya propuesto a sí misma.[198]

En el sentido más básico, la prosperidad y el bienestar resultan de la capacidad de un grupo o sociedad para satisfacer las necesidades de habitación, alimentación, seguridad, salud y educación de sus integrantes que son necesarias para alcanzar la realización individual, según sea definida por cada uno de ellos. Es por eso que la prosperidad y el desarrollo dependen de un conjunto de normas y valores que permitan crear organizaciones e instituciones eficientes y productivas que satisfagan las necesidades esenciales de la población.

La prosperidad material alcanzada en este nivel básico de desarrollo otorga a los individuos la libertad para el goce de una vida emocional y afectiva saludable, de acuerdo con sus propias preferencias, al no tener que preocuparse por las necesidades elementales de supervivencia. Las consecuencias de esto son el desarrollo humano y el bienestar social.

Hoy día es evidente la enorme disparidad en las capacidades de organización y productividad que existe entre los grupos sociales y entre las naciones, disparidad que se ve reflejada en los niveles profundamente desiguales de prosperidad y bienestar entre los seres humanos. El desarrollo,

[197] North, *Understanding the Process..., op. cit.*

[198] Más adelante me referiré a estos dos tipos de virtudes; ejemplos de ellas son la autoestima, la disciplina, la cooperación y la confianza.

que no es sino resultado de la capacidad de una sociedad para elevar el estándar de vida del individuo promedio, no está igualmente distribuido. Una vez más: ¿cómo se gesta esta desigualdad?

Cuando los seres humanos construyen sistemas de creencias capaces de representar mejor la realidad y de anticipar el futuro, sus niveles de riesgo e incertidumbre disminuyen. Además, el conocimiento que adquieren a través de dichos sistemas les permite definir con mayor precisión los objetivos que deben perseguir, organizar eficazmente a los miembros de la sociedad para alcanzarlos, y hacerse de los recursos necesarios para resolver los problemas que puedan surgir en el proceso.

Esto, sin embargo, no constituye un camino inexorable por el que todas las sociedades han de transitar. La historia de la humanidad está plagada de casos en que las comunidades han sido incapaces de construir sistemas de creencias con las propiedades positivas descritas. En la medida en que determina las posibilidades de organización y progreso en una sociedad, esta diferencia entre las capacidades heurísticas permite distinguir a los sistemas de creencias progresivos de los degenerativos.

Como ya he explicado, un sistema de creencias progresivo permite a los individuos aprehender de manera adecuada los retos y desafíos que enfrenta su comunidad, incorporar nuevos elementos cognitivos que describan los cambios en el entorno siempre volátil, así como transformar las instituciones –o reglas de interacción– para adaptarse eficientemente a nuevas circunstancias.

Un sistema de creencias degenerativo, en cambio, es aquel que acumula y repite conocimientos y experiencias que resultan anacrónicos, pues no proveen de una guía para la toma de decisiones individuales o colectivas que sea adecuada a las condiciones presentes o las expectativas futuras. Los sistemas de creencias de esta naturaleza son incapaces de percibir o de procesar la evidencia de los nuevos problemas, ni de resolver las contradicciones (endógenas o exógenas) que involucra cualquier cambio, reduciendo al mínimo la posibilidad de efectuar los ajustes necesarios. La resistencia a las transformaciones o la ignorancia de las soluciones potenciales reducen o eliminan la eficiencia adaptativa del sistema y de la sociedad que lo emplea.[199]

Una revisión de la historia de la humanidad, por mínima que sea, arroja una lista interminable de casos en los que una sociedad ha caído en la decadencia o el estancamiento precisamente por su incapacidad prolongada para transformarse y construir sistemas de creencias progresivos.[200]

Existe también una abundante literatura que relaciona los atributos de algunos modelos mentales –como el autoritarismo, la intolerancia, la negligencia en la educación y el desarrollo de capital humano, la incapacidad para cooperar, la falta de autoestima– con la pobreza material, la improductividad y el deterioro moral y cultural.[201]

Entre los modelos mentales de las sociedades contemporáneas que han logrado crecer y desarrollarse encontramos la creencia básica de que la prosperidad depende de la productividad de sus individuos y grupos, así como de la eficiencia de sus organizaciones sociales, y no de entes sobrenaturales

[199] North, *Understanding the Process...*, *op. cit.*, p. 117.

[200] Diamond, *Collapse...*, *op. cit.*

[201] Friedman, *The Moral Consequences of Economic Growth*, *op. cit.*

ni de la cantidad de recursos materiales o financieros, la geografía, el favoritismo o el uso de la fuerza. El concepto moderno de prosperidad descansa en la idea de que la riqueza material, social y espiritual es ilimitada, en tanto depende de la capacidad para crear nuevas ideas, de innovar en las formas de organización y de encontrar soluciones a los problemas que enfrenta una sociedad.

En lo que va del siglo XXI la pobreza continúa destruyendo las vidas de la mayor parte de la población mundial. Mala nutrición, ignorancia, epidemias y enfermedades, constituyen la realidad cotidiana para miles de millones de personas; peor aún, la pobreza espiritual destruye en la misma proporción las aspiraciones, esperanzas y posibilidades de alcanzar la felicidad.[202]

Después de décadas de lento, escaso o nulo desarrollo en una gran parte del mundo, el escrutinio razonado y la modificación o autocorrección por aprendizaje de los modelos mentales y los sistemas de creencias ofrece una de las mejores herramientas para entender e incluso reducir los problemas de la pobreza.

La población de los países pobres tiene una enorme e inexplorada capacidad para aprender de otros, modificar sus modelos mentales y retomar el camino de la prosperidad como sea que ellos mismos quieran definirla. Quienes

[202] Esta desigualdad va más allá de la división simplista y tal vez irrelevante entre sociedades tradicionales y modernas. Por un lado, la capacidad para prosperar no depende de la antigüedad de las creencias; por el otro, no existe una sociedad en que no convivan las ideas tradicionales y las modernas. Básicamente es una desigualdad de capacidad heurística en los modelos mentales que limita o frustra las expectativas sociales.

de forma legal o ilegal han emigrado de estos países a sociedades con mayor prosperidad han demostrado este hecho con su encomiable capacidad de adaptación y su habilidad para darle a su trabajo un valor que se cuenta por billones de dólares en las remesas que envían a sus lugares de origen.

Resulta indispensable que quienes sean responsables del cambio, es decir, aquellos que tienen bajo su cargo la formulación de políticas públicas, realicen un esfuerzo paralelo al de los migrantes: desarrollar sus modelos mentales y los de sus países con el fin de integrar los elementos necesarios para promover el desarrollo –entendido como bienestar y realización– de forma que pueda ser compartido por la mayor parte de sus sociedades.

Estos elementos mínimos para el desarrollo son, de acuerdo con el análisis hasta aquí presentado, la cooperación y la confianza –es decir, el capital social– que permitan la creación de relaciones productivas entre los actores, y la promoción y constitución de virtudes sociales y riqueza espiritual. Un último requisito, que es más una consecuencia que un antecedente de los sistemas de creencias progresivos, es la consolidación de los elementos anteriores en instituciones que den orden, estabilidad y certidumbre a la vida social.

El carácter de todos estos elementos es colectivo. Antes de ser capaces de crear prosperidad, los seres humanos tienen que aprender a cooperar y confiar entre ellos, y si el objetivo es que el desarrollo sea permanente tienen que ser creadas nuevas formas de organización.

Mucho más importante que la acumulación de capital o la adopción de tecnologías es la capacidad de constituir asociaciones y organizaciones –imprescindibles para el incremento de la productividad y la creación de prosperidad–, que ha desempeñado un papel fundamental en el desarrollo de la humanidad desde los orígenes de las civilizaciones. La importancia de la sociabilidad espontánea para la actividad económica resulta evidente si se reconoce que esta última la realizan los grupos casi en su totalidad, y no los individuos: "La organización económica eficiente –señala North– es esencial para el crecimiento; el desarrollo de una organización económica eficiente en Europa Occidental es lo que explica el surgimiento de Occidente."[203]

En síntesis: el cemento de las organizaciones y las instituciones económicas lo forman la cooperación y la confianza, que en este contexto tienen valor pragmático: ambas actitudes aumentan la eficiencia de las organizaciones y lubrican las relaciones económicas al disminuir los costos de transacción; en otras palabras, resulta mucho más productivo confiar en la capacidad de los demás para cooperar, que sustituir dicha confianza con costosos sistemas de vigilancia y castigos, o –peor aún– rehusarse a trabajar con ellos por simple desconfianza.

[203] North, *Understanding the Process...*, *op. cit.*

V. VIRTUDES SOCIALES, INSTITUCIONES Y DESARROLLO

La economía institucional

Hace ya décadas que los economistas se han preocupado por la tendencia regresiva de la teoría de la racionalidad en la económica neoclásica. Una de las inquietudes teóricas más importantes ha sido, por muchos años, *la carencia de una explicación satisfactoria de la fricción en las transacciones económicas.* A partir de esta preocupación, que se originó con una crítica a la teoría neoclásica por su ignorancia sobre el costo de las transacciones, se han producido aportaciones relevantes para la explicación de la existencia e importancia de los contratos entre agentes económicos,[204] hasta construir una explicación alternativa mucho más completa y adecuada que las anteriores: la economía institucional.

En este capítulo analizaré la contribución que de manera paralela a la ciencia cognitiva han hecho algunos economistas e historiadores económicos dedicados al estudio del origen y fortalecimiento de las instituciones y al de la influencia de éstas sobre la economía de una sociedad. Este esfuerzo teórico es, al mismo tiempo, una crítica al neocla-

[204] Williamson, "The Economies of Organization...", *art. cit.*

sicismo y una propuesta para rescatar la capacidad explicativa de la teoría económica moderna. Recientemente la economía institucional ha gozado de creciente resonancia entre los científicos y practicantes del desarrollo, y ha producido grandes avances en el entendimiento de la importancia que las organizaciones y las instituciones tienen en las economías.

Este nuevo campo de estudio parte de un supuesto fundamental: *las instituciones han proporcionado la estructura básica mediante la cual los seres humanos han creado orden y progreso a lo largo de la historia.*[205] Un buen gobierno, estabilidad democrática y política, sistemas legales y de procuración de justicia eficaces, derechos de propiedad, entre otras, son instituciones que conectan el pasado con el presente y el futuro, y convierten a la historia de una sociedad en una relación incremental de evolución institucional. De esta manera –sostienen– la solidez de las instituciones es una variable determinante en el desempeño histórico de las sociedades y sus economías.[206]

Durante las últimas dos décadas, en un hecho que bien se podría calificar como un cambio de paradigma, la gran mayoría de los especialistas en desarrollo ha sostenido que el desarrollo institucional es la variable más importante que debe considerarse para el progreso y desarrollo de una sociedad; en su mayoría, el trabajo de los organismos

[205] Douglass C. North, *Structure and Change in Economic History*, Nueva York, W. W. Norton & Company, 1981, 240 p.

[206] Dani Rodrik, *In Search of Prosperity*, Nueva York, Princeton University Press, 2003, 520 p.

internacionales dedicados al desarrollo y a la ayuda internacional ha sido orientado por esta idea.[207]

Sin embargo a principios del siglo XXI la experiencia y la evidencia empírica han demostrado que si bien es cierto que las instituciones son una variable fundamental en el desempeño de las sociedades, no son condición suficiente para el desarrollo. En realidad –como muestra la evidencia– las instituciones sólidas pueden también ser sólo una consecuencia del mismo, e incluso en algunas ocasiones un obstáculo para el progreso.

¿Cuáles son, entonces, el origen y la función de las instituciones? Como argumentaré, la existencia de *capital humano y social* –entendidos como capacidad cognitiva, cooperación y confianza en las interacciones humanas– y de una *economía productiva* –es decir, por encima del nivel de supervivencia– son requisitos mínimos, aunque no suficientes, para la creación de instituciones.

Dicho de otra forma, la construcción de instituciones requiere de la existencia de sistemas de creencias o modelos mentales que promuevan y sostengan la cooperación y la coordinación entre los individuo de manera que se logren acuerdos más o menos permanentes entre las partes. Previa al surgimiento de organizaciones e instituciones económicas que fomenten y garanticen el crecimiento, debe existir alguna forma de cooperación que permita a una sociedad beneficiarse de las utilidades del comercio y de la productividad organizada.

De esta manera las instituciones pueden concebirse como conjuntos de reglas para el comportamiento de una

[207] Easterly, 2006.

sociedad, o –en forma más precisa– como esquemas simbólicos de pensamiento que reflejan la concepción particular que una sociedad tiene sobre la acción humana y sus límites, así como la importancia que dicha sociedad asigna a la convivencia y la cooperación en la construcción del bienestar individual y colectivo.

Las instituciones son conjuntos de acuerdos y reglas, definidos por los seres humanos, que limitan y dan forma a sus interacciones en diversas esferas valiéndose de estructuras de incentivos y castigos que orientan la cooperación social, política y económica. Dependiendo de la solidez de estas estructuras y del respeto de los acuerdos, las instituciones proveen un marco estable dentro del cual se desenvuelve la vida diaria de las personas, reducen la incertidumbre en las interacciones, y promueven la confianza entre los seres humanos al hacer predecible su comportamiento.

En el desarrollo de sus investigaciones los estudiosos de este tema han elaborado una taxonomía básica de las instituciones que resulta de utilidad. Las instituciones –nos dicen– pueden ser *formales*, como los sistemas legales, o *informales*, como los códigos de conducta, las costumbres y las convenciones, y pueden tener un carácter *normativo* o *prescriptivo*. Las instituciones formales, por un lado, pueden cambiar súbitamente como resultado de una decisión judicial o de un cambio político; en cambio las instituciones informales, en tanto se manifiestan en sistemas de creencias, tradiciones, costumbres o códigos de conducta, son mucho más resistentes a las transformaciones repentinas.[208]

[208] Douglass C. North, *Institutions, Institutional Change, and Economic Performance*, Nueva York, Cambridge University Press, 1990, 159 p.

Es importante señalar que la diferencia entre las instituciones formales y las informales es solamente de grado. Imaginemos un continuo que va desde un tabú, pasando por las costumbres y las tradiciones, hasta llegar a las constituciones nacionales o internacionales, como en el caso del acta constitutiva de la Organización de las Naciones Unidas. Los esfuerzos por crear mejores gobiernos –es decir, instituciones–, como la infructuosa historia de la Constitución de la Unión Europea, son un buen ejemplo de las dificultades del proceso de institucionalización: las instituciones resultan provechosas sólo cuando las reglas sociales y los sistemas de creencias están listos para sustentarlas; de lo contrario son códigos huecos condenados al fracaso. Esta transformación ha sido lenta y desigual en todo el mundo, pero ha avanzado más rápidamente a medida que las sociedades se han vuelto más complejas y especializadas y han recurrido a modelos mentales más progresivos.

Las reglas o instituciones formales incluyen reglamentos políticos y judiciales, reglas económicas y contratos entre particulares, y están diseñadas para definir los límites de la acción, los beneficios garantizados y las obligaciones adquiridas, así como los castigos por infringirlas. Las reglas políticas, por ejemplo, definen la naturaleza del gobierno: sus principios, su estructura de decisiones y el control de la agenda. Las reglas económicas, por su parte, regulan aspectos como los derechos de propiedad y las normas de intercambio. Las reglas sociales, por último, determinan los límites y las diferencias entre el comportamiento que es tolerado por una sociedad y el que es rechazado.[209] Dentro de

[209] *Idem.*

la jerarquía de instituciones formales la parte más alta –es decir, las constituciones políticas– es siempre más difícil de modificar que la más baja, como en los casos de los acuerdos y los contratos individuales.

Es importante aclarar la diferencia que hay entre las instituciones y las organizaciones, similar a la que existe entre los contratos y las personas que los acuerdan, o entre las reglas de un juego y los jugadores del mismo. Como las instituciones, las organizaciones proveen de estructura a las relaciones entre seres humanos; sin embargo en el "juego" de lo social las instituciones –que no constituyen actores en sí mismas– se limitan a definir las reglas según las cuales deberán actuar las organizaciones.[210]

Éstas últimas –que son manifestaciones del capital social y que definiré en la siguiente sección– están constituidas por grupos de individuos unidos por un interés u objetivo común y que han decidido cooperar y coordinarse entre sí. El espectro de sus formas y objetivos es enorme: desde empresas hasta partidos políticos, pasando por sindicatos, cooperativas, iglesias, escuelas, sociedades vecinales. Tanto la estructura y la naturaleza de las organizaciones como las formas en que interactúan entre ellas son determinadas por la estructura institucional de la sociedad a la que pertenecen; a su vez, las organizaciones, como los individuos, influyen en las transformaciones que toda institución sufre a través del tiempo.[211]

[210] Walter W. Powell y Paul J. DiMaggio, *The New Institutionalism in Organizational Analysis*, EU, The University of Chicago Press, 1991, 486 p.

[211] James C. Scott, *Seeing Like A State. How Certain Schemes to Improve Human Condition Have Failed*, New Haven, Yale University Press, 1998, 464 p.

Desde hace miles de años la función principal de las instituciones ha sido crear estabilidad en las relaciones humanas y reducir la incertidumbre y el riesgo que siempre conllevan; sin embargo esto no significa que las instituciones sean estáticas o inamovibles, como tampoco lo son las interacciones sociales. Lo mismo que las costumbres, los códigos de comportamiento, los contratos y las leyes, las instituciones se encuentran sometidas a procesos permanentes de cambio.

Las instituciones y el crecimiento económico

He hablado ya de la paradoja de la desigualdad[212] y la divergencia histórica entre las sociedades; ambas constituyen un desafío más a la teoría económica moderna, según la cual a través del tiempo y como resultado del intercambio entre individuos y grupos las sociedades y sus economías deberían tender a la convergencia. Aun cuando algunas sociedades desarrolladas muestran esa tendencia, la realidad es que la diferencia actual entre las sociedades desarrolladas y las subdesarrolladas no sólo es la más grande que se haya presentado en la historia de la humanidad, sino que sigue aumentando en forma alarmante.

Desde que aparecieron los primeros escritos de Adam Smith los economistas han construido sus modelos explicativos sobre la premisa del intercambio y los beneficios del comercio. La especialización y la división del trabajo, por ejemplo, son elementos centrales en *La riqueza de las na-*

[212] Diamond, *Guns, Germs, and Steel, op. cit.*

ciones.[213] Sin embargo, en la construcción de sus modelos –como he advertido– los economistas neoclásicos han subestimado con frecuencia la dificultad que supone el llegar a acuerdos y lograr los intercambios.

De lo que aquí hablo es de los *costos de transacción*, entendidos como los costos que conlleva la dificultad de tener certidumbre sobre el comportamiento de las personas o las organizaciones a razón de un marco particular de especialización y división del trabajo; en otras palabras, los costos de transacción surgen de la posibilidad de que el otro no actúe como le corresponde. Estos costos se presentan en todos los intercambios entre personas u organizaciones, y determinan el desempeño de los sistemas políticos, sociales y económicos.

Antes del surgimiento de la economía institucional las herramientas teóricas y analíticas que utilizaban los economistas habían pasado por alto una de las variables centrales para el progreso y el desarrollo de las sociedades: el origen y naturaleza de la estructura institucional que subyace y da cuenta de una parte importante del desempeño económico de los países y las organizaciones.

El desempeño económico se refiere a los temas comunes de la teoría económica: el tamaño de la producción, la distribución de costos y beneficios, el crecimiento de la economía, etc. La estructura institucional debe entenderse como el conjunto de elementos constitutivos de una sociedad que tienen influencia sobre su desempeño económico: modelos mentales, sistemas de creencias compartidos y generalizados, acuerdos y contratos, instituciones políticas y económicas, tecnología y demografía.

[213] Smith, *op. cit.*

Permítame el lector referirme una vez más al modelo neoclásico –descrito en el segundo capítulo– y subrayar que en su versión original no existen organizaciones ni instituciones, excepto por el mercado, y el cambio ocurre dentro de este marco a través del cambio relativo de precios en un mercado impersonal. Desde el punto de vista de un interesado en los procesos de creación de prosperidad y progreso, este modelo ignora o da por resueltos los problemas más importantes: los costos de adquirir información y utilizarla inteligentemente, así como los de crear relaciones de confianza y reducir la incertidumbre en las transacciones.

La consecuencia de esta carencia teórica es, como Stiglitz ha argumentado,[214] que la disparidad en el desempeño económico de las distintas sociedades, y la persistencia del estancamiento e incluso el retroceso de otras en el contexto de la globalización, no han sido satisfactoriamente explicadas por la economía moderna.

Dicho de otro modo –y retomando la discusión sobre la racionalidad examinada en el segundo capítulo–, la teoría económica moderna está basada en el presupuesto fundamental de la competencia en la escasez. Conforme a la interpretación tradicional esta presuposición implica un proceso de intercambio sin fricción entre los seres humanos en el que la información es suficiente, oportuna y sin costo, y donde los derechos de propiedad surgen de manera natural a partir de la interacción. De todas estas premisas la escasez y la competencia son innegables, pero el resto son peticiones de principio sin ninguna justificación.

[214] Stiglitz, *Globalization and its Discontents*, Nueva York, Norton & Co., 2003, 304 p.

Nuevamente, lo que ha faltado en las explicaciones ofrecidas por la economía neoclásica es un mejor entendimiento de la naturaleza del comportamiento humano, específicamente de la cooperación y la coordinación humanas. Un entendimiento para el que otras disciplinas y teorías, ajenas a la economía neoclásica, tienen mucho que ofrecer.

Como veremos a continuación, la conclusión más importante de estos nuevos esfuerzos teóricos es que en todas las situaciones en que resulta incierto, riesgoso o costoso interactuar con otros seres humanos, las instituciones desempeñan un papel fundamental. Partiendo de tal conjetura algunos economistas[215] y científicos sociales han tratado de ampliar este programa de investigación y refinar sus preguntas.

Comportamiento humano, costos de transacción y derechos de propiedad

La teoría contemporánea de las instituciones[216] se construyó a partir de la consideración de dos bloques fundamentales: una teoría del comportamiento humano y una teoría de los costos de transacción.

Poco han avanzado los economistas,[217] incluidos los estudiosos de las instituciones, en el camino para desarrollar una teoría del comportamiento humano. Como vimos, esta

215 North, *Institutions, Institutional Change, and Economic Performance, op. cit.*

216 *Idem.*

217 La única notable excepción es la de North (*Understanding the Process of Economic Change, op. cit.*).

teoría se ha construido más bien desde la ciencia cognitiva, aunque también desde la sociología, con el estudio de la confianza y el capital social que presenté en el capítulo anterior. Donde los economistas han logrado importantes avances es en la explicación de los costos de transacción y los derechos de propiedad, y el papel de ambos en el funcionamiento adecuado de las economías.

Una avenida prometedora ha sido recientemente sugerida por North,[218] quien propone la integración de los resultados de ambos programas de investigación: el de la ciencia cognitiva y el de la economía institucional. Sólo entonces –afirma North– podremos comenzar a entender mejor el comportamiento colectivo y la razón de ser de las instituciones respecto al funcionamiento de las sociedades. Si a esto le añadimos una teoría del crecimiento, será posible entonces mejorar sustancialmente el análisis y la práctica del desarrollo de las sociedades. En tanto esta convergencia ocurre, al menos resulta alentador el que cada grupo de estudiosos haya continuado el avance teórico de su disciplina.

En lo que les corresponde, los economistas institucionales han llegado a conclusiones relevantes sobre algunos puntos centrales.[219] La más importante de ellas es que la clave para entender los costos de una transacción se encuentra en la inversión mental requerida para adquirir información suficiente y oportuna antes de tomar una decisión.

El costo de una transacción o intercambio entre personas corresponde al costo de calcular los atributos valiosos de

[218] North, *Institutions, Institutional Change, and Economic Performance, op. cit.*

[219] North, *Understanding the Process of Economic Change, op. cit.*

aquello que se está intercambiando, más el costo de proteger los derechos de utilización o propiedad sobre el mismo, así como el de asegurar el respeto a los acuerdos logrados mediante incentivos o castigos. Estos costos son el origen de las instituciones económicas, sociales y políticas.

Dicho en forma sucinta, hoy día los economistas institucionales han demostrado que los costos de transacción incluyen, entre otras cuestiones, la definición, protección e imposición de los derechos de propiedad sobre bienes o servicios: el derecho a usarlos, el derecho al ingreso que se derive de su uso, el derecho a excluir a los demás de este derecho, y el derecho de intercambiar este derecho por otro.[220]

Hasta hace muy poco tiempo en los países desarrollados, y en la mayor parte del mundo subdesarrollado hoy día, los seres humanos han intercambiado bienes y servicios con altos niveles de riesgo y de incertidumbre. Si a un contexto en donde los participantes en una interacción poseen información asimétrica e incompleta sobre los atributos del bien o servicio por intercambiar le sumamos la tendencia humana a exagerar las virtudes o esconder los defectos, o, peor aún, la tendencia a mentir, robar o abusar de los demás; en resumen, si tomamos un contexto donde la anarquía y la falta de orden generan incentivos perversos hacia la desconfianza y la desorganización, parece inexplicable que existan organizaciones útiles y productivas. ¿Cómo explicar su aparición en la historia?

[220] Hernando De Soto, *The Mystery of Capital. Why Capitalism Triumphs in the West and Fails Everywhere Else*, Nueva York, Basic Books, 2000, 276 p.

Por más de 30 000 años según algunos,[221] y con alcance global desde el siglo XVI, las ganancias del comercio hicieron posible la creciente especialización y la división del trabajo; ambos son conceptos teóricos que caracterizan a las economías modernas. Las transacciones o intercambios económicos han variado a lo largo de la historia, así como lo han hecho las relaciones sociales y políticas. En un principio, como sucede todavía hoy en muchos casos, los intercambios ocurrían en forma personalizada entre individuos conocidos y en comunidades de comercio local formadas por organizaciones productivas pequeñas. Las negociaciones o intercambios constantes basados en la confianza y la reputación, la homogeneidad cultural o la adherencia a un solo sistema de creencias, y la ausencia de un tercero responsable de obligar a las partes a cumplir sus acuerdos, son condiciones típicas de los inicios de la vida económica.

Con el tiempo, nos dicen los estudiosos de la economía institucional,[222] un segundo patrón de transacciones se desarrolló. Comenzaron a surgir transacciones de naturaleza impersonal reguladas por códigos informales de conducta que se aplicaban en el comercio, la tribu o algún grupo específico. Con frecuencia los intercambios ocurrían en un contexto de elaborados rituales de respeto mutuo o de ceremonias religiosas que buscaban limitar y obligar a los participantes a cumplir los acuerdos. Esta nueva modalidad permitió la difusión de las transacciones comerciales en la Europa medieval y preparó el terreno para las formas modernas de transacción económica.

[221] Algunos estudios preliminares parecen haber encontrado evidencia que demuestra que los primeros seres humanos comerciaron entre sí.

[222] Robert E. Goodin, *The Theory of Institutional Design*, EU, Cambridge University Press, 1996, 300 p.

Finalmente, como resultado de la complejidad creciente en las sociedades, surgió la necesidad de un tercero con la capacidad de obligar a las partes a respetar los acuerdos. Aunque este arreglo es mucho más costoso que los anteriores, los sistemas de creencias que exaltaban la confianza y la cooperación de buena voluntad resultaron insuficientes para sostener la enorme complejidad y la impersonalidad de las economías modernas. Esta limitación motivó la incorporación de un nuevo concepto, o serie de conceptos, en el sistema de creencias moderno. Este concepto es la idea de un tercero en discordia con capacidad para coartar a las partes y evitar la anarquía. Tal función sería realizada por la institución por excelencia: el Estado.[223]

Mencioné que la mayor parte de la creciente complejidad y prosperidad de las sociedades humanas de los últimos miles de años se explica por la tendencia a la especialización, la distribución del riesgo, y la acumulación y trasmisión de conocimientos. Las sociedades que no lograron crear sistemas especializados de distribución del trabajo y mecanismos adecuados de retribución social –es decir, alcanzar el balance entre el cálculo de beneficios individuales y la reciprocidad con otros–, imposibilitando la confianza entre extraños –en otras palabras, aquellas sociedades que no fueron capaces de crear instituciones sólidas– quedaron atrapadas en un círculo vicioso de incertidumbre y parálisis. Esta situación les impidió desarrollarse significativamente, o hacerlo sólo mediante el derrame de otras sociedades que sí lo lograron.

[223] North, *Understanding the Process of Economic Change, op. cit.*

En el círculo *virtuoso* de la prosperidad los derechos de propiedad son originalmente derechos individuales, el resultado de acuerdos entre individuos por medio de los cuales las personas se apropian del trabajo, los bienes y los servicios que adquieren. La agregación y el refinamiento de estos acuerdos a lo largo del tiempo devienen el establecimiento de leyes, reglas, formas de organización y de coerción, y normas de comportamiento; en pocas palabras, el conjunto de arreglos institucionales que permiten a una sociedad proteger y garantizar los derechos a la propiedad, y que conocemos actualmente como Estado moderno.

Las formas en que estos derechos de propiedad son protegidos han variado enormemente a lo largo de la historia y a lo ancho del mundo: de las fronteras de Darfur, en Sudán, donde los derechos de propiedad son exclusivos de los que cuentan con la capacidad para usar la violencia y la fuerza contra los demás; a las avenidas inglesas donde actualmente la estructura legal y las sanciones por infringirla protegen las propiedades y los derechos de todo individuo u organización.

Esa es la teoría. La evidencia empírica, sin embargo, no siempre ha estado del lado de las conjeturas, particularmente en el mundo en vías de desarrollo. De Soto,[224] en Perú, ha estudiado y experimentado con la relación entre pobreza y derechos de propiedad. En su opinión el "misterio del capital" y la mejor forma de hacer funcionar adecuadamente el capitalismo en el mundo pobre es otorgar títulos de propiedad que garanticen los derechos sobre la propiedad privada y permitan, conjuntamente con la bancarización, el recurso a créditos entre la población más pobre.

[224] De Soto, *op. cit.*

Los resultados de este tipo de estrategias son contradictorios. Es cierto, hasta ahora, que todos los países desarrollados poseen alguna forma de derechos de propiedad. Sin embargo, hay otros como China y Vietnam que han sido capaces de crecer y reducir notablemente la pobreza, sin resolver claramente el problema de títulos de los propiedad ni garantizar su aplicación.

Por otro lado, los títulos de propiedad han servido de poco a los campesinos peruanos, incluso a los bancarizados, que a pesar de haberse convertido legalmente en propietarios no han tenido acceso al crédito y al financiamiento que les permitiría prosperar.[225]

Los derechos de propiedad y el establecimiento preciso de los costos de transacción, entonces, no son suficientes para garantizar el desarrollo ni explican el surgimiento y consolidación de instituciones en un país.

A pesar de estas dificultades y refutaciones la "visión institucional" se ha incorporado a la discusión y a la práctica sobre el desarrollo desde la última década del siglo XX, y aunque carece de definiciones claras y distintivas se ha convertido en una nueva forma de "consenso" entre los especialistas en la materia. Esta temática ha llevado a los economistas a expandir el cinturón de conjeturas de dicho programa de investigación al terreno de la gobernabilidad y la política.

Cada vez con mayor frecuencia los economistas del desarrollo hablan de la importancia del "buen gobierno" en los procesos de desarrollo y del papel central de las instituciones políticas en los países en vías de desarrollo.[226]

[225] De Soto, *op. cit.*; *The Economist*, 26 de agosto de 2006, p. 62.
[226] Bardhan, *op. cit.*

El primer gran paso en esa dirección ha sido el análisis de la corrupción en las instituciones públicas, un esfuerzo que iniciaron los economistas del Banco Mundial;[227] ha sido un primer intento de incursionar en el estudio del papel del Estado y las instituciones políticas en el desarrollo.

En la última década del siglo XX un gran número de economistas y especialistas, dentro y fuera del Banco Mundial, llegaron a la conclusión de que las recomendaciones de política económica que ellos mismos propusieron en las décadas anteriores –es decir, las propuestas del Consenso de Washington–, tienen menos importancia que la calidad y solidez de las instituciones que respaldan la aplicación de dichas políticas.

El fracaso de las recomendaciones del Consenso de Washington alimentó este cambio de orientación en el programa de investigación de la economía moderna. La prescripción de mantener estabilidad en las finanzas y en el tipo de cambio hizo muy poco por Argentina a fines del siglo XX. En ese caso el Estado mantuvo su tendencia a la ineficiencia en el gasto debido a las inercias institucionales; más recientemente algunos países en África, como Ghana, y en América Latina, como Venezuela y Bolivia, han repetido el mismo patrón. En el mejor de los casos, han logrado mantener una macroeconomía estable, pero las inercias institucionales no les han permitido crecer a las tasas aceleradas que necesitan para rebasar el techo del subdesarrollo y la pobreza, como ha sucedido en Brasil, México o Perú.

[227] Chiber, 1997; United Nations Development Programme, *Human Development Report 2002*, Nueva York, UNDP-Oxford University Press, 2002, 260 p.

Refutaciones

Debo resaltar que a pesar de su carácter progresivo, la hipótesis de la economía institucional, como todas las conjeturas científicas, ha enfrentado dificultades empíricas y conceptuales. A continuación revisaré brevemente dichas dificultades.

La elaboración y medición de indicadores de buen gobierno, competencia burocrática, estado de derecho y rendición de cuentas, depende aún de encuestas de opinión, que tienen un enorme y bien conocido margen de error. Por otra parte, esta misma metodología hace imposible la comparación entre países y, por lo tanto, la jerarquización de prioridades para propósitos de análisis y de provisión de ayuda externa es todavía un ideal por alcanzar.[228]

Los estudiosos de la economía institucional se han encontrado además con que cada "mal gobierno" es malo en una forma diferente, lo cual hace difícil identificar tendencias o hacer generalizaciones. En algunos países simplemente no existe la rendición de cuentas (como en China y Cuba, dos ejemplos casi opuestos en cuestiones de crecimiento económico); en otros, los responsables de elaborar políticas públicas no logran obtener respeto ni imponer disciplina en las burocracias (como en México o Armenia). En muchas ocasiones las instituciones son "capturadas" por intereses distintos: a veces los grupos económicos o políticos intentan capturar al Estado (por ejemplo, los sindicatos y los partidos políticos en México durante el siglo XX); a veces es el Estado quien captura al interés público o a la sociedad

[228] Kavalsky, citado en *The Economist*, 2005, p. 67.

civil (Rusia o Zaire en la última década del siglo XX); otras veces el Estado y la sociedad civil son tan débiles que la sociedad organizada prácticamente desaparece (Darfur en el siglo XXI).

Desafortunadamente hasta ahora no se ha encontrado una relación de causalidad directa entre un buen gobierno y la prosperidad. Una parte importante del problema conceptual, sostiene Rodrik,[229] es que las medidas actuales de desempeño institucional consideran únicamente sus resultados, no las formas y estructuras institucionales en sí mismas, pese a que son realmente las responsables del desempeño; en otras palabras, analizan únicamente los síntomas, no las causas. Por ejemplo, las mediciones de "estado de derecho" determinan la confianza que un inversionista tiene sobre sus derechos de propiedad, pero no nos dicen nada sobre el realismo de sus percepciones.

De la misma forma, los economistas del desarrollo se han puesto de acuerdo sobre los objetivos del crecimiento económico, entendido como el aumento en el producto interno bruto. Así, existe consenso, por ejemplo, sobre la tasa deseable de asistencia escolar, de ingreso per cápita, sobre la cantidad y calidad de la infrestructura, etc.; del mismo modo existe un acuerdo sobre los adjetivos, y se habla entonces de gobierno responsable, gobierno transparente, receptivo; sin embargo el consenso no llega más allá. El resultado de las carencias teóricas, dice Kavalsky, es que las prescripciones de la economía institucional son tautológicas: "¿Qué se requiere para que el crecimiento económico ocurra? Se requiere de un buen gobierno. Y ¿qué es un buen

[229] Rodrik, *op. cit.*

gobierno? Un buen gobierno es el que promueve crecimiento económico."[230]

Los esfuerzos por reformar las instituciones públicas de los países subdesarrollados se han encontrado con problemas graves. Durante la primera década del siglo XXI el Banco Mundial ha participado cada vez más en el financiamiento de reformas a la capacidad y calidad del gobierno, y ha disminuido su participación en reformas puramente económicas. Como muestra, el presupuesto del Banco Mundial asignado a las reformas del primer tipo ha aumentado 11%, hasta alcanzar 25% del total de recursos de dicha institución; el presupuesto asignado al segundo tipo de reformas, en cambio, disminuyó 14 por ciento.[231]

Sin embargo los resultados de este enorme esfuerzo han dejado mucho que desear en términos de crecimiento y desarrollo. La evaluación de la inversión del Banco Mundial en África durante este periodo, por ejemplo, los llevó a la conclusión de que "la reforma del servicio civil continúa siendo elusiva e intratable".[232] En otras partes del mundo, a pesar de haberse multiplicado considerablemente las comisiones de transparencia y en contra de la corrupción, han logrado muy poco.

A pesar de las dificultades de análisis que enfrenta toda disciplina naciente, hemos alcanzado algunas conclusiones importantes: es innegable, por ejemplo, que las instituciones sólidas y eficaces proveen una estructura de intercambio que determina y ayuda a definir los costos de transacción en una

[230] Kavalsky, citado en *The Economist*, 2005, p. 67.

[231] Banco Mundial, 2004.

[232] Citado en *The Economist*, 2005.

sociedad y la hacen más eficiente y próspera, como ocurre, sin excepción, en los países desarrollados. En la misma forma, son las instituciones las responsables de agilizar y resolver los problemas de coordinación, producción y transformación entre los actores que participan en las transacciones.

En el ejercicio de estas responsabilidades, la calidad y eficiencia de las instituciones varía significativamente entre países; sin embargo, mientras más compleja sea una sociedad –es decir, con mayor especialización y extensión de la distribución del trabajo–, encontraremos asociada más intensamente la tendencia hacia la creación y consolidación de instituciones confiables, de manera que los individuos puedan involucrarse en diversos intercambios o transacciones con el mínimo de incertidumbre sobre el cumplimiento de los acuerdos. En otras palabras, el hecho de que sus intercambios incluyan cada vez más bienes y servicios –cada uno con sus distintos atributos– y se realicen a lo largo de periodos cada vez más largos de tiempo, obliga a las sociedades desarrolladas a construir y consolidar arreglos institucionales elaborados y confiables.

Sin embargo –y como expliqué en el capítulo anterior–, no existe nada de automático en la evolución de la cooperación desde sus formas más simples y primitivas hasta la formación de instituciones más modernas y complejas.

La consecuencia más importante de la evolución cognitiva o cultural de las sociedades o, en otras palabras, de la evolución de las cualidades de sus modelos mentales, es que éstos desempeñan un papel determinante en el desarrollo de las normas que hacen posible la existencia de instituciones.

El conjunto de instituciones en una sociedad refleja el cúmulo de sistemas de creencias que ésta ha reunido a lo largo de su historia. El cambio en las instituciones, por lo tanto, suele reflejar el incremento gradual en las experiencias que definen el rango de acción presente y futuro; por eso en el estudio del cambio institucional debemos considerar su relación con las transformaciones de las creencias colectivas.

Es pertinente describir la relación entre los sistemas de creencias y las instituciones. Como aclaré anteriormente, los sistemas de creencias son representaciones internas o mentales que los seres humanos hacen de su entorno. En la medida en que las aspiraciones y expectativas de una sociedad dependen de dichas representaciones, las instituciones no son sino la manifestación externa, en forma de reglas, de estos modelos mentales o sistemas de creencias.[233]

Los sistemas de creencias son también los depositarios del aprendizaje acumulado a lo largo de muchas generaciones. Tienen, entre otras, la función de asegurar que las nuevas generaciones adquieran y conserven este conocimiento; de lo contrario –como dice la frase célebre– todas las generaciones estarían condenadas a repetir una y otra vez los errores del pasado.

Ésta es una de las formas más importantes en que los seres humanos hemos combatido la incertidumbre: la formación de conjuntos de creencias, que llamamos comúnmente "cultura". La cultura incluye la mayor parte del conocimiento que la colectividad ha acumulado en forma de hábitos, rituales, habilidades, actitudes, valores y, por supuesto, instituciones. Todos éstos son elementos culturales que determinan las distintas formas de organización social que han permitido

[233] North, *Understanding the Process of Economic Change*, *op. cit.*, p. 49.

a los seres humanos conseguir alguna forma de orden –por precario y limitado que éste sea– así como mejorar su bienestar social y aumentar sus probabilidades de realización individual; en otras palabras, es a través de dichos elementos que la cultura abre las puertas al desarrollo; la única alternativa es la pobreza, el desorden y la anarquía.

En este sentido, las instituciones son resultado de la capacidad heurística y cognitiva de los sistemas de creencias que sostiene una comunidad. Las instituciones tienen la capacidad de promover la evolución de las sociedades y la consecución de prosperidad, tanto como el estancamiento y el burocratismo característicos de gran parte del mundo subdesarrollado. No debemos ignorar la tenacidad de las formas culturales degenerativas que de manera cotidiana obstaculizan la solución de los problemas que la misma comunidad quisiera resolver, encerrándola en un círculo vicioso de pobreza, ignorancia y violencia.

La diferencia fundamental entre los sistemas de creencias progresivos y los degenerativos, así como entre los arreglos institucionales que soporta cada uno de ellos, es la posesión de una virtud social que North ha calificado como *eficiencia adaptativa.*[234] Una sociedad posee eficiencia adaptativa cuando sus creencias y la matriz institucional que resulta de ellas adquieren la flexibilidad suficiente para adaptarse en forma progresiva a los problemas derivados de los constantes cambios en su entorno.[235]

[234] North, *Institutions. Institutional Change, and Economic Performance, op. cit.*

[235] North se refiere a la naturaleza cambiante de la realidad como: *no ergódica* (*Understanding the Process of Economic Change, op. cit.*).

Las sociedades degenerativas, en la medida en que carecen de esta virtud, tienen el problema de que las creencias derivadas de experiencias pasadas no las proveen de una guía correcta para comprender y resolver las situaciones presentes o prever las futuras, ni les permiten, por lo mismo, rediseñar su estructura institucional.

Hay dos posibles explicaciones para este problema. La primera es que el conjunto de modelos mentales y sistemas de creencias a través de los cuales se filtra la nueva evidencia carece de los patrones heurísticos que permiten entender la información de manera adecuada y evaluar sus alternativas; la segunda es que la continuidad del arreglo institucional lleva a los miembros de una sociedad –especialmente a las autoridades responsables de la toma de decisiones– a percibir los cambios como una amenaza a su subsistencia y, por lo tanto, a evitarlos. En ambas explicaciones el problema es resultado de barreras cognitivas o mentales.

Por eso es importante explorar las formas en que la conciencia produce diferentes patrones culturales e institucionales a partir de su interacción con diversas experiencias. Debemos explicar cómo se originan los sistemas de creencias que favorecen los acuerdos y las reglas productivas necesarias para la construcción de una infraestructura institucional que asegure el desarrollo; es también importante encontrar estrategias para modificar los sistemas de creencias cuando carecen de estas virtudes. Es necesario, por lo tanto, entender su origen y su evolución, sus características comunes y sus diferencias más importantes a fin de poder conducirlas en forma benéfica para la mayoría.

La cooperación impersonal y la confianza en las instituciones

La conclusión más importante de los estudios especializados en cooperación y capital social es que la estrategia de cooperar con otras personas y confiar en ellas resulta valiosa para los individuos que desean prosperar, siempre y cuando esta relación se repita indefinidamente, el grupo sea relativamente pequeño y estable, y se posea información suficiente sobre el comportamiento de los demás en el pasado.

En contraposición, es mucho más difícil sostener la cooperación cuando la interacción no es repetida, cuando no existe información sobre el resto de los participantes, y cuando en dicha relación interviene un número elevado de personas. En otras palabras, los intercambios cortos, anónimos o impersonales son la antítesis de las condiciones ideales para la cooperación. ¿Cómo logran entonces las grandes sociedades, a medida que crecen en número de integrantes, mantener e incluso ir más allá de la confianza que caracteriza a las comunidades pequeñas y familiares?

Mencioné en el capítulo anterior que ésta ha sido una de las preguntas centrales desde el origen de la reflexión sistemática sobre las sociedades.[236] Todos los pueblos han buscado la forma de mantener y hacer respetar los acuerdos entre sus miembros, en particular entre los que no cuentan con una relación familiar o cercana, siendo que ellos enfrentan constantemente la tentación de traicionarse por motivaciones individualistas y de corto plazo. En pocas palabras, la pregunta básica es la siguiente: ¿cómo pueden las grandes

[236] Locke, *op. cit.*

sociedades desarrollar mecanismos de confianza en un contexto anónimo y de interacciones de corto plazo?

En opinión de Hobbes[237] la permanencia y el funcionamiento de las sociedades dependen de la existencia de una autoridad externa con la fuerza necesaria para imponerse y obligar a los individuos a respetar las reglas de sus acuerdos. Hobbes sostiene que los individuos son incapaces de escapar a los dilemas de la vida en sociedad por sí mismos; consecuentemente, en el momento de elegir siempre optarán por el interés individual y el egoísmo. De la teoría hobbesiana se desprende que la confianza entre individuos sólo puede existir ante la presencia de una autoridad coercitiva y fuerte.

La respuesta que nos ofrece la teoría moderna de juegos es fundamentalmente la misma que la de Hobbes: si los acuerdos entre individuos han de ser respetados, deben ser sancionados por una autoridad externa.

Las pequeñas sociedades del siglo XVI que estudió Hobbes, y los minúsculos grupos con que ha experimentado la teoría de juegos en el siglo XX tienen sólo un parecido lejano con las gigantescas sociedades de los siglos XIX, XX y XXI. En ciudades-Estado de miles de habitantes, o en grupos controlados de decenas de participantes, el control que ejerce una autoridad externa es relativamente simple de llevar a cabo.

Los miles de millones de transacciones que ocurren diariamente en las sociedades actuales, en cambio, son prácticamente imposibles de sancionar; ni siquiera el despliegue de las tecnologías de información más modernas ha logrado

[237] Hobbes, *op. cit.*

poner en manos del Estado la capacidad necesaria para supervisar y sancionar la mayoría de estas transacciones. A lo único que las autoridades pueden aspirar es a la vigilancia de una minúscula muestra de ellas. En este contexto, el Estado como garante universal de la confianza no es más que una utopía que cuando se ha intentado llevar a la práctica se ha convertido en una pesadilla.

Sin embargo la realidad es que cientos de millones de personas en el mundo desarrollado y subdesarrollado actúan, sobreviven y hasta prosperan con información incompleta sobre gran número de personas extrañas, en un sinfín de interacciones cotidianas y de corto plazo. ¿Cómo es esto posible? ¿Bajo qué condiciones puede surgir la cooperación voluntaria en las grandes sociedades anónimas e impersonales, sin la imposición de un Estado autoritario y coercitivo para que garantice la confianza?

John Locke, al contrario de Hobbes, defendió la idea moderna de que los individuos enfrentan los dilemas sociales que surgen del conflicto entre intereses individuales mediante estrategias cooperativas; de hecho, actualmente no encontramos en la vida social de los grandes grupos y sociedades ni una desconfianza generalizada ni el abuso o el engaño como estrategias usuales. Lo que observamos en la práctica es que los individuos de todas las sociedades aprenden, en mayor o menor medida, los sistemas de creencias que les permiten cooperar en la resolución de muchos de los dilemas sociales que enfrentan de manera cotidiana. Sin embargo, alcanzar este estadio no es una tarea trivial ni fácil.

El núcleo del problema se encuentra en la explicación misma del comportamiento humano cooperativo: ¿cuál es la cantidad mínima de información que una persona debe tener acerca de los esquemas mentales y los deseos de otras personas, de manera que le sea posible formular predicciones confiables sobre el futuro de su comportamiento?

Todas las ciencias sociales desarrollan alguna concepción teórica del comportamiento humano que emplean como base para la explicación de lo social. En el caso de la economía moderna, la teoría de la elección racional u óptima había tenido este lugar fundamental, pero desde hace algunos años prácticamente ningún economista informado cree que estas presuposiciones teóricas describan de manera efectiva la realidad cotidiana del comportamiento humano ni, mucho menos, de las instituciones.

Los economistas se han limitado a creer que estas presuposiciones son útiles al menos para construir modelos del comportamiento en algunos mercados, y no han ofrecido una nueva teoría de racionalidad que sea capaz de explicar fenómenos que hasta ahora resultan incomprensibles. Aunque conscientes de lo limitado de sus presuposiciones, los economistas no han ido más allá de ellas, y siguen, por lo tanto, siendo incapaces de explicar las diferencias y complejidades del comportamiento humano. Hoy sabemos que la naturaleza de la conciencia y de la intención humana, por ejemplo, es mucho más compleja de lo que la teoría económica plantea.

Con frecuencia encontramos comportamientos cooperativos, valores y limitaciones autoimpuestas y costosas, el respeto a acuerdos y reglas, así como arreglos institucionales que la teoría económica ha intentado explicar con una metáfora casi sobrenatural: *la mano invisible*.[238] Más aún, siste-

[238] Este término, originalmente formulado por Adam Smith, tiene mayor similitud conceptual con los ángeles y las "sustancias incorpóreas"

máticamente se presentan en las sociedades comportamientos altruistas o de sacrificio del interés individual –como es el caso, no siempre edificante, de los soldados que se enlistan voluntariamente para pelear una guerra o que mueren en formas heroicas por nacionalismo o por salvar la vida de compañeros desconocidos–;[239] todos ellos son despliegues de generosidad a costa de los intereses individuales y de la comunidad[240] que no pueden ser explicados por los modelos económicos o biológicos con que contamos actualmente.

Es importante, como he insistido hasta ahora, considerar en las explicaciones económicas el hecho de que los individuos poseen diferentes sistemas cognitivos y modelos de representación del mundo a partir de los cuales toman sus decisiones; igualmente es necesario incluir en ellas una descripción del funcionamiento real o experimental de estos sistemas cognitivos y de los diversos sistemas de creencias que soportan. Es en la literatura sobre estos temas donde podemos encontrar mejores explicaciones del comportamiento colaborativo sistemático.

---

a las que recurrió Ptolomeo para explicar las desviaciones en las órbitas planetarias, o con la alquimia al explicar las propiedades de los minerales, que con un concepto científico.

[239] Congressional Medal of Honor.

[240] Son notables los hallazgos de fósiles humanos, que datan de la edad de piedra, incapacitados físicamente para hacer una contribución productiva a la sociedad, que sobreviven su condición por años y en ocasiones décadas. Esta situación sería imposible sin la existencia de individuos dispuestos a sacrificar una parte de su bienestar individual sin la expectativa de reciprocidad. La teoría de los intereses encapsulados es, hasta hoy, la única que ofrece una explicación de estos comportamientos.

La evidencia neurológica y experimental[241] demuestra que antes de tomar decisiones, los seres humanos codifican, descifran y procesan la información valiéndose de sistemas de creencias preexistentes o modelos mentales, con el fin de comprender el mundo donde viven, orientar sus acciones y resolver sus problemas. Son estos esquemas los que determinan la capacidad –o la falta de ella– para cooperar con extraños y formar instituciones.[242]

La repetición y homogenización de los sistemas de creencias y elección dentro de una comunidad los convierte en normas y reglas, informales o formales, y en esta forma *tiende a institucionalizarlos*, lo mismo cuando son eficientes y exitosos en la creación de prosperidad, como –debo resaltarlo– cuando no lo son. En términos generales la mayor parte de nuestras decisiones en el mundo moderno parecen regulares y repetitivas, y no requieren de un gran esfuerzo cognitivo, sin embargo la realidad es que la institucionalización gradual y colectiva de estos comportamientos reduce la incertidumbre y nos permite tomar decisiones *sin* información suficiente, *sin* el conocimiento profundo de las

[241] Ostrom y Walker, *op. cit.*

[242] Es también desde este enfoque que el desarrollo de la confianza (una habilidad tan cognitiva como emocional), la reputación, el altruismo, y la cooperación pueden ser consistentes con el principio de maximización de utilidades o solución óptima, porque son mecanismos superiores de supervivencia y creación de prosperidad. Algunos especialistas han intentado hacer consistentes ambas posiciones. Por ejemplo, Margolis (1982) ha desarrollado un modelo que integra la motivación altruista dentro del comportamiento individual; en su opinión los seres humanos tenemos al menos dos tipos de funciones de utilidad: las que favorecen las preferencias orientadas al grupo y las que favorecen conductas egoístas e individuales. Constantemente negociamos y nos balanceamos entre estos dos tipos de funciones.

personas con quienes interactuamos, y *sin* la necesidad de repetir indefinidamente estas interacciones. Finalmente, es el carácter de las normas y reglas institucionalizadas lo que determina si, a pesar de estas carencias, logramos o no resultados mejores que los "óptimos".[243]

En pocas palabras, es el arreglo institucional de acuerdos lo que da soporte a la vida social, política y económica del mundo moderno. La complejidad de este mundo rebasa las capacidades cognitivas y racionales de cualquier individuo en sí mismo, por lo cual los seres humanos desarrollamos reglas y procedimientos que simplifican y colectivizan el proceso de toma de decisiones. En estas reglas y procedimientos radica el origen de las instituciones, que son, a su vez, un producto de nuestros aparatos cognitivos; es decir, no son más que modelos o esquemas mentales. Las instituciones existen primero en nuestras mentes y sólo después en el mundo real, pero tienen consecuencias reales y prácticas en nuestra supervivencia y en la creación de prosperidad.

Una breve reflexión histórica puede ser ilustrativa. Hace cuando menos 10 000 años que los seres humanos desarrollaron la agricultura; a partir de ese momento observamos el surgimiento de grandes sociedades organizadas alrededor de ciertos arreglos institucionales que facilitaron la interacción entre desconocidos y la multiplicación de la prosperidad. Este complejo conjunto de reglas y prácticas institucionales puede ser clasificado en tres grandes rubros, que han permanecido más o menos estables desde los orígenes de la civilización: la *producción*, la *cognición* y la *coerción*, que expondré en las siguientes páginas.

[243] Ostrom y Walker, *op. cit.*

El origen de las instituciones: producción, cognición y coerción

Podemos considerar que la aparición de la humanidad como tal ocurrió cuando el equipamiento genético del ser humano permitió el surgimiento de la conciencia y la intencionalidad que, a su vez, dieron paso a la serie de actividades cognitivas y sociales (reciprocidad, cooperación y comunicación, entre otras) que definen a nuestra especie hasta la actualidad.

Debo insistir en que a partir de ese momento el lenguaje, los sistemas de creencias y la cultura se volvieron indispensables. La diversidad social de la humanidad es enorme, pero dentro de una comunidad determinada es considerablemente más limitada. Las comunidades que permitieron comportamientos erráticos o volátiles entre sus individuos, como los mercenarios nómadas del Asia medieval, difícilmente sobrevivieron. En todas las sociedades se desarrolló un conjunto de reglas y limitaciones, un lenguaje compartido, así como prácticas y costumbres comunes. Estas reglas constituyeron los conjuntos de modelos mentales o sistemas de creencias que llamamos cultura; desde entonces la trasmisión cultural complementó –y en buena medida sustituyó– la transmisión genética como un elemento de evolución y de estabilidad.

Desde el surgimiento de la humanidad, definido en esta forma, han ocurrido tres grandes transformaciones: primero la producción y el almacenamiento sistemático de comida; segundo, el surgimiento del mundo industrial y científico, y tercero, la revolución del conocimimiento.[244]

[244] Esta revolución no debe confundirse con otro candidato a una gran transformación: la revolución en la tecnología de información que

Cada una de ellas supuso una serie de cambios profundos en la capacidad cognitiva de los seres humanos, en sus sistemas de creencias y en sus sistemas de organización social. En este punto he de retomar algunas ideas que ya traté.

Fueron la cooperación y la confianza entre grupos pequeños, así como su institucionalización gradual en forma de reglas y acuerdos generalizados en los sistemas de creencias, lo que dio pie a la existencia de grupos grandes y organizados que, a su vez, hicieron posible la organización de actividades de gran escala: cacería mayor, las primeras construcciones, sistemas de defensa más elaborados y seguros, etc. A medida que las aldeas y después las ciudades crecieron en tamaño, aparecieron los grandes proyectos de construcción e irrigación, el comercio y la especialización. De este incremento en el número de integrantes surgieron igualmente tres beneficios que conviene destacar: la reducción de la incertidumbre y del riesgo, la especialización del trabajo y la acumulación de conocimiento.

Como vimos, quizás la innovación más importante para gran número de seres humanos ocurriera cuando los sistemas de creencias permitieron el surgimiento de especia-

---

promete transformar las formas de producción e intercambio en gran escala y convertir la economía moderna en una economía del conocimiento. Sin embargo, hoy por hoy, la contribución total de la tecnología de información a la productividad mundial continúa siendo insignificante si se le compara con otras tecnologías como la electricidad o los combustibles fósiles y los motores de combustión (que también fueron resultado de avances en el conocimiento). En ocasiones, como lo fue a principios del siglo XXI, su contribución global resulta simplemente negativa. Esta tecnología es promisoria, pero incluirla como una "revolución" o gran transformación sería todavía prematuro.

lidades no directamente relacionadas con la producción o el acopio de comida. Los sistemas de defensa y la acumulación de conocimientos son los dos ejemplos más notables. Las actividades de producción, coerción y cognición empezaron a distinguirse gradualmente mediante la elaboración de modelos mentales propicios para la organización de grupos especializados con funciones totalmente diferentes. Así, a la gran masa de agricultores y productores de diversos bienes se unieron gobernantes, policías y soldados, constructores, contadores, sacerdotes, curanderos y médicos; con ellos, además, hicieron su aparición las primeras instituciones.

Desde esta perspectiva es posible clasificar el rango de las instituciones humanas destacando su origen y relación con la especialización y la distribución del trabajo. Esta clasificación fundamental, aplicable a cualquier punto de la historia de la humanidad, organiza la actividad humana en tres grandes rubros: *producción, cognición y coerción.*[245]

Cada uno de estos rubros responde a un aspecto de la realidad social y supone una organización distinta en cada caso. Así, existe un conjunto de reglas que regulan la esfera de la *producción*, es decir, la creación de prosperidad material en una sociedad, sea ésta recolectora, agraria, industrial o de servicios. Otro conjunto de reglas determina la forma en que las ideas comunes a una sociedad se generan, diseminan y justifican, es decir, a la esfera de la *cognición* (en este rubro, la escritura fue probablemente la innovación más importante y duradera). El último conjunto de reglas concierne a los sistemas de defensa, retribución social y definición de los límites

[245] Ernest Gellner, *Plough, Sword and Book*, EU, University of Chicago Press, 1988, 288 p.

de tolerancia frente al comportamiento desviado, que incluye el sistema de premios y castigos que la comunidad impone; en otras palabras, el ámbito de la *coerción*.

El alcalde de una ciudad, un científico reconocido en una universidad, o un juez de la Suprema Corte de Justicia, son algunos ejemplos contemporáneos de cada una de estas funciones, adscritas todas ellas, según los arreglos institucionales modernos, a ciertos individuos u organizaciones dentro de la sociedad. Ilustraré a continuación la naturaleza de estos tres conjuntos de instituciones.

Producción: el crecimiento económico

Es imposible ver, sentir o tocar a las instituciones, pues no son sino construcciones intangibles de la mente humana en un contexto social organizado; son, además, el depósito donde cada sociedad resguarda su propia riqueza social y espiritual: su capacidad para cooperar, organizarse y promover la realización y el bienestar social, según la forma en la que éste sea definido por sus integrantes.

Además de auxiliar a las sociedades en la satisfacción de sus necesidades básicas y en la protección frente a las inclemencias naturales –por medio de la organización y el conocimiento acumulado–, las instituciones aseguran el desempeño de su economía y su productividad futura.[246]

Mencioné en el segundo capítulo que dos de las variables más importantes en el desempeño de las economías son

[246] North, *Institutions, Institutional Change, and Economic Performance, op. cit.*

los costos de transacción y los derechos de propiedad. Una economía donde las transacciones son costosas y no existen garantías suficientes sobre la posesión de los bienes y el goce de los servicios es usualmente una economía anárquica y pobre; ése ha sido, sin embargo, el punto de partida para todas las sociedades. El esfuerzo histórico por reducir la incertidumbre y el riesgo en las transacciones o intercambios económicos, y por garantizar los beneficios de la división del trabajo o de la propiedad en forma de derechos, es el origen y la razón de ser de las instituciones económicas.

La necesidad de adquirir y procesar información –por ejemplo, sobre la confiabilidad y reputación de los actores, sobre los precios, atributos y cualidades de los bienes y servicios– de los agentes de los intercambios económicos subyace en el origen y formación de instituciones económicas.

Como expliqué en el capítulo anterior, los costos de transacción se incrementan cuando se desconoce la reputación de los actores, cuando éstos no son confiables y cuando la información es costosa y asimétrica; es decir, cuando algunos de los agentes tienen más y mejor información que otros. Uno de los postulados incorrectos del neoclasicismo económico ha sido asumir que los actores poseen al menos información suficiente y oportuna –ya no digamos completa– para evaluar las consecuencias de sus decisiones y alcanzar sus objetivos. Eso, sin embargo, casi nunca sucede; además, siempre existen incentivos para engañar y abusar de la confianza o la ignorancia de los demás.

Así, el propósito al crear instituciones económicas es corregir esta imperfección de los mercados valiéndose de una estructura que asegure un mínimo de certidumbre en la cantidad y calidad de la información disponible, el respeto a los derechos de propiedad de los individuos y las sanciones o castigos aplicables a quienes quebranten los acuerdos. El resultado es que las instituciones reducen los costos de transacción al simplificar las posibilidades de riesgo, utilidades y beneficios, y permiten a los individuos, tomar decisiones más informadas.

Cuando esto ocurre, los beneficios producidos por el comercio se multiplican y la sociedad, en general, tiende a prosperar. Tal vez lo más importante sea que la estructura institucional de una sociedad define los límites y las diferencias entre las actividades productivas (que favorecen el bien común) y las improductivas (actividades degenerativas que empobrecen a la mayoría). Dada esta diferenciación, el arreglo institucional debe proveer los incentivos y los castigos necesarios para conducir la actividad económica de manera que su desempeño general tienda al progreso.

En los países donde esto ha ocurrido encontramos un ejemplo de éxito en la histórica lucha civilizatoria de los seres humanos por encontrar soluciones colaborativas a los problemas que enfrentan, tanto en la creación de prosperidad y bienestar social, como en la distribución de los beneficios.

En cambio, los países subdesarrollados son pobres entre otras razones, porque sus instituciones económicas –cuando existen– no producen acuerdos, reglas ni legislaciones que promuevan la cooperación, el desempeño económico productivo y la distribución justa de sus beneficios; igualmente carecen de medios para forzar o sancionar a los agentes económicos –individuos, sindicatos, empresas y organizaciones, representantes gubernamentales, intermediarios, etc.– a respetarlos.

Ahora bien, si los países pobres lo son porque sus poblaciones son víctimas de una infraestructura institucional que detiene el crecimiento económico, ¿es posible cambiarla a voluntad? Intentaré formular una respuesta a esta pregunta fundamental en el último capítulo, dedicado a la necesidad de elaborar políticas públicas que apunten a la creación y distribución de riqueza material y espiritual; entre tanto, permítame el lector analizar un segundo grupo de instituciones.

Coerción y control: la procuración de justicia

Poco se han preocupado los economistas por explicar el desorden y el caos. La experiencia, sin embargo, nos dice que debemos hacerlo: basta reconocer que la historia de la humanidad no es sino la historia de la lucha por controlarlos. La incapacidad de una sociedad para instrumentar soluciones cooperativas a sus problemas, aunada a su incapacidad para desarrollar mecanismos que limiten y sancionen efectivamente el abuso y el engaño entre las personas, son la principal explicación de la pobreza crónica a lo largo de la historia de la humanidad y, en particular, en los países subdesarrollados donde habita actualmente la mayor parte de la población del mundo.

En realidad, durante la mayor parte de su historia los seres humanos de todos los continentes y sociedades han caído en la tentación de engañar al otro, renegar de sus acuerdos y compromisos, beneficiarse del trabajo de los demás o abiertamente robarlos. Tanto los mecanismos de coerción como las instituciones resultantes de ellos se crearon con el objetivo de eliminar o limitar este tipo de comportamientos degenerativos y empobrecedores –que, en términos económicos, elevan los costos de transacción y hacen caso omiso de los derechos de propiedad– y promover, en cambio, las conductas cooperativas y progresivas.

Todas las sociedades ejercen alguna forma de control sobre sus miembros. Como he argumentado previamente, si los grupos no dan muestras de poseer una estructura normativa y cognitiva –es decir, modelos mentales– que unifique a dichas sociedades y promueva algunos patrones regulares de comportamiento, no podemos afirmar siquiera que existan comunidades, organizaciones o sociedades; por eso los temas referentes al poder, la autoridad, legislación, centralización, coordinación, contratos, jerarquía, incentivos, sanciones, supervisión, son todos lugares comunes en las cuestiones de coerción y control.

Sin embargo siempre existe el riesgo, al desarrollar una entidad coercitiva para hacer respetar los derechos de propiedad y sancionar los acuerdos y contratos, de que los responsables la utilicen para su beneficio individual o para el de un grupo en detrimento del resto de la sociedad.

En tanto no basta con el ejercicio crudo de la fuerza para organizar una sociedad, dos de los elementos centrales del problema de la coerción y el control son la *legitimidad* y la *autoridad* en la aplicación de sanciones. Un análisis de los sistemas de creencias en las sociedades progresivas muestra que éstos siempre incluyen instrumentos culturales orientados a la legitimación de la autoridad.[247]

[247] Scott, *Seeing Like A State*..., *op. cit.*

De hecho, la mayoría de los científicos sociales contemporáneos define a la autoridad como un poder legítimo.[248] Conforme a esta concepción la legitimidad consiste en la percepción o presuposición generalizada de que las acciones de una entidad determinada son deseables, apropiadas y proporcionadas, de acuerdo con un sistema de creencias, normas y valores socialmente construido. Este elemento, más que ninguno otro, es el sustento de la creación de instituciones de coerción y autoridades confiables.

De esta forma, al hablar de un poder legítimo me refiero tanto a un grupo de personas y funciones ligadas entre sí por relaciones de poder, como a un conjunto de de normas o reglas que gobiernan la distribución y el ejercicio del poder; en una sola palabra, al Estado.

La teoría vienesa del Estado –la más reciente de muchas y la más generalizada en el mundo desarrollado–[249] postula la necesidad de un Estado competente, justo y efectivo; es decir, una autoridad política que utilice el poder para conservar la convivencia pacífica y armoniosa, que mantenga el respeto a las reglas, y que no use la fuerza para abusar y explotar a la sociedad civil. En principio, el Estado ideal es una entidad neutral que posee la habilidad de medir los atributos de un contrato y de sancionar los acuerdos, que castiga el incumplimiento para prevenir su repetición o generalización y garantiza la compensación a las partes agraviadas.

[248] Samuel Finer, *The History of Government*, III tomos, Londres, Oxford University Press, 1997, 1701pp.; Scott, *op. cit.*

[249] Hayek (1952)-Popper (1999).

La construcción de un Estado que se acerque a estas condiciones ha sido lenta y costosa en el mundo desarrollado. En el subdesarrollado, en cambio, aunque sigue sin ser una tarea fácil, puede ocurrir en una forma más rápida y considerablemente menos costosa si se aprovecha la experiencia de otros países, como lo atestigua la historia reciente de países como España, Singapur e Irlanda.

En los países desarrollados los sistemas de creencias soportan sistemas judiciales efectivos que incluyen legislaciones específicas y detalladas, así como agentes –jueces, abogados, gestores, etc.– certificados y supervisados para garantizar su competencia y apego a las reglas; por el contrario, un Estado débil y la incertidumbre sobre su capacidad para llegar a acuerdos respetables, elaborar leyes y sancionar las infracciones, son la incierta realidad cotidiana de los países subdesarrollados.

La fortaleza de las instituciones, sin embargo, proviene de la credibilidad –una noción diferente de la confianza– de los gobiernos ante la sociedad civil. La confianza parece comenzar por un contacto interpersonal que, una vez establecido, puede mantenerse a distancia pero sólo ocasionalmente. No es posible sostener este tipo de confianza entre los ciudadanos y las instituciones anónimas que los gobiernan; de acuerdo con algunos autores[250] todo lo que se necesita para una relación fructífera con las instituciones es que los ciudadanos crean en ellas.

Como expuse en la sección anterior, la cooperación puede darse incluso en sociedades donde no existe un Es-

[250] Valeri Braithwaite y Margaret Levi, *Trust and Governance*, Russell Sage Foundation, 1998, 386 p.

tado con la capacidad de sancionar, para ello puede ser suficiente la adherencia a un sistema común de creencias. Sin embargo, la incapacidad para sancionar a los abusadores sistemáticos limita seriamente las posibilidades de crecimiento social y económico. Si los participantes en un intercambio comercial no tienen a quién acudir para hacer cumplir los acuerdos o contratos de todas las partes intervinientes, la incertidumbre, la desconfianza y la anarquía serán el resultado probable.

Un sistema de creencias que incluya tanto el respeto por la ley y el estado de derecho, como los valores de honestidad e integridad individuales, es fundamental para el éxito de las instituciones de procuración de justicia; en términos prácticos es imposible para las instituciones vigilar y castigar a todos los individuos y organizaciones de una sociedad; por esto mismo todos ellos –el propio Estado incluso– deben aprender a autolimitarse. En el caso del Estado, son las constituciones el elemento básico para dicho fin; los códigos y reglas de conducta –en dos palabras, los sistemas de creencias– en el caso de los individuos. La inexistencia de esta autolimitación en los individuos y organizaciones deviene un uso indiscriminado y de consecuencias desastrosas del poder y la fuerza.

Las preguntas centrales son: ¿cómo pueden crearse estos mecanismos autocorrectivos?, ¿son las instituciones las que crean códigos de conducta o son los códigos de conducta los que crean instituciones? Una respuesta sucinta sería que ambas se refuerzan mutuamente. En los orígenes de todo sistema de sanciones se encuentran los sistemas de creencias o modelos mentales; sin embargo es importante insistir en que la creación de un sistema efectivo de sanciones y la elaboración de reglas morales y de comportamiento es siempre un proceso complejo y circular.

En todo caso, la conclusión es que la habilidad de una sociedad para construir instituciones efectivas que elaboren normas generalmente aceptadas, designen a la autoridad legítima para supervisar los procesos de intercambio, hagan posibles las sanciones a los infractores y garanticen el orden y la estabilidad en las relaciones económicas o de cualquier otro tipo, es indispensable para su bienestar y progreso.

Cognición: la evolución y la trasmisión de los sistemas de creencias

Si partimos del principio de que las sociedades y las organizaciones que las integran fueron creadas para facilitar la consecución de los objetivos individuales y colectivos de sus miembros, la evolución y la estructura de las instituciones que rigen el comportamiento dentro de dicha sociedad deben perseguir los mismos fines.

En todas las sociedades conocidas y desde el origen de la civilización, *la adquisición y distribución de los conocimientos* han desempeñado un papel esencial en la consecución de los objetivos individuales y colectivos, a través, precisamente, de su influencia en las características y transformaciones de la estructura institucional.

Ha quedado claro hasta ahora que dos factores críticos en la eficiencia de las organizaciones sociales son las capacidades cognitivas de sus integrantes y el conocimiento que acumulan. Este conocimiento puede trasmitirse o compartirse entre personas, puede construirse progresivamente durante la realización de una tarea o, de manera más reciente, puede descubrirse valiéndose de una metodología científica o aplicada. Sin embargo este conocimiento, como las habilidades y las formas de aprendizaje de una sociedad, depende directamente de las instituciones educativas y de la acumulación y trasmisión de los conocimientos que dicha sociedad posee.

Una de las primeras formas de institucionalizar el conocimiento –y sin duda alguna la más importante de ellas– ha sido la escritura.[251] En la historia de la escritura no ha sido fortuito que sus primeras manifestaciones hayan sido ejercicios de contabilidad, contratos y documentos relacionados con la recolección de impuestos; el propósito, como he sostenido, era otorgar certidumbre a los intercambios entre personas. Más adelante las características propias de la escritura, que la han hecho, a la fecha el mejor medio para la elaboración y trasmisión de códigos u órdenes y para resguardar la historia colectiva y las creencias, generaron alrededor de ella un prestigio único vinculado con la autoridad y el ejercicio del poder; dicho prestigio hizo de la escritura un instrumento único para la legitimación de ideas y creencias.

Fue así como, el conocimiento y la escritura empezaron su proceso de institucionalización en la sociedad. La escritura facilitó la administración de contratos y la contabilidad, pero también hizo posible la codificación de sistemas de creencias y, por lo tanto, de leyes.

[251] Nicholas Ostler, *Empires of the World. A Language History of The World*, Londres, Harper Collins, 2005, 688 p.

Más adelante los griegos –y en cierto grado los egipcios– dieron un enorme salto del conocimiento práctico y aplicado a la reflexión sistemática y el estudio del conocimiento puro. En unos cuantos siglos nuestras habilidades relacionadas con el conocimiento de primer orden se convirtieron en habilidades cognitivas de segundo y hasta tercer orden. Fue entonces cuando desarrollamos el método científico y, de forma paralela, la tecnología.

La manera en que se ha diseminado y distribuido este conocimiento en las sociedades ha sido tema de largas discusiones y de muchas páginas en la literatura especializada en *capital humano*. Sintetizando las conclusiones principales puede decirse que el desarrollo de escuelas gremiales y universidades es una función de las características institucionales del conocimiento en una sociedad, y de la celeridad con la que éste puede contribuir al bienestar y la realización.

La función cognitiva incluye dos cuestiones interdependientes que ya he mencionado pero que conviene recordar. Primero, la forma particular en que el conocimiento se desarrolla en una sociedad determina las percepciones, conceptos y sistemas de creencias con los cuales sus integrantes interactúan en y con el mundo; segundo, estos sistemas de creencias determinan a su vez las formas específicas y los límites con que adquirimos o no nuevos conocimientos.

Así –retomando lo dicho en el segundo capítulo–, la manera en que el conocimiento evoluciona influye también sobre el modo en que los seres humanos conciben, calculan y racionalizan las circunstancias, se relacionan con otras personas, e intercambian bienes y servicios; por ejemplo, la creencia en que la estructura de reglas de una sociedad es justa promueve la cooperación y el intercambio, al tiempo que reduce los costos de transacción; como resultado, la sociedad progresa y prospera. Por el contrario, la concepción de que estas reglas están sesgadas y son injustas incrementa la desconfianza, aumenta los costos de transacción y reduce el número de intercambios: la sociedad se estanca o se empobrece.

Tomando en consideración todo lo dicho, resulta ya evidente que las instituciones no son siempre beneficiosas. Es posible crear instituciones que generen y distribuyan conocimiento, premien la productividad y aseguren el orden y el bienestar, y en la misma forma pueden crearse otras que promuevan o mantengan la ignorancia, la corrupción, el crimen y el abuso. Si, en balance, las primeras tienen más peso que las segundas, la sociedad es progresiva; de lo contrario es regresiva o degenerativa.

La inversión sistemática en la producción de conocimientos y en educación, y la utilización de ambos en las esferas sociales o económicas, dan pie a una dinámica progresiva en la sociedad. Esta dinámica, a su vez, propicia la institucionalización de la adquisición, la diseminación y la evolución del conocimiento en la forma de sistemas de creencias; en otras palabras, la institucionalización de las mismas prácticas que la generan.

Las instituciones de conocimiento reflejan la decisión de una sociedad de adquirir este valioso bien, promover el aprendizaje, e incentivar la innovación y la actividad creativa en general, con el objetivo de resolver sus problemas más apremiantes. Reflejan la decisión de una sociedad de utilizar activamente la más poderosa de sus herramientas de evolución y progreso: la inteligencia humana.

VI. LAS POLÍTICAS PÚBLICAS Y LA DISTRIBUCIÓN DE LA RIQUEZA ESPIRITUAL

POLÍTICAS PÚBLICAS E INSTITUCIONES

> no existe gobierno que pueda forzar a sus ciudadanos a ser felices; el mejor de todos es aquel que los coloca en una situación en la que puedan ser felices cuando son razonables.
>
> J.J. ROUSSEAU

La estructura institucional de una sociedad –concluí en el capítulo anterior– es un resultado directo de la riqueza espiritual de sus sistemas de creencias, que determinan la dirección, la calidad y la distribución del conocimiento y de las habilidades; igualmente, la dirección y calidad de las instituciones de conocimiento, y su distribución generalizada entre la población son un factor decisivo en la capacidad de una sociedad para resolver sus problemas, así como en sus posibilidades de desarrollo futuro.

Si una sociedad invierte en la creación y difusión de creencias que promuevan la productividad y el orden en una forma equilibrada con la continuidad histórica, los incrementos resultantes en conocimiento, cultura y productividad fomentarán el bienestar general, la prosperidad y la realización de sus individuos; en pocas palabras, fomentarán el desarrollo.

Tradicionalmente, una de las formas de incentivar la multiplicación de estos acuerdos institucionales en una sociedad ha sido la elaboración de políticas públicas progresivas, viables, eficaces e inclusivas. Aunque la historia de las intervenciones en el rumbo de las sociedades es mixta, durante las últimas décadas del siglo XX se practicaron experimentos exitosos en una docena de países, los cuales lograron resolver sus problemas de pobreza en un grado considerable en una sola generación, hasta convertirse en países desarrollados.

En este último capítulo presento de manera sintética y sistematizada las distintas estrategias exitosas de estos esfuerzos recientes por formular políticas públicas para el progreso y el desarrollo.

Me he referido al hecho de que la creación y consolidación de instituciones es determinante en el desempeño de las economías, el progreso y el bienestar social. Pero, en estos principios de siglo, ¿qué es lo que puede hacer surgir acuerdos institucionales donde no existen? Y, sobre todo, ¿cómo pueden crearse instituciones eficaces, es decir, con capacidad para formular políticas públicas progresivas, viables, eficientes e inclusivas que alcancen los objetivos que una sociedad se ha propuesto?

Una vez más, la existencia y el éxito de las instituciones confiables y productivas en algunos países es un incentivo para crearlas en los países donde no existen, o para fortalecerlas cuando son débiles; es el caso del mundo en vías de desarrollo, donde la prosperidad, el progreso sostenido y el bienestar social para la mayoría no se han hecho realidad.

El análisis institucional,[252] que describí en el quinto capítulo ha hecho grandes avances en la explicación del surgimiento y funcionamiento de las instituciones en relación con el desempeño de las sociedades y sus economías. De las conclusiones de este análisis es destacable la importancia de la reducción en los costos de transacción, como un resultado de la información, certidumbre y estabilidad que las instituciones brindan a la sociedad.

La importancia de los sistemas de creencias y la riqueza o pobreza espiritual que generan ha sido menos analizada, lo mismo que las formas en que dichos sistemas determinan la naturaleza del comportamiento humano y de las instituciones. La literatura especializada se refiere a "límites informales" o "instituciones informales" –conceptos que con frecuencia resultan sinónimos de lo que aquí se ha llamado sistemas de creencias o modelos mentales– precisamente porque, en general, su influencia y permanencia excede la de las instituciones formales.

Además, originados en la trasmisión cultural de valores y en la aplicación formal de reglas de pensamiento o heurísticas, que requieren una inversión cognitiva y la participación colectiva, los sistemas de creencias y los modelos mentales parecen tener también una influencia causal sobre las instituciones formales y su funcionamiento.

Ciertas tradiciones morales como la ética de trabajo, la honestidad e integridad, la pertenencia a una comunidad, la disci-

[252] North, *Institutions, Institutional Change, and Economic Performance, op. cit.*

plina, el valor de la educación y el aprendizaje, la confianza en los demás y el respeto a las reglas que benefician a todos, reducen el riesgo y los costos de transacción, aumentan la certidumbre y posibilitan las complejas redes de interacción e intercambio entre los miembros de una sociedad.

En el cuarto capítulo he examinado el origen biológico y social de estas tradiciones cognitivas, la forma en que evolucionan y cambian, así como su relación con la riqueza y la pobreza material y espiritual.

Un segundo ámbito donde los sistemas de creencias progresivos tienen enorme influencia es el político, y de manera específica el de la elaboración de *políticas públicas*. Es allí donde los arreglos informales se institucionalizan mediante la elaboración y organización de sistemas legales en que los acuerdos y los contratos sean respetados o sancionados; es allí, consecuentemente, donde el cambio social y económico puede ser acelerado y dirigido a objetivos distintos de los que se perseguían en el pasado.

Los actores políticos, sean éstos individuos o grupos organizados, se encuentran en una posición privilegiada para promover cambios adaptativos y progresivos, siempre y cuando estos cambios sean consistentes y mantengan una relación de continuidad con las creencias y las expectativas de sus constituyentes. Cuando ocurre un cambio radical en las estructuras formales, de manera que éstas resultan inconsistentes con las informales –es decir, las creencias y expectativas–, el resultado es siempre una gran inestabilidad que incrementa la incertidumbre y encarece las transacciones. La historia está llena de ejemplos, por eso me atrevo a afirmar que el cambio en las estructuras cognitivas es un requisito para el cambio político y económico que conocemos como progreso.

Es claro que hay todavía mucho que explicar sobre la naturaleza de los sistemas de creencias y sobre la forma en que influyen en la economía y la sociedad; sin embargo ya existen herramientas para analizarlos y está en manos del especialista y el practicante utilizarlas para mejorar la condición humana.

Por ejemplo, sabemos que una sociedad adquiere instituciones eficaces cuando logra acumular riqueza espiritual en cantidad y calidad suficientes para crear sistemas de creencias que orienten la formación de políticas públicas, protejan los derechos de propiedad de sus integrantes, incentiven la cooperación y la creación de capital humano y social, y reduzcan, en consecuencia, los costos de transacción. Cuando esto ha sucedido ha acarreado como consecuencias la especialización y división del trabajo, la innovación, el crecimiento y la prosperidad.

La evaluación de los países que han logrado un desarrollo acelerado durante las últimas décadas del siglo XX es ilustrativa; sin embargo ninguna de sus estrategias de política pública debe tomarse ciegamente como receta. La época de los "consensos" sobre el desarrollo debe quedar atrás, lo que no implica que no haya mucho que aprender de cada uno de estos países y de sus experiencias específicas.

Aun cuando los funcionarios tienen la responsabilidad de diseñar políticas públicas adaptadas a la cultura y los objetivos propios de su sociedad –de ahí la conveniencia de que sean representantes electos–, mal harían en ignorar las experiencias de otros países con problemáticas y objetivos sociales similares. En las siguientes páginas presento un breve análisis de seis consideraciones o premisas de política pública que recientemente han resultado exitosas en países de todo el orbe. Esta revisión no pretende ser exhaustiva; en cambio, he elegido las estrategias más exitosas y más fácilmente generalizables a varias regiones actualmente pobres.

Desarrollo y prosperidad en el siglo XXI

Felizmente, el siglo XXI vio la luz junto con un acuerdo que se extendió por todo el mundo sobre la definición general de desarrollo y prosperidad.

Hoy día la prosperidad es concebida de manera generalizada como el resultado de la habilidad de un individuo, grupo o país para proveerse de alimentos, salud, habitación, educación y seguridad en niveles que permitan llevar una vida buena y significativa, *según la manera en que cada individuo o comunidad la defina.* La prosperidad genera el espacio social y mental adecuado para el desarrollo físico, emocional y espiritual de las personas de acuerdo con sus propias preferencias, sin que deban preocuparse constantemente por las necesidades básicas para la supervivencia material.

En este sentido, el término "prosperidad" hace referencia también al conjunto de creencias y conductas que fomentan la productividad, que es hoy día el mejor indicador de la calidad de vida. Sabemos que alrededor del mundo los individuos, lo mismo que los grupos y las naciones, tienen diferentes niveles de productividad y por lo tanto de prosperidad. A lo largo de los siglos estas diferencias han creado desigualdades que deben ser confrontadas y resueltas. Por primera vez en 10 000 años de vida civilizada sabemos que contamos con el conocimiento y la tecnología necesarios para reducir estas brechas hasta un nivel aceptable.[253]

A lo largo de este libro he insistido en que el progreso y la prosperidad contemporáneos están asociados con la existencia de sistemas de creencias compartidos que promueven diversos elementos: la satisfacción con la vida que uno lleva, la cooperación, el trabajo productivo, la tolerancia a las diferencias, la apertura y confianza en extraños y extranjeros, la autoestima, las competencias y capacidades productivas, la educación y participación comunitaria. Más aún, la mayoría de las naciones del mundo coincide en que un Estado moderno debe incluir una combinación de los siguientes elementos: una visión de la autoridad condicionada por el bienestar común, libertad individual y libertad económica, igualdad de derechos, sufragio universal, una distribución relativamente justa de la riqueza, y un gobierno competente y obligado a la constante rendición de cuentas.

Las diferencias entre estos y otros tipos de sistemas de creencias o modelos mentales explican mejor que cualquier otra variable conocida la desigualdad existente en el mundo. Recordemos que los sistemas de creencias constituyen un mapa mental sobre la manera de funcionar en el mundo y las vías para tomar decisiones en él; así, determinan no sólo la forma en que las personas piensan, sino también en la que se comportan o actúan.

Existen segmentos dentro de cada sociedad que sostienen diferentes sistemas de creencias[254] y diferentes actitudes sobre lo que son la prosperidad, el bienestar social y la rea-

[253] Sachs, *op. cit.*

[254] Estos sistemas de creencias pueden coexistir con otros y empalmarse o compartir creencias; no son incompatibles.

lización individual, y sobre las condiciones bajo las cuales pueden ser creados. Es evidente que unos han sido más exitosos que otros, como es también evidente que algunos han fracasado rotundamente. Reconocer y entender este proceso de formación de sistemas de creencias es el primer paso en cualquier proceso de cambio cultural.

Los sistemas de creencias, como cualquier esquema o modelo mental, pueden ser transformados total o parcialmente; de hecho, a lo largo de la historia todos los sistemas de creencias han tenido que ajustarse a las condiciones cambiantes del entorno social, político y medioambiental, lo mismo que a la adquisición de nuevos conocimientos. Hasta hace muy poco tiempo la mayoría de las transformaciones ocurría de manera espontánea; hoy, después de cien años de intentos por resolver los problemas del subdesarrollo, se abre la posibilidad de emplear el escrutinio razonado sobre los sistemas de creencias con el fin de comprenderlos, controlarlos y dirigirlos hacia esquemas útiles en la lucha contra la pobreza en todo el mundo.

Esta tarea requiere entre otras cosas de capacidad de evaluación racional y autocrítica; en primera instancia de los responsables de las políticas públicas en cada país, de sus élites económicas, intelectuales y religiosas, y, finalmente, de la población misma. El sello distintivo de una nación próspera es su capacidad de reflexionar críticamente sobre sí misma, de reconocer y corregir sus errores para organizarse y alcanzar los fines que se propone. Los países que han logrado esta transformación son hoy día países desarrollados.

En síntesis, las amenazas más graves para el desarrollo económico y el progreso social –y las formas de pobreza más difíciles de resolver– están relacionadas, en primera instancia, con la distribución desigual de los recursos espirituales, esencialmente con la incapacidad de *saber*, *entender*, *cooperar* y *confiar* en otros de forma sistemática e institucional.

El cambio social es un proceso que no ha podido describirse de manera secuencial y ordenada; aunque conocemos gran parte de las variables que intervienen en estas transformaciones, ignoramos aún sus relaciones de causalidad y el peso específico de cada una en el resultado final. Sin que exista un modelo explicativo o normativo único del cambio social, las sociedades se transforman inexorablemente, respondiendo en ocasiones a las preferencias de la mayoría, que con frecuencia tienden a la prosperidad y el bienestar.

En todo caso, los grupos y las naciones que quieran progresar y desarrollarse tendrán que hacerse de un sistema de creencias compartido que incluya los esquemas mentales y las habilidades necesarios para promover el cambio social en la dirección deseada. Hasta ahora se ha insistido casi exclusivamente en las variables macroeconómicas y en el fomento de la productividad y la competitividad de las economías, que han demostrado ser necesarias pero insuficientes para producir el resultado deseado.

¿Cómo puede entonces inducirse el cambio? ¿Cómo puede cambiarse la forma de pensar de un pueblo en un sentido constructivo, es decir, sin destruir sus virtudes sociales ni su identidad cultural? En las siguientes páginas intentaré responder a esta pregunta que encierra tres aspectos complementarios: el individual, el nacional y el global.

La verdad, la belleza y el bien: el cambio individual

Si coincidimos en que los objetivos de los procesos de desarrollo son el bienestar social y la realización de los individuos –es decir, su capacidad para llevar la vida material y espiritual que ellos escojan– llegaremos a algunas generalizaciones tentativas.

Tanto para el logro del bienestar social como para la realización individual hay algunos requisitos: buena salud, alimentación, un mínimo de educación, servicios públicos suficientes y seguridad personal. El conjunto de estos elementos permite a los individuos contar con la prosperidad material suficiente para que su supervivencia quede garantizada y puedan ocuparse en el desarrollo de sus capacidades y la consecución de sus intereses.

Más que otra cosa, la realización requiere de una respuesta a la pregunta que se ha hecho a lo largo de la historia la mayor parte de las personas y sociedades que han alcanzado este nivel mínimo de desarrollo: ¿Cómo es que los individuos logran realizar el máximo de su potencial y llevar una vida plena y significativa?

Para prácticamente todas las civilizaciones existentes, realizarse significa desarrollar al máximo los aspectos virtuosos de la naturaleza particular de sus miembros.[255] Esta concepción de la realización llevó a Fogel[256] a argumentar que la realización individual requiere de entrega a la lucha por crear un mundo mejor.

[255] McMahon, 2005.

[256] Fogel, *The Scape from Hunger and Premature Death*, *op. cit.*

La realización del potencial individual no es algo que pueda legislarse desde el Estado ni ser transferido de los ricos a los pobres, entre otras razones porque hay muchas personas que a pesar de su riqueza material carecen de este sentido de realización. Es algo que debe desarrollarse desde la intimidad de cada individuo.

Sin embargo, cuando insisto en la importancia de la elección individual no pretendo soslayar la influencia de otras personas y de las instituciones sobre el individuo; por el contrario, la calidad de los sistemas de creencias determina la riqueza material e inmaterial de las sociedades, y por lo tanto define también la diversidad y el rango de posibilidades que un individuo tiene a su disposición para realizarse.

De todas las virtudes sociales que un sistema de creencias puede poseer, tal vez la más importante sea fomentar la búsqueda y trasmisión de los conocimientos y la educación. Una de las soluciones al problema de la desigualdad espiritual es la creación de instancias o instituciones de educación para la vida. No sólo instituciones de educación básica o de entrenamiento técnico para un empleo, sino instituciones que sean también capaces de proporcionarnos las herramientas adecuadas para alcanzar un mejor entendimiento de nosotros mismos y de nuestro mundo durante las distintas facetas de la vida.

De acuerdo con Gardner,[257] los sistemas educativos deben ser capaces de trasmitir y reforzar, a lo largo de la

[257] Howard Gardner, *Changing Minds. The Art and Science of Changing Our Own and Other People's Minds*, Boston, Harvard Business School Press, 2004, 244 p.

vida, cuando menos tres experiencias fundamentales: *la de la verdad, la de la belleza y la del bien*. A partir de ellas –en su opinión– pueden construirse diferentes y más complejos contenidos educativos, sin los cuales los individuos difícilmente podrán alcanzar la autorrealización: descubrir el placer de la lectura; aprender un idioma; descifrar un dilema filosófico y dominar las matemáticas; entender la motivación que inspiró la pasión de escritores, científicos, artistas, ingenieros, arquitectos y estadistas; comprender y reflexionar sobre la idea de justicia; desarrollar la empatía y el rechazo al sufrimiento ajeno. Cada una de estas experiencias educativas no sólo permite ampliar nuestro conocimiento del mundo y de nosotros mismos, sino que constituye una herramienta útil en la realización de nuestro propio proyecto de vida.

Así, es necesario crear nuevas formas de trasmitir y distribuir el conocimiento dentro de las sociedades, formas que combinen las necesidades de adquisición de habilidades productivas con las de realización, sociabilidad, cooperación, curiosidad y entretenimiento; de la misma manera, es importante desarrollar un sistema educativo que tenga como objetivo no la tramitación mecánica de certificados de escolaridad, sino el crear y satisfacer la necesidades permanentes de conocimiento entre la población en general. La premisa detrás de un sistema educativo adecuado al desarrollo y el bienestar es que el conocimiento y las habilidades adquiridas por sus estudiantes, de todas las edades y clases sociales, son la base imprescindible de la prosperidad, la realización y el enriquecimiento espiritual.

Mencioné que las mayores amenazas para el desarrollo de los pueblos y el crecimiento económico están asociadas a la desigualdad en la distribución de recursos sociales y espirituales, más que de los materiales. Las masas pauperizadas del mundo en desarrollo carecen de dichos recursos, lo mismo que las minorías étnicas, la juventud alienada, las mujeres pobres, los que padecen enfermedades curables y los ancianos, tanto en las sociedades en vías de desarrollo como en las desarrolladas.

Algunos de los recursos espirituales se pueden ejercer y desarrollar individualmente, pero otros sólo pueden darse en contextos sociales o colectivos. Aun así, las posibilidades de desarrollo de las virtudes individuales dependen en gran medida de las virtudes sociales y el entorno propicio que se derive de ellas.

Según Fogel,[258] entre los recursos espirituales individuales *el sentido de propósito* puede considerarse el más relevante. Es imposible para una persona identificar o aprovechar las oportunidades que se le presentan en la vida si carece de un mínimo sentido de dirección. La *disciplina* es también un patrón de comportamiento aprendido que resulta indispensable para obtener éxito en cualquier empresa.

Sin embargo en el análisis de estos elementos nos topamos con el recurso imprescindible: la *autoestima*. La confianza en la capacidad de uno mismo para tener éxito es el punto de partida para la asimilación del sentido del propósito, la disciplina, y otros recursos espirituales.[259] Una de

[258] Fogel, *The Scape from Hunger and Premature Death, 1799-2100, op. cit.*

[259] Aroeste, 2006.

las virtudes más relevantes de la autoestima es que con ella podemos superar la frustración que acarrean los errores en que inevitablemente incurrimos al intentar alcanzar metas ambiciosas.

El enfoque que aquí se presenta nos ayuda a apreciar en su justa medida la importancia de los valores individuales y sociales en la consecución del progreso y el desarrollo. Los valores y las normas influyen, por ejemplo, en las actitudes sobre cuestiones de género y de raza, en los niveles de corrupción y criminalidad, en la importancia que se da a la educación, en el respeto a la libertad y los derechos de los demás, así como en el respeto y la confianza en las autoridades e instituciones. En pocas palabras, todo el progreso social y el desarrollo económico se encuentran mediados por la presencia o ausencia de valores generalmente aceptados.

Fukuyama[260] sostiene que existe otro grupo de virtudes sociales –en general mal distribuidas– que se encuentran relacionadas con *la solidaridad y la confianza*, entendidas éstas como las describí en el cuarto capítulo: la habilidad para cooperar y adquirir sentido de comunidad con personas ajenas al núcleo familiar. La confianza y la cooperación –como hemos visto– son particularmente importantes para los países en desarrollo, cuyos débiles sistemas legales y poca capacidad para hacer cumplir sus reglas ofrecen escasa confiabilidad a los grandes y pequeños inversionistas; en este ámbito las relaciones confiables y una reputación bien ganada son recursos espirituales bien valorados y simientes de futuras instituciones.

260 Fukuyama, *The Great Disruption*, EU, The Free Press, 1999, 368 p.

Para muchos individuos la autorrealización se alcanza por medio de una *ocupación productiva;* es decir, del *trabajo.* El éxito en una ocupación requiere, a su vez, de una *ética del trabajo*, que lo conciba como una responsabilidad y que parta de dos premisas básicas: primera, si el trabajo debe hacerse, siempre es mejor hacerlo bien; y, segunda, el cumplimiento de la ocupación es tanto un gusto como un compromiso moral. El ejercicio de una ética de esta naturaleza requiere, por lo tanto, de *sentido de responsabilidad.*[261]

Ciulla sostiene que el trabajo ofrece disciplina, identidad y valía.[262] El trabajo estructura nuestro tiempo, impone un ritmo en nuestras vidas y nos mantiene organizados en diversas comunidades y grupos sociales; además –y probablemente sea lo más importante–, nos indica lo que debemos hacer cada día.

Estas consideraciones, aunadas a la desigualdad en la distribución de recursos espirituales, dan a la pobreza y al desempleo una dimensión completamente distinta. Más allá de su impacto en el producto interno bruto o en el ingreso per cápita, el trabajo estable puede ser la mejor manera de dar a las personas empobrecidas mayor beneficio frente a la mala distribución de los recursos espirituales y materiales.

Como ya se dijo, el desarrollo individual no es algo sobre lo que el gobierno pueda legislar ni algo que los ricos puedan brindar a los pobres. Los gobiernos y los mercados –que pueden dar grandes saltos en la satisfacción de las necesidades materiales– poco o nada pueden hacer para

[261] Fogel, *The Scape from Hunger and Premature Death, op. cit.*
[262] Ciulla, 2000.

proporcionar sentido de pertenencia y de aprecio personal a la población de escasos recursos.[263]

Dado que la igualdad absoluta parece ser una utopía, uno de los recursos espirituales más útiles es la habilidad de hacer las cosas lo mejor posible en un mundo imperfecto. El gran reto del siglo XXI es lograr la transferencia de sistemas de creencias progresivos de quienes los tienen a quienes carecen de ellos. Este reto debe ser considerado desde una perspectiva tanto global e internacional como nacional y local.

Los individuos ricos en recursos sociales y espirituales podrán ayudar informando, educando, creando redes colaborativas, aconsejando y brindando apoyo espiritual y moral a aquellos que por carecer de las herramientas necesarias son incapaces de aprovechar las oportunidades. En pocas palabras, podrán ayudarlos en la adquisición de nuevos valores, actitudes y hábitos de pensamiento.

Si insistimos en que cualidades como la disciplina y el trabajo en equipo ayudan a las personas a realizar su labor diaria, nos daremos cuenta de que estas virtudes sociales son las que verdaderamente hacen la diferencia entre el éxito y el fracaso material de los individuos y las colectividades.

Corregir la desigualdad en la distribución de la riqueza espiritual es algo que puede beneficiar a todos. Podría decirse, usando el lenguaje de la teoría de juegos, que la distribución espiritual no es un juego de suma cero, donde alguien gana lo que otros necesariamente pierden y el beneficio de unos depende del perjuicio de otros. Con mayor exactitud, en la

[263] Fogel, *The Scape from Hunger and Premature Death, 1799-2100, op. cit.*

medida en la que los recursos espirituales son producidos y reproducidos, no se trata tanto de la reasignación de recursos como de la distribución de nuevos recursos. El resultado es que, progresivamente, todos posean cada vez más.

En este sentido la internet podría convertirse muy pronto en un ejemplo de distribución espiritual. Hasta ahora ha contribuido poco a la mejora del bienestar material –excepto por el beneficio obvio que ha acarreado a las empresas de tecnología de información–, ya que aún están por cumplirse la mayoría de sus promesas de incremento de la productividad y la educación.[264] No obstante, cualquiera que haya intercambiado mensajes o correo electrónico con sus familias o amistades ha sido ya enriquecido espiritual y socialmente.

Aún hay mucho por hacer. Una sola conexión de internet puede compartirse con muchos y brindar múltiples beneficios; por ejemplo, puede proporcionar a las minorías étnicas y a las mujeres la oportunidad de entablar relaciones con individuos de mayor riqueza espiritual, o hacer posible la interacción de maestros o médicos, darles acceso a las bibliotecas más grandes del mundo y proporcionarles otros recursos de enorme valor para sus áreas. Esto –debo subrayarlo– no significa, en lo más mínimo, que la internet hará materialmente ricos a los pobres, como sostienen algunos promotores del combate a la "brecha digital".

La corrección de la mala distribución de la riqueza espiritual implica, necesariamente, una profunda reforma del sistema de distribución de conocimientos, no sólo en el ám-

[264] Nicholas Negroponte, *Being Digitan*, EU, Alfred A. Knopk, 1995, 272 p.

bito formal de la educación –la mejora en la calidad de los maestros, los contenidos curriculares y los métodos de enseñanza–, sino en la concepción misma de la educación y su relación con el bienestar y el progreso de la sociedad.

Una característica común a la mayor parte de los recursos espirituales y los modelos mentales –tal y como los hemos descrito hasta ahora– es que se transfieren de un individuo a otro en los estadios tempranos de la vida. La autoestima y la solidaridad familiar se adquieren con los primeros cuidados maternos, antes del primer año de vida. Otros recursos espirituales se adquieren en los primeros años de vida, como el sentido de orden y disciplina, la capacidad para controlar los impulsos y el sentido de pertenencia a una comunidad más allá de la familia nuclear.

Los primeros años de escuela y el contacto con parientes de diferentes generaciones son igualmente propicios para la transferencia de riqueza espiritual, como hábitos de trabajo, sentido de solidaridad y empatía, visión para las oportunidades y sed de conocimientos. Los programas de apoyo financiero, médico y educativo a las mujeres, y en particular a las madres, han demostrado ser una de las políticas más eficaces e inclusivas en la creación de bienestar y realización. No sólo tienen un efecto benéfico sobre la mitad de la humanidad, sino también sobre sus familias.[265]

Durante la adolescencia y también en la vida adulta el enriquecimiento espiritual sigue dependiendo en gran medida de las experiencias de los primeros años, antes de que la educación formal se inicie y cuando las madres son más influyentes; por eso las estrategias de corrección de la

[265] *The Economist*, mayo de 2006.

mala distribución de la riqueza espiritual deben insistir en la atención a las mujeres y abarcar todo el desarrollo de la infancia, desde sus primeras etapas. Generalmente los niños privados de un bagaje espiritual son hijos de padres, también desprovistos social y espiritualmente predominante la madre.

Una estrategia exitosa que se ha ensayado en varias partes del mundo es la expansión de la atención prenatal y de las distintas formas de apoyo educativo y financiero a las mujeres. Orientadas fundamentalmente a las madres, estas políticas han buscado no sólo proveer de servicios de salud y nutrición a la mujer, sino también brindarle los conocimientos y los recursos necesarios para el cuidado de sus hijos: alimentación y financiamiento, combate a las adicciones, sentido de responsabilidad, y convencerla de la importancia de la estimulación temprana y de enseñar a sus hijos virtudes sociales.

Algunas madres o padres carecen de los recursos materiales y espirituales necesarios para trasmitir a sus hijos autoestima, sentido de disciplina, de oportunidad, una ética familiar y hábitos de trabajo. El combate a la pobreza extrema, donde más frecuentemente se encuentran estos problemas, debe incluir sistemas de tutoría a padres y madres pobres; por ejemplo, trasmitiéndoles la experiencia de adultos de la misma o de otras generaciones que han enfrentado y superado las mismas condiciones. Estos sistemas pueden organizarse de manera voluntaria y parcial, como una condición para la participación en programas de asistencia social, o como una actividad que realizan profesionales de tiempo completo.

Estas organizaciones voluntarias o profesionales de tutoría y ayuda mutua deben focalizarse en los distintos segmentos que componen a la población espiritualmente desposeída: niños, adolescentes, jóvenes adultos, padres y madres de los sectores empobrecidos, desempleados, inmigrantes, reclusos en los sistemas penitenciarios y personas de la tercera edad.

La semilla de una sociedad civil fuerte y participativa en los países pobres reside en el éxito de al menos algunas de estas estrategias de realización individual.

El cambio nacional: la creación de instituciones

A pesar de su diversidad, la mayor parte de las sociedades que no están creando suficiente prosperidad ni bienestar tienen más características en común que las que sí lo están logrando. De una manera perversa, la pobreza es muy parecida en todas las sociedades, mientras que la riqueza material y espiritual estimula el desarrollo de las características propias a cada individuo y grupo humano haciendo posible la diferencia.

En la mayoría de los casos las naciones pobres dependen básicamente de sus recursos naturales –entre ellos la mano de obra barata–, tienen bajos índices de escolaridad y productividad, altas tasas de mortalidad infantil, desnutrición, bajas expectativas de vida, instituciones débiles y gobiernos incompetentes y corruptos. El común denominador es siempre la existencia de uno o varios sistemas de creencias que refuerzan el fatalismo y la impotencia y desconfían de la capacidad de los individuos para transformar la realidad en la que viven. En tales condiciones el autoritarismo y el uso de la fuerza son las únicas formas de obtener cierto orden, y no existen incentivos para la innovación y el cambio.

Fairbanks[266] elaboró un conjunto de recomendaciones sobre el cambio cultural y de valores nacionales que conviene analizar a continuación:

1. Un cambio progresivo y rápido requiere –según muestran las evidencias– de un *sentido de urgencia* en la sociedad, que se produce al destacar las diferencias entre las necesidades o expectativas de sus miembros y la realidad. Cuando una sociedad –como las hay muchas– se encuentra en el camino del colapso, el predominio de un *sentido de impotencia* produce, lógicamente, parálisis social. La *urgencia*, en cambio, puede ser el principio de una transformación ordenada y progresiva.

2. Al sentido de urgencia debe seguirle un análisis informado de las necesidades y expectativas con el fin de diseñar una estrategia realista que las satisfaga y genere un *sentido de propósito* en la comunidad. La estrategia en cuestión debe incluir un grupo integrado de acciones específicas y detalladas, diseñadas en consideración a los medios más eficaces e inclusivos para alcanzar los objetivos previamente definidos.

3. Todo lo anterior requiere de la participación activa de individuos y sociedad civil, pero presupone el apoyo y la acción gradual y creciente de un Estado competente y honesto que por medio de diversos programas de política pública incentive y coordine a los actores que participan en el proceso. El cambio de mentalidad –en otras palabras, de sistemas de creencias– puede comenzar en cualquier sector de la sociedad, pero hasta que no alcance los centros guber-

[266] Fairbanks, 2000.

namentales de decisión y las instituciones resultará imposible generalizar sus beneficios.

4. Desde esta perspectiva, los gobiernos deben hacer todo lo posible para garantizar el éxito de la sociedad civil, no solamente creando un ambiente macroeconómico estable (promoviendo e incentivando la inversión nacional y extranjera, asegurando la competencia, etc.) sino fomentando el desarrollo de capital humano y social, la cooperación y la confianza entre actores, lo mismo que la seguridad y el orden. Más que ninguna otra cosa, el gobierno debe ser capaz de crear y difundir una visión convincente y persuasiva de la dirección del cambio que tome en cuenta las fortalezas históricas y evalúe de manera realista las capacidades actuales.

Para ello el gobierno tiene que responder a dos preguntas fundamentales: ¿a dónde vamos?, ¿qué tipo de país queremos ser? El éxito del gobierno en su tarea de difundir una visión convincente respecto a estas dos preguntas determina las posibilidades de crear un sentido de propósito entre los individuos y grupos que integran la nación.

5. Es necesario incentivar y promover en todas las áreas el trabajo de redes sociales de participación; en otras palabras, aumentar el capital social disponible en la sociedad. Grupos de interés, organizaciones no gubernamentales, consejos ciudadanos, alianzas vecinales, coaliciones, sindicatos, partidos políticos, juntas de condóminos; cualquier organización que fomente la cooperación e incremente la confianza entre ciudadanos debe contar con el apoyo suficiente y el entorno adecuado para continuar y desarrollar su labor.

6. Una vez iniciado el proceso de cambio resulta fundamental difundir no sólo la visión que se tiene sobre los

objetivos que la sociedad se ha propuesto, sino también los logros que de manera gradual y en corto plazo se vayan alcanzando. Es mucho más probable que la gente cambie sus actitudes y esquemas mentales o sistemas de creencias cuando tiene evidencia de la capacidad de dicho cambio para transformar la realidad en la dirección deseada.

7. Es esencial que los cambios vayan acompañados de reformas a los sistemas legales y normativos, con el fin de institucionalizar las prácticas que han probado ser exitosas. Esto va, desde mejorar el estado de derecho hasta mejorar el funcionamiento de las organizaciones cívicas, pasando por la erradicación de la impunidad, la defensa y garantía de los derechos humanos, la construcción o el fortalecimiento de la democracia, y la mejora en los sistemas educativos y la competitividad de las empresas. No es necesario –debo aclarar– reinventar todas las instituciones; en muchos casos basta con mejorar la calidad de las existentes. De nuevo, el analizar y comprender las estrategias empleadas por los países que han conseguido objetivos similares a los propios puede ahorrar tiempo y evitar errores.

8. Toda nación progresiva debe garantizar a sus ciudadanos el ejercicio de su libertad y de su escrutinio racional en la toma de decisiones a fin de construir un entorno propicio para la deliberación colectiva sobre el camino y las metas del desarrollo. Así, la creación de capital social debe ir aparejada a la promoción de foros de discusión y análisis, espacios idóneos para el surgimiento de acuerdos y consensos en todos los niveles sociales, económicos y políticos.

Una discusión constante que integre a representantes del sector público y privado, organizaciones cívicas y partidos políticos, centros de investigación e instituciones académicas, medios de comunicación y líderes de opinión, constituye un medio único para la experimentación e innovación en las estrategias de cambio, la discusión de sus resultados, la coordinación entre actores y grupos de interés, y eventualmente, la corrección de las estrategias cuando sea necesario.

Así concluye Fairbanks:

> La estrategia para el cambio y la creación de prosperidad de una nación debe ser capaz de superar las pruebas que enfrenta cualquier estrategia de acción: debe balancear el pasado con el futuro, ser explícita y compartida, estar bien informada a partir del análisis, estar basada en un conjunto integrado de decisiones, y debe *ayudar a las personas a llegar a ser lo que quieran ser.*[267]

El cambio global: libertad y globalización

Hay decisiones de desarrollo y prosperidad sobre las que las naciones ejercen plena soberanía. Existe, sin embargo, un entorno internacional cambiante que determina en gran medida las posibilidades de progreso que las naciones contemporáneas tienen, a la vez que influye sobre los sistemas de creencias. A este entorno más libre, cambiante y convergente se le ha llamado *globalización.*

[267] *Idem.*

A pesar de la ligereza con que se ha hablado de la "nueva" economía global, los niveles actuales de integración internacional tienen poco de novedosos. Son un ejemplo los 50 años previos a la primera Guerra Mundial (1914), en los que el flujo de bienes, de capital y –notablemente– de personas entre las fronteras era un fenómeno constante.

Lo que a continuación argumento es que dos heurísticas han dirigido estos flujos incrementales de ideas, bienes, dinero y personas, todos ellos componentes esenciales de una definición empírica de la globalización.

La primera fuerza ha sido la liberalización. Con el paso del tiempo nos hemos convencido cada vez más de que la libertad es una condición necesaria para el progreso y el desarrollo. Desde esta perspectiva –y como ya hemos visto– el desarrollo consiste en la eliminación de los distintos tipos de restricciones que enfrentan las personas para ejercer su escrutinio razonado y tomar decisiones libremente.[268]

La segunda fuerza –a la que llegaré más adelante– ha sido la tecnología. En lo referente a la libertad, comenzaré por analizar dos formas en las que se presenta y que resultan fundamentales para la creación de prosperidad y la eliminación de la pobreza y la desigualdad: la libertad económica y la de movimiento o migración.

La libertad económica

Como resultado de negociaciones internacionales y de decisiones unilaterales, casi todos los países que han crecido de

[268] Sen, *Development as Freedom*, *op. cit.*

manera acelerada en las últimas décadas han atenuado sus barreras a las ideas, el capital y el comercio extranjeros. Aunque la liberalización en los países no se ha producido de manera simultánea y en grados idénticos, para bien o para mal se trata de una tendencia mundial.

El reporte "Economic Freedom of the World",[269] cuyo principal objetivo es medir la libertad económica en más de cien países, ofrece alguna evidencia esclarecedora. En general durante la última década del siglo pasado los países con mayor libertad económica alcanzaron tasas de crecimiento más altas que los que impusieron mayores restricciones al intercambio comercial y a la inversión. No debe sorprender que estas variables se correlacionen con la riqueza y el crecimiento económico; lo que sí sorprende es que junto a esa evidencia aparezca la correlación entre la libertad económica de un país y la fortaleza de sus instituciones, así como entre la primera y sus recursos espirituales.

De algún tiempo a la fecha los opositores a la globalización han afirmado que los países pobres son los perdedores en la integración global. Sin importar si son críticos o defensores de la globalización, hay entre los analistas un acuerdo generalizado sobre la creciente desigualdad global. ¿Será verdad que la paradoja de la desigualdad se perpetuará y la libertad o la globalización no pueden beneficiar sino a unos cuantos?

Una vez más la evidencia reciente producida por múltiples estudios en diversas disciplinas prueba lo contrario. Por ejemplo, un estudio del Banco Mundial sostiene que de 1945 a 1980 la convergencia económica se limitaba a los

[269] "Economic Freedom of the World", 2005.

países ricos. Desde 1980 esto ha cambiado. Las exportaciones de bienes manufacturados por países pobres aumentaron de 25% en 1980 a más de 80% a fines del siglo XX. Este nivel de integración estaba concentrado en dos docenas de países, incluidos China, India y México. Durante las últimas dos décadas estos países han duplicado la proporción del ingreso nacional que es producto del comercio. En 1980 su PIB per cápita creció a un promedio anual de 5%; de manera notable, las expectativas de vida así como los niveles educativos aumentaron en todos ellos.

En el resto de los países en desarrollo la historia ha sido algo distinta. En estos países "menos" libres y globalizados, incluida la mayor parte de África, su proporción de comercio en relación con la producción nacional ha decrecido. En la última década el ingreso per cápita ha disminuido y la desigualdad ha aumentado. En breve: los países pobres menos libres o globalizados son los que se encuentran en mayores problemas.

Los últimos 20 años han visto grandes mejoras en el bienestar social gracias a la liberalización del comercio; se han reflejado, en muchos casos en una reducción de la brecha entre los países desarrollados y los subdesarrollados. Esto es particularmente cierto en los países más poblados del mundo, como China e India, principalmente debido a su decisión de liberalizar sus economías, de abrir más sus fronteras al comercio y las inversiones. Algunos países como Somalia y Corea del Norte, en cambio, han elegido no tomar parte en este proceso, y la miseria en la que viven ha empeorado significativamente. Otros, particularmente en África y Asia, devastados por la guerra o por enfermedades, simplemente no han podido tomar parte en este cambio global.

Una situación agravante que observan muchos críticos de la globalización es que las naciones ricas son particularmente proteccionistas en los sectores donde los países en desarrollo tienen más capacidad para competir, tales como la agricultura, los textiles y la industria del vestido. Cuando los agricultores y trabajadores piden "comercio y no ayuda", saben muy bien lo que les conviene, ya que las prácticas injustas de intercambio comercial terminan convirtiéndose en grandes cargas para los países pobres.

La Conferencia de las Naciones Unidas para el Comercio y el Desarrollo[270] estima que de haber tenido éxito en las distintas negociaciones de Doha que se realizaron con el objetivo de que los países ricos abrieran su mercados, para 2007 los países pobres podrían haber exportado anualmente 900 000 millones de dólares más de lo que exportaron.

El panorama de un mundo en que se haya erradicado la pobreza generalizada es alentador. En principio, las mejores condiciones de vida propiciarán un aumento en la población trabajadora, fenómeno popularizado como el "bono demográfico" y que se refiere al incremento en la proporción de adultos jóvenes en edad de trabajar. Además, el rendimiento económico mundial podría cuadruplicarse durante las siguientes cinco décadas hasta 140 000 trillones de dólares, y la población mundial alcanzaría 9 000 millones de habitantes, la mayor parte de los cuales viviría, por primera vez en la historia, en concentraciones urbanas.

El crecimiento económico que se derivara de esto produciría un gran acervo de recursos nuevos, cuyo destino

[270] UNCTAD, 2002.

sería la población más pobre del mundo. Si propiciamos que ocurra, aun la tan temida migración libre será benéfica, pues no sólo permitirá a los pobres compartir y acceder a diversas oportunidades de educación, salud, vivienda, y sobre todo sistemas progresivos de creencias, sino también hará posible el incremento de la prosperidad global de forma considerable. Mediante la globalización y la liberalización del comercio, en pocas palabras, podríamos tener la oportunidad de lograr mayor crecimiento y un desarrollo más incluyente y sustentable. Analicemos con más detalle dichos fenómenos.

Libertad de migración

Desde el inicio de la civilización, hace miles de años, la migración ha sido una de las características más notorias de la humanidad. La historia muestra que la humanidad no apareció de manera simultánea en toda la Tierra, sino que se desarrolló primero en África y de ahí, hace aproximadamente 10 000 a 13 000 años, se extendió hacia el resto del mundo para poblar finalmente los cinco continentes.

Los seres humanos como especie siempre han emigrado en busca de una vida mejor. Las migraciones más numerosas que han tenido lugar hasta la fecha se dieron a mediados del siglo XIX, así como en el clímax de las grandes guerras mundiales (1914-1945), cuando 60 millones de personas abandonaron Europa y se mudaron a Estados Unidos, Canadá, América Latina, Australia, Nueva Zelanda y Sudáfrica.

Durante el último siglo los patrones de migración han cambiado constantemente en muchos sentidos –predominantemente negativos– como producto de las modificaciones en las políticas públicas. Hasta 1914 los gobiernos casi no tenían ningún control sobre el asunto migratorio. Entre 1914 y 1945 la migración fue restringida principalmente con argumentos racistas y xenófobos, y sólo parcialmente por las medidas de seguridad motivadas por las guerras mundiales. Actualmente, a pesar del crecimiento acelerado de la última década del siglo XX, los sistemas de inmigración se han vuelto todavía más restrictivos.

Una noticia desalentadora para los promotores de la globalización y de la libertad en general es que mientras el producto y los mercados de capitales se han integrado cada vez más, los mercados laborales no lo han hecho. Durante el siglo XIX, aunque como resultado de un proceso que data de años atrás, se constituyó un mercado laboral internacional sin el cual Estados Unidos no hubiera podido expandirse ni desarrollarse como lo hizo. Actualmente, sin embargo, la severidad en las restricciones es tal que difícilmente se encontraría a alguien que afirmara que existe un mercado similar.

Un punto de vista generalizado es que los inmigrantes compiten por trabajos que en otras circunstancias harían los nacionales, hecho que reduce los salarios y las oportunidades de los trabajadores nativos. No obstante, con frecuencia los inmigrantes realizan trabajos que los nativos no están dispuestos a aceptar, por las características del mismo o por el bajo salario que se ofrece; para un inmigrante, en cambio, dicho salario, por bajo que sea, es suficiente para proveer de mayores niveles de bienestar a sus países de origen.

La cantidad de dinero que envían los inmigrantes a sus hogares desde los países en desarrollo es sorprendente: a través de canales formales son cerca de 60 000 millones de dólares cada año, y probablemente otros 15 000 millones de diversas maneras informales. Entre 1990 y 2000 este flujo de remesas se duplicó, para alcanza sólo con las remesas que fueron reportadas más de 20% de la ayuda oficial para el desarrollo durante ese periodo.

La brecha continúa ampliándose: mientras la ayuda internacional se reduce cada vez más, las remesas continúan incrementándose. No existe todavía suficiente evidencia empírica al respecto, pero todo apunta a que los recursos que aportan los inmigrantes son mucho más productivos y se encuentran mejor distribuidos tanto en el país anfitrión como en el de origen que la ayuda externa.

Es claro que en pocos años –si no es que ya hemos alcanzado esas condiciones– será imposible entender el progreso sin la globalización comercial y financiera, y a ésta sin el flujo de personas en el mundo. Esto explica por qué muchos destacan el beneficio que a toda la humanidad aporta el fenómeno migratorio. Winters, por ejemplo, ha tratado de cuantificar estas ganancias.[271] A partir de un análisis proyectivo llega a la conclusión de que un aumento de sólo 3% en el número de trabajadores extranjeros empleados en los países desarrollados impactaría el bienestar mundial elevando los recursos globales en más de 150 000 millones de dólares anuales. Sorprendentemente, esta cantidad, resultado de una modesta liberalización en el flujo de personas, es mayor a lo que produciría cualquier liberalización imaginable en el intercambio comercial.

Así como el eliminar las barreras al comercio produjo mayor riqueza en distintas partes del mundo durante la segunda mitad del siglo XX, reducir las restricciones en el

[271] Winters, 2002.

flujo de personas puede ser una fuerza poderosa de enriquecimiento y desarrollo en la primera mitad del siglo XXI. Los países que acepten inmigrantes se verán recompensados con una sociedad más diversificada y mejor acomodada, incluso si esto significa que deban aceptar una adaptación y una transformación social. Permitir políticas de migración más libres puede enriquecer a la humanidad y a sus sistemas de creencias de muchas maneras.

La brecha científico-tecnológica

La segunda fuerza liberadora y globalizadora es la tecnología, otro ámbito donde es importante la creación de nuevas políticas públicas. Con los costos de transporte y de comunicación disminuyendo de manera acelerada, las barreras de tiempo y espacio que separan tanto a los individuos como a los mercados también se han visto reducidas. Aun reconociendo que la globalización no es un fenómeno del todo nuevo, la velocidad con la que las economías y las sociedades convergen no tiene precedentes. Esta convergencia acelerada ha sido posible en gran parte por la innovación y la difusión tecnológica.

La percepción generalizada asume que los países ricos innovan en su tecnología a gran velocidad, dejando rezagados a los 5 000 millones de personas que viven en países en desarrollo. Dicha percepción es acertada: la brecha existe. Las naciones industriales que forman la Organización para la Cooperación y Desarrollo Económico, con sólo 19% de la población mundial, poseen 91% de las patentes expedidas desde 1998. Sin embargo, no hay misterio alguno en cuanto a las causas de esta divergencia.

Afirmar que la tecnología hace más ricos a los ricos resulta trivial. Lo que no resulta tan obvio es que la tecnología también puede hacer más ricos a los pobres, sin mencionar los incontables beneficios que les aportaría en términos de educación y salud.

Consideremos el indicador más reconocido de bienestar: la expectativa de vida. Hablando en términos generales, de principios del siglo XX a la fecha, la expectativa de vida en los países en desarrollo se ha elevado a más del doble. Las razones de este incremento son diversas e incluyen una mejor alimentación, agua más limpia, medicamentos más efectivos y un aumento en los ingresos anuales promedio. El papel jugado por la tecnología en este avance es fundamental, pues –a pesar de la desigualdad material y espiritual– el desarrollo y la difusión de la misma representan la mayor fuerza impulsora del progreso humano.

Existen tres áreas en las que la tecnología es particularmente prometedora para los países pobres. La primera es la agricultura, donde –a pesar de la controversia que la envuelve– la alteración genética garantiza una mejora en los rendimientos de las cosechas que sería suficiente para resolver el problema de alimentación en el mundo en una sola generación. La segunda es la salud: la investigación médica, básicamente sobre medicamentos y tratamientos, avanza de manera acelerada en los países ricos, aunque se requiere de una política distributiva internacional más eficaz e incluyente para que puedan alcanzar a los realmente pobres. La tercera es el área de la información y las comunicaciones: no obstante el fracaso de la "nueva economía" en el 2000, la tecnología de la información se ha difundido con mayor rapidez de la que se esperaba, y a la vez, su influencia se está extendiendo a otras tecnologías.

Lo que sabemos acerca del impacto de las tecnologías en el proceso de desarrollo y bienestar social sugiere que puede suceder a través de diversas vías. Sin embargo, debo hacer hincapié en que el mejor camino, que es actualmente la ventaja comparativa de los países pobres, es sacar provecho de *la posibilidad para adaptar y aplicar la tecnología proveniente de los países ricos, sin tener que desarrollarlas completamente en cada sociedad.* En lo que se refiere a la tecnología, en conclusión, una política pública de transferencia es la primera y principal labor de los países pobres en este momento.

A lo largo de este libro insistí en evitar caer en la tentación de convertirnos en optimistas ingenuos y hacer de cada idea una nueva panacea; lo mismo es aplicable al impacto potencial de la tecnología en los países pobres. Debemos recordar que no existe nada simple ni automático en el proceso de reducción de las desigualdades. El uso inteligente y bien administrado de la tecnología puede aumentar las oportunidades de los países en desarrollo para reducir las brechas –digitales y de otro tipo– con los países ricos, pero debo señalar que ésta es sólo una parte de un proceso complejo y de largo plazo.

La tecnología no es un sustituto para el arduo trabajo que requiere el desarrollo y que se ha analizado hasta aquí. A la tecnología deben unirse el análisis y el enriquecimiento de los sistemas de creencias, las políticas económicas de apertura al comercio y la inversión extranjera, la reducción de las barreras al flujo de personas, la consolidación de instituciones, la construcción de gobiernos democráticos y la mejora de los valores y las virtudes sociales. Para cosechar los frutos de la transferencia de tecnología, los países en desarrollo necesitan empezar a instrumentar un mínimo de reformas económicas, sociales e institucionales que promuevan mayor igualdad en la distribución de los beneficios del desarrollo.

La paradoja de la desigualdad y la riqueza espiritual

La igualdad como objetivo social es una noción relativamente reciente que encontramos en gran parte de los sistemas de creencias contemporáneos. Esta noción, sin embargo, no posee un único significado, y sus diversas manifestaciones han girado en torno del desarrollo de dos ideas fundamentales.

La primera idea es la *igualdad de condiciones.* Desde este punto de vista los beneficios del desarrollo deben ser distribuidos de manera que garanticen las mismas condiciones, en términos de bienestar e ingreso, a todos los integrantes de la sociedad. Los programas de asistencia social, el establecimiento de salarios mínimos, la redistribución del ingreso, etc., son estrategias que se utilizan frecuentemente para alcanzar este tipo de igualdad.

La segunda de ellas se refiere a la *igualdad de oportunidades.* Esta idea acepta que la desigualdad en el ingreso y en las condiciones de vida es un resultado natural de la evolución social y el desempeño de los individuos, en términos de su perseverancia, talento, trabajo y cooperación con otros. Sin embargo desde esta perspectiva se piensa que el desarrollo del potencial individual depende de un mínimo de condiciones que den a la persona oportunidades para desplegar sus esfuerzos y escalar la jerarquía social.

En ambos casos los defensores de la igualdad parten de dos premisas esenciales: primero, la convicción de que la sociedad en general se verá beneficiada si una porción del ingreso o de las oportunidades se transfieren de los ricos a los pobres; segundo, la creencia de que el Estado, por medio de instituciones fuertes y la aplicación de políticas públicas, llevará a efecto esta redistribución.

Ambas estrategias han sido ensayadas en distintos países, en diversas épocas y con distintos resultados. Éste no es el mejor lugar para discutir la literatura acerca de la desigualdad; sin embargo, una conclusión general sobre los resultados de estos ensayos dejaría ver que ni la redistribución del ingreso adicional ni la de oportunidades aseguran por sí mismas eliminar la desigualdad. Definida en esta forma, la igualdad ha resultado ser una utopía inalcanzable y en ocasiones dañina, como ha representado el caso de los países comunistas. Las más de las veces ha representado un obstáculo para el desarrollo de las sociedades y la consecución de la prosperidad y el bienestar.

Como ya mencioné, gran parte de la desigualdad en el mundo actual puede ser explicada por la velocidad extraordinaria del cambio económico y tecnológico desde el siglo XVIII. Una inesperada serie de descubrimientos e ideas hizo posible la transformación de la agricultura, el comercio, la manufactura, la producción de energía, los servicios de salud y la medicina, la comunicación, etc., al punto de lograr una prosperidad inimaginable hasta ese entonces, doblar la expectativa de vida de los seres humanos y permitir su multiplicación con un ritmo que se habría pensado imposible.

Más recientemente diversos avances como la energía nuclear, la genética, la inteligencia artificial, y la tecnología de información y comunicación, han permitido romper los límites para el bienestar de algunos pueblos. Son estos avances, junto con las grandes ideas de las que hablé en la introducción, los que han hecho posible *el crecimiento económico moderno.*

Al empezar el periodo de crecimiento económico moderno la mayoría de los países del mundo tenía más o menos el mismo estándar de vida, un estándar muy bajo si se le compara con el contemporáneo. Las transformaciones económicas y sociales comenzaron lenta y gradualmente en Europa, y fue la Inglaterra de comienzos del siglo XVIII la primera en experimentarlas. Estados Unidos lo hizo hasta finales del mismo siglo, al igual que Francia, y no fue sino hasta la segunda mitad del siglo XIX que países como Alemania, Suiza, Noruega, Suecia, Dinamarca, Holanda, Canadá y Australia iniciaron su crecimiento económico moderno. Japón e Italia esperaron hasta principios del siglo XX, y los países del sureste asiático, así como España, Irlanda, China e India, lo hicieron apenas a finales del siglo pasado. Los "linces" de Europa Oriental –Eslovenia, Lituania y Eslovaquia– lo han logrado en la primera década del siglo XXI.

Sin embargo, a pesar de que el crecimiento económico ha sido más o menos estable desde el siglo XVIII, y de que el cambio tecnológico se ha acelerado enormemente, también han existido brechas recurrentes entre las transformaciones económicas y tecnológicas, y la capacidad de las sociedades para ajustarse a ellas. Durante sus periodos de desarrollo acelerado todos los países las han experimentado de una forma o de otra: las crisis urbanas recurrentes, la coexistencia de la pobreza extrema con la opulencia, y los conflictos de interés entre distintos grupos han amenazado la estabilidad social en los países que han sufrido el tipo de cambios acelerados que supone el desarrollo moderno.

En muchos otros sentidos, estas transformaciones han venido aparejadas con distintos riesgos. Por una parte, el crecimiento económico y el cambio tecnológico han permitido la emancipación de millones de personas del yugo del trabajo físico y de la escasez; por otra, la tecnología de guerra y el agotamiento de los recursos naturales no renovables son, cada vez con mayor intensidad, causa de protesta, preocupación y pesimismo.

En todo el mundo se mantiene la creencia generalizada de que la desigualdad, la enfermedad y la pobreza son siempre resultado de la negligencia, la incompetencia y la explotación. La persistencia del fatalismo y el desánimo, no obstante la evidencia de incuestionables mejoras en los últimos cien años, nos lleva a concluir que el malestar de las sociedades es más mental y espiritual que económico, y que incluso los males de naturaleza económica se pueden resolver recurriendo a la distribución de otras formas de virtudes individuales y sociales; es decir, de riqueza espiritual.

Tanto el surgimiento y ejecución de nuevas y mejores ideas como la incapacidad para adoptarlas se explican mejor recurriendo a las cualidades o deficiencias de los sistemas de creencias que organizan a una sociedad, es decir, el carácter progresivo o degenerativo de los mismos; en este sentido podemos afirmar que la capacidad de una sociedad para alcanzar la prosperidad y la igualdad depende fundamentalmente de la distribución de los recursos cognitivos, racionales, sociales o espirituales que tienen un efecto directo sobre el éxito económico, la creación de bienestar social y la realización personal y colectiva.

La distribución de la riqueza espiritual

Tradicionalmente el empleo de una política fiscal para corregir la mala distribución de los recursos materiales, principalmente el ingreso, se ha basado en la proposición moral de que los individuos que se encuentran en la parte más alta de la curva de distribución del ingreso –es decir, quienes poseen más recursos materiales– tienen el deber moral y civil de compartir una porción de sus ingresos con quienes ocupan la parte más baja de esta curva. La lógica de una política fiscal de tal naturaleza es cobrar impuestos a los ricos para subsidiar a los pobres.

Esta transferencia de recursos usualmente se justifica con el argumento moral de que, aunque cuantitativamente idénticas, las ganancias de los pobres sobrepasan cualitativamente las pérdidas de los más ricos; el resultado, desde esta perspectiva, es un proceso moralmente virtuoso. Incluso se ha llegado a argumentar que por su carácter justo y benevolente, a pesar de suponer un costo material, esta transferencia –lo mismo que la donación filantrópica– enriquece espiritualmente a los contribuyentes.[272]

¿Qué puede decirse entonces de la redistribución espiritual? Como en el caso de los recursos materiales, ¿puede uno afirmar que la riqueza espiritual está también concentrada en un grupo de privilegiados?

Al empezar el nuevo siglo nos encontramos con un mundo que ha mejorado sus condiciones materiales considerablemente, incluso entre los más pobres, pero que man-

[272] Fogel, *The Scape from Hunger and Premature Death, 1799-2100, op. cit.*

tiene enormes disparidades de condición y de oportunidad y una desmoralizante pobreza espiritual.

No debemos olvidar que la principal característica de los afectados por la pobreza crónica, tanto en los países en desarrollo como en subdesarrollo, es su alienación espiritual y cultural del resto de la sociedad. Aun cuando la asistencia material y el ingreso son factores importantes en la lucha por reducir la alienación social y espiritual, esta asistencia no alcanzará su objetivo adecuadamente si se da por sentado que el mejoramiento en las condiciones materiales llevará de manera natural a una mejora social y espiritual. Los mercados –que son el espacio para la satisfacción de las necesidades materiales– pueden hacer poco o nada para brindar sentido de pertenencia y de aprecio personal a la población de escasos recursos.

Además de la desigualdad material, el progreso en el mundo moderno enfrenta nuevos retos, incluso en el mundo desarrollado: nuevas nociones de bienestar social y de la lucha por la autorrealización, el deseo de encontrar un significado más profundo en la vida que el consumismo o la búsqueda de placer, garantizar a toda la población el acceso a los avances médicos, una educación para la vida, planes más largos y flexibles de trabajo y ocupación ante el incremento en la expectativa de vida; en pocas palabras, retos más estrechamente vinculados con los incrementos en la calidad de vida.

En un mundo en el que incluso los pobres son materialmente ricos si se comparan sus estándares de vida con los de principios del siglo XX, y en el que –por otro lado– algunos países desarrollados se han empobrecido en valores y virtudes sociales, el interés debe ponerse en las necesidades espirituales. Como he advertido, la conclusión más importante de este libro es que, si aceptamos el desafío, no hay razón por la cual en unas cuantas décadas el ciudadano promedio del mundo en desarrollo no viva tan cómoda y plenamente como algunos europeos o norteamericanos lo hacen hoy día.

Creo firmemente en la necesidad de no adjetivar demasiado la pobreza. Es sólo una cosa: mala. Ni exótica ni folclórica ni tradicional: sólo mala. De la misma forma, pienso que la prosperidad y el bienestar, como cada quien decida definirlos, son espiritual y moralmente virtuosos, aunque sé que no es fácil alcanzarlos.

El reto que enfrentamos los estudiosos del desarrollo y quienes ocupan posiciones de responsabilidad y toma de decisiones, es demostrar a los líderes del mundo subdesarrollado que *la prosperidad es una cuestión de elección, no de destino.* Eliminar la pobreza en el mundo ya no es una utopía, sino una meta alcanzable mediante la aplicación, tanto de los países ricos como de los pobres, de políticas públicas que tengan como prioridad el mejoramiento de la condición humana.

CONCLUSIONES: COOPERACIÓN Y COMPETENCIA

Fue un filósofo inglés, Herbert Spencer,[273] quien acuñó el término "la supervivencia del más fuerte" para referirse a la competencia entre los agentes económicos en el capitalismo británico de los siglos XVIII y XIX. Unos años más tarde Charles Darwin[274] publicó sus ideas sobre la selección natural en el proceso de evolución. Casi inmediatamente los economistas ingleses de esa época encontraron el paralelo e intentaron utilizar las ideas del *Origen de las especies* en la explicación del comportamiento social y económico.

A esta nueva forma de estudiar los fenómenos sociales se le denominó "darwinismo social". Sus conclusiones principales lo llevaron a describir un mundo duro y desafiante, siempre en competencia, donde los individuos utilizaban su fuerza, entendida en formas diversas, para hacer avanzar sus intereses egoístas y garantizar su supervivencia. En este mundo competitivo sólo los fuertes podían aspirar a sobrevivir y desarrollarse, por lo que tanto la prosperidad como la pobreza se justificaban en términos evolutivos. Hace muchos años que filósofos, economistas y biólogos han su-

[273] Spencer, *op. cit.*

[274] Darwin, *op. cit.*

perado estas concepciones limitadas, cuando no falsas, del fenómeno humano.

La confianza y la cooperación son dos realidades tan íntimas al comportamiento humano como lo son la competencia y el egoísmo individual. Además de competir entre ellos, cotidianamente los seres humanos se organizan en torno de fines comunes y procuran el bienestar de los demás incluso a costa de ellos mismos, una conducta –como lo sostuve anteriormente– que sólo se observa en los seres humanos. Hasta hace poco ni la teoría de la evolución ni la teoría económica moderna podían ofrecer una explicación de estos fenómenos típicamente humanos.

La explicación última de las condiciones en que surgió el comportamiento humano será por mucho tiempo materia de debate y discusión; sin embargo nuevas ideas y teorías –sin resolverlo por completo– nos han dado mayor claridad sobre varios aspectos de este controvertido tema. Tales ideas, como han sido descritas en este libro, no provienen sólo de la noción de competencia individual, sino de una concepción más amplia de la interacción social que incluye, además de la competencia y el egoísmo, la confianza y la cooperación como características fundamentales del comportamiento humano.

El descubrimiento más importante y el concepto central en este nuevo conjunto de ideas sobre la interacción en los seres humanos ha sido la *confianza.* La confianza no sólo entre aquellos con los que estamos genéticamente relacionados –que no es más que una forma de nepotismo evolutivo que se da en gran cantidad de especies–, sino también la confianza en los extraños, que constituye la base de las complejas sociedades humanas modernas.

La confianza como un mecanismo evolutivo se encuentra relacionada con nuestras características mentales por medio de tres vías: la capacidad de memoria, necesaria para guardar la historia de gran número de relaciones individuales; la capacidad de desarrollar una teoría de la mente y del comportamiento de los demás; y, por encima de todas, el lenguaje como herramienta de comunicación y de cognición. El surgimiento de estas habilidades constituye, como sostuvo Darwin[275] y más recientemente Ridley,[276] el origen de las virtudes individuales y sociales en los seres humanos.

Mal harían los nuevos científicos cognitivos y sociales al ignorar las contribuciones que han brindado hasta ahora los biólogos y los economistas al contenido de una teoría del comportamiento humano. Los tiempos del "*analfabetismo disciplinario*"[277] en que una ciencia podía avanzar sin reparar en los hallazgos de las demás han quedado irremediablemente atrás. Aunque la consistencia interna entre todas las disciplinas científicas se encuentra lejos de realizarse, la ignorancia mutua de sus respectivos logros empobrece tanto sus teorías como su puesta en práctica.

En el mismo sentido, sería un error ignorar los avances metodológicos y epistémicos de las distintas ciencias que han encarado el reto de estudiar y explicar el desarrollo social y humano. La postura actual de los especialistas se inclina por una *trilogía metodológica* que integre: primero, el estudio de modelos matemáticos o simulaciones, empleados

[275] *Idem.*

[276] Matt Ridley, *The Origins of Virtue. Human Instincts and the Evolution of Cooperation*, EU, Viking Penguin, 1996, 304 p.

[277] Pereda, *Crítica de la razón arrogante...*, *op. cit.*

por la economía y la ciencia cognitiva; segundo, la investigación experimental, tradicionalmente usada por psicólogos y sociólogos; y, tercero, el análisis de redes neuronales, presente en la biología evolutiva y en la recién nacida neuroeconomía.

La teoría de juegos y los modelos neoclásicos de racionalidad han sido ampliados, complementados y en ocasiones refutados por las simulaciones en computadora que cifran sus premisas y conclusiones en un lenguaje más parecido al de los seres humanos. El análisis de ambas escuelas nos ha llevado a la conclusión de que la teoría de juegos ofrece una descripción normativa de la racionalidad que debe ser contrastada con la evidencia empírica. Al realizar este contraste resulta claro que los modelos de la teoría de juegos y los de racionalidad óptima yerran significativamente en la predicción del comportamiento recíproco y, por lo tanto, de la cooperación y la confianza.

La investigación experimental ha hecho evidente la necesidad de considerar factores que tradicionalmente son ignorados por la economía neoclásica, en particular los relacionados con el contexto en el que se da la interacción social. La identidad de los actores, su pertenencia a un grupo, su sistema de creencias, los niveles de comunicación existentes y los efectos de la presión de un tercero en cuestión, tienen repercusiones profundas en el comportamiento económico, político y social de los individuos.

Desde la perspectiva de esta metodología trilógica es posible explicar el comportamiento aparentemente "irracional", que fundado en la confianza mutua produce mayores beneficios que los derivados del comportamiento "racional-óptimo" descrito –o prescrito– por la economía tradicional.

Para la gran mayoría de los autores contemporáneos la confianza es la expectativa de cooperación. Consiste en una evaluación cognitiva acerca del comportamiento probable de los demás que motiva la decisión de participar en una interacción con otros seres humanos. La evidencia trilógica nos lleva a concluir que la confianza depende fundamentalmente de la capacidad para procesar información, que es un resultado separado pero interdependiente de los procesos evolutivos del cerebro humano. En este sentido la confianza depende tanto de las características del contexto social como de la estructura neurológica, pues es en estos contextos donde el ser humano necesita adaptarse –valiéndose de estructuras neuronales, modelos mentales y sistemas de creencias– para sobrevivir y prosperar.

Por otra parte, la noción de confianza y sus efectos en la interacción social no pueden comprenderse plenamente sin considerar la *expectativa de reciprocidad* entre los individuos participantes, que incluyen el desarrollo de capacidades cognitivas extraordinarias: la habilidad para adivinar o suponer, las intenciones de los demás, la evaluación de su historial o reputación, y el cálculo de su respuesta probable a nuestro comportamiento dentro de la interacción.

Estos descubrimientos justifican la necesidad de realizar investigaciones tomando en cuenta las tres avenidas metodológicas; como espero haber mostrado en este libro, la complejidad del fenómeno resulta inexplicable desde la exclusividad de una sola de ellas.

La ciencia cognitiva se encuentra especialmente dotada para capitalizar tanto los avances teóricos como los progresos metodológicos de las distintas disciplinas. Su origen interdisciplinario y sus nuevas herramientas de estudio le permiten integrar conocimientos ya existentes a un nuevo marco conceptual y metodológico, probablemente mejor y más rápidamente que cualquier otra de las ciencias sociales.

Sin embargo, a pesar de sus avances notables el estudio del comportamiento humano enfrenta dos problemas bien conocidos: el primero es que los seres humanos somos juez y parte en la aventura de entendernos a nosotros mismos, a costa de la objetividad de la tarea; el segundo es que no existe, dentro del universo de las cosas que los seres humanos podemos conocer, ningún objeto más complejo que el cerebro humano y sus productos, como la mente, el comportamiento y la cultura. No hay ciencia social que haya logrado superar tales limitaciones ni parece que la tendremos en el futuro previsible; por lo tanto, aunque siempre conscientes de ellas, no son razón suficiente para detenernos.

Finalmente debo subrayar que la evolución y el progreso no son sinónimos; incluso en ocasiones pueden ser conceptos opuestos. La evolución se refiere básicamente a los procesos naturales de adaptación; el progreso, en cambio, es una invención humana que busca darle al cambio en el tiempo un propósito, un sentido de realización y de trascendencia.

Siendo entonces que somos sus diseñadores y ejecutores, ¿hacia donde debemos llevar el progreso? Gardner[278] ha sintetizado recientemente algunos elementos constitutivos de la riqueza espiritual y del progreso de la humanidad desde sus orígenes en tres ideas claras y distintas: la verdad, la belleza y el bien. Por un lado, la búsqueda

[278] Gardner, *Changing Minds…*, *op. cit.*

de la *verdad*, y su contraparte, la falsedad o el error, se encuentra en nuestra necesidad de anticipar el futuro para reducir la incertidumbre; por otro, la idea de la *belleza*, y su contraparte, la fealdad, manifiesta una necesidad constante de significado y trascendencia; finalmente, la idea de *moralidad* nos permite distinguir el bien del mal y juzgar desde esa perspectiva la forma en que nos relacionamos con los demás seres humanos.

La comprensión a lo largo de la historia de ejemplos decisivos de la verdad (como la ciencia), de la belleza (como las artes), y de la moralidad (como la justicia), ha marcado el progreso de los sistemas de creencias, las instituciones y la adquisición de riqueza espiritual en todas las sociedades.

Estoy convencido de que el deseo de entendernos a nosotros mismos y a nuestro medio ambiente es una de las fuerzas que han impulsado a la humanidad a lo largo de su historia, tan importante como lo ha sido la necesidad de satisfacer nuestras necesidades materiales.

Asimismo creo que una vez satisfechas las necesidades materiales los seres humanos procuran encontrar alguna forma de trascendencia más allá de la cotidianeidad, sea religiosa, artística o altruista. Es todavía difícil explicar el porqué de esta necesidad de trascendencia, pero su presencia es un común denominador en todas las sociedades humanas conocidas en el presente y el pasado.[279]

Tal parece que los seres humanos son incapaces de tolerar el vacío existencial o la desolación. Hoy, como ayer, intentan por todos los medios a su alcance llenar este vacío,

[279] Karen Armstrong, *A History of God*, EU, Gramercy Press, 1993.

principalmente buscando significados en sus relaciones con los demás, pero también a través de formas más abstractas y complejas como el arte. En el trayecto, el esfuerzo resulta en la creación de riqueza espiritual, de virtudes sociales, de soluciones inteligentes a sus más persistentes problemas. Esta elusiva búsqueda se encuentra en la naturaleza misma de los seres humanos.

BIBLIOGRAFÍA

ARMSTRONG, Karen, *A History of God*, EU, Gramercy Press, 1993.

ANDERSON, Phillip, Kenneth J. ARROW y David PINES, *The Economy as an Evolving Complex System*, EU, Westview Press, 2001, 336 p.

ARROW, Kenneth J., "Alternative Approaches to the Theory of Choice in Risk-Taking Situations", *Econometrica*, vol. 19, 1951, pp. 404-437.

ARTHUR, W. Brian, *Increasing Returns and Path Dependence in the Economy*, Michigan, University of Michigan Press, 1994, 224 p.

AXELROAD, Robert, *The Evolution of Cooperation*, EU, Basic Books, 1984, 256 p.

BARDHAN, Pranab, *Scarcity, Conflicts, and Cooperation. Essays in the Political and Institutional Economics of Development*, Cambridge, Mass., The MIT Press, 2005, 328 p.

BARON, Stephen, John FIELD y Tom SCHULLER, *Social Capital*, Reino Unido, Oxford University Press, 2000, 320 p.

BAUER, Peter T., *Reality and Rhetoric*, Cambridge, Mass., Harvard University Press, 1984, 184 p.

——, *From Subsistence to Exchange and Other Essays*, Nueva Jersey, Princeton University Press, 168 p.

____, *The Development Frontier*, Cambridge, Mass., Harvard University Press, 1991, 241 p.

BAUMGARTNER, Peter y Sabine PAYR, *Speaking Minds. Interview with Twenty Eminent Cognitive Scientist*, Nueva Jersey, Princeton University Press, 1995, 350 p.

BENN, Stanley y G.W. MORTIMORE, *Rationality and The Social Sciences*, Londres, Routledge-Kegan Paul, 1976, 416 p.

BENNETT, M.R., y P.M.S. HACKER, *Philosophical Foundations of Neuroscience*, EU, Blackwell Publishing, 2003, 480 p.

BLACKMORE, Susan, *Consciousness. A Very Short Introduction*, Reino Unido, Oxford University Press, 2005, 146 p.

BERNSTEIN, William, *The Birth of Plenty*, York, The McGraw Hill Companies, 2004, 350 p.

BHAGWATI, Jagdish, *Free Trade Today*, Nueva Jersey, Princeton University Press, 2002, 144 p.

____, *In Defense of Globalization*, Nueva York, Oxford University Press, 2004, 320 p.

BRAITHWAITE, Valeri y Margaret LEVI, *Trust and Governance*, Russell Sage Foundation, 1998, 386 pp.

BRANQUINHO, Joao, *The Foundations of Cognitive Science*, EU, Clarendon Press, 2001, 288 p.

BRONK, Richard, *Progress and the Invisible Hand: The Philosophy and Economics of Human Advance*, Reino Unido, Little Brown and Company Press, 1998, 288 p.

BUTLER, Eamonn, *Hayek. His Contribution to the Political and Economic Thought of Our Time*, EU, Universe Books Benn, 1985, 168 p.

BYRON, Michael, *Satisficing and Maximising*, Reino Unido, Cambridge University Press, 2004, 256 p.

CAMERER, F. Colin, George LOEWENSTEIN y Matthew RABIN, *Advances in Behavioral Economics*, EU, Russell Sage Foundation, 2004.

CHAPELL, Lawson y Jorge I. DOMÍNGUEZ, *Mexico's Pivotal Democratic Election: Candidates, Voters, and the Presidential Campaign of 2000*, Standford, Center for U.S.-Mexican Studies, UCSD-Stanford University Press, 2004, 392 p.

CHASE, Robert, Emily HILL y Paul KENNEDY, *The Pivotal States. A New Framework for U.S. Policy in the Developing Word*, Nueva York-Londres, W.W. Norton & Company, 1999, 445 p.

CHENERY, Hollis y T.N. SRINIVASAN, *Handbook of Development Economics*, EU, Elsevier Science B.V., 1988, 766 p.

CLARK, Andy, *Mindware. An Introduction to the Philosophy of Cognitive Science*, Nueva York, Oxford University Press, 2001, 224 p.

COLEMAN, James S., *Foundations of Social Theory*, EU, Belknap-Harvard, 1994, 1014 p.

COMTE, Augusto, *Discurso sobre el Espíritu Positivo*, Madrid, Alianza Editorial, 1980, 136 p.

COOK, Karen, *Trust in Society*, EU, Russell Sage Foundation, 2001, 464 p.

COOK, Karen, Russell HARDIN y Margaret LEVI, *Cooperation Without Trust?*, EU, Russell Sage Foundation, 2005, 253 p.

COOPER, Robert, *The Breaking of Nations. Order and Chaos in the Twenty-First Century*, EU, Atlantic Books, 2003, 192 p.

DARWIN, Charles, *The Descent of Man, and Selection in Relations to Sex*, en Paul H. BARRET y R.B. FREEMAN, *The*

Works of Charles Darwin, t. XXI, Londres, Pickering & Chatto, 1989, 236 p.

DAVID, Paul A., *Path Dependence, its Critics and Quest for Historical Economics*, All Souls College-Oxford University, 2000, 25 p.

DE SOTO, Hernando, *The Mystery of Capital. Why Capitalism Triumphs in the West and Fails Everywhere Else*, Nueva York, Basic Books, 2000, 276 p.

DENNET, Daniel C., *Freedom Evolves*, EU, Penguin Books, 2003, 368 p.

____, *Elbow Room. The Varieties of Free Will Worth Wanting*, Cambridge, Mass., The MIT Press, 1984, 248 p.

____, *Consciousness Explained*, EU, Little Brown and Company, 1991, 511 p.

____, *The Intentional Stance*, Cambridge, Mass., The MIT Press, 1993, 400 p.

____, *Content and Consciousness*, Boston, Routledge & Kegan Paul, 1969, 216 p.

DEPALMA, Anthony, *Here*, Nueva York, Public Affairs, 2001, 354 p.

DIAMOND, Jared, *Guns, Germs, and Steel*, EU, W.W. Norton & Company, 1999, 480 p.

____, *Collapse: How Societies Choose to Fail or Succeed*, EU, Viking Adult, 2004, 592 p.

DIENER, Edward, Daniel KAHNEMAN y Norbert SCHWARTZ, *Well-Being: The Foundations of' Hedonic Psychology*, Nueva York, Russell Sage Foundation, 1999, 593 p.

DIXIT, Avinash K., *Lawlessness and Economics: Alternative Modes of Governance*, Nueva Jersey, Princeton University Press, 2004, 184 p.

DONAHUE, John D. y Joseph S. NYE, *Governance in a Globalizing World*, Washington, D.C., Brookings Institutions Press, 1997, 368 p.

DORNBUSCH, Rudiger, *The Open Economy Tools for Policy Makers in Developing Countries*, Nueva York, World Bank-Oxford University, 1984, 428 p.

DRUCKER, Peter F., *The Essential Drucker*, EU, Harper Collins Publishers, 2001, 368 p.

DURKHEIM, E., *The Elementary Forms of Religious Life*, trad. Karen E. FIELDS, Nueva York, The Free Press, 1995, 464 p.

DWORKIN, Ronald, *Sovereign Virtue. The Theory and Practice of Equality*, Cambridge, Mass., Harvard University Press, 2000, 528 p.

EASTERLY, William, *The White Man's Burden. Why the West's Efforts to Aid The Rest Have Done so Much Ill and so Little Good*, EU, Penguin Press HC, 2006, 448 p.

——, *The Elusive Quest for Growth. Economists' Adventures and Misadventures in the Tropics*, Cambridge, Mass., The MIT Press, 2002, 356 pp.

ELGUEA, Javier, "Paradigms and Scientific Revolutions in Development Theories", *Development and Change* (Sage), vol. 16, núm. 2, 1985, pp. 213-233.

——, "Paradigms, Scientific Revolutions, and Textbooks in Development Theories", *International Journal of Educational Development*, vol. 5, núm. 2, 1985, pp. 77-81.

——, *Las teorías del desarrollo social en América Latina: una reconstrucción racional*, México, D.F., El Colegio de México, 1989, 121 p.

———, "Development Wars in Latin America: 1945-1989", *International Journal on World Peace*, vol. VII, núm. 2, 1990.

———, "El sangriento camino hacia la utopía: Las guerras del desarrollo en America Latina 1945-1989", *Estudios Sociológicos*, vol. IX, núm. 25, 1991.

———, "Wars in Latin America", *International Journal on World Peace*, vol. VIII, núm. 3, 1991.

———, *Educating and Training the Mexican Labor Force for a Global Economy. Mexico's Private Sector: Recent History, Future Challenges*, EU, Riordan Roett-Johns Hopkins University Press, 1998.

———, *Globalization and Development: Partners or Competitors?* California, STS Nexus-Santa Clara University, 2003.

ELSTER, Jon, *Sour Grapes: Studies in the Subversion of Rationality*, Reino Unido, Cambridge University Press, 1983, 192 p.

ESCALANTE, Fernando, *Ciudadanos imaginarios*, México D.F., El Colegio de México, 2005, 308 p.

FARMER, Paul, *Pathologies of Power. Health, Human Rights, and the New War on the Poor*, EU, University of California Press, 2003, 438 p.

FERNÁNDEZ A., Felipe, *The Americas: A Hemispheric History*, EU, Modern Library Chronicles Book, 2003, 256 p.

FIELD, John, *Social Capital*, Nueva York, Routledge, 2003, 176 p.

FINER, Samuel E., *The History of Government*, III tomos, Londres, Oxford University Press, 1997, 1701 p.

FISCHER, Stanley, *Rational Expectations and Economic Policy*, EU, University of Chicago Press, 1984, 304 p.

FOGEL, Robert William, *The Fourth Great Awakening & The Future of Egalitarianism*, Chicago, The University of Chicago Press, 2000, 383 p.

——, *The Scape from Hunger and Premature Death, 1799-2100*, EU, Cambridge University Press, 2004, 126 p.

FRANCE, Peter, *Hermits. Insights of Solitude*, Nueva York, St. Martin's Press, 1996, 240 p.

FRANCO Paul, *Michael Oakeshott: An Introduction*, New Haven, Yale University Press, 2004, 224 p.

FREY, Brunos y Alois STUTZER, *Happiness & Economics*, Nueva Jersey, Princeton University Press, 2002, 200 p.

FRIEDMAN, Benjamin M., *The Moral Consequences of Economic Growth*, EU, Alfred A. Knopf, 2005, 592 p.

FUKUYAMA, Francis, *Trust. The Social Virtues and The Creation of Prosperity*, Nueva York, the Free Press, 1995, 480 p.

——, *The Great Disruption*, EU, The Free Press, 1999, 368 p.

——, *State Building*, EU, Cornell University Press, 2004, 160 p.

GALBRAITH, John K., *The Age of Uncertainty. A History of Economic Ideas and Their Consequences*, Boston, Houghton Mifflin, 1977, 365 p.

GALLARDO G., Luis R. y Joaquín OSORIA G., *Los rostros de la pobreza. El debate*, III tomos, México, Limusa Noriega Editores, 2001.

GAMBETA, Diego y Heather HAMILL, *Streetwise: How Taxi Drivers Establish Customers' Trustworthiness*, EU, Russell Sage Foundation, 2005, 243 p.

GARDNER, Howard, *The Mind's New Science. A History of the Cognitive Revolution*, EU, Basic Books, 1987, 448 p.

——, *Changing Minds. The Art and Science of Changing Our Own and Other People's Minds*, Boston, Harvard Business School Press, 2004, 244 p.

GELLNER, Ernest, *Nations and Nationalism*, EU, Cornell University Press, 1983, 150 p.

——, *Plough, Sword and Book*, EU, University of Chicago Press, 1988, 288 p.

——, *Legitimation of Belief*, EU, Cambridge University Press, 1874, 220 p.

GIGERENZER, Gerd y Reinhard SELTEN, *Bounded Rationality*, Cambridge, The MIT Press, 2002, 396 p.

GOODIN, Robert E., *The Theory of Institutional Design*, EU, Cambridge University Press, 1996, 300 p.

GRIFFITHS, Peter, *The Economist's Tale*, Nueva York, Zed Books, 2003, 272 p.

GUILLERMOPRIETO, Alma, *Looking for History*, Nueva York, Pantheon Books, 2000, 320 p.

HACKING, Ian, *Rewriting the Soul*, Nueva Jersey, Princeton University Press, 1995, 336 p.

HAMILTON, Alexander, *The Federalist Papers*, Nueva York, Penguin, 1961, 528 p.

HAMMERSTEIN, Peter, *Genetic and Cultural Evolution of Cooperation*, Cambridge, Mass., The MIT Press-Dahlem University Press, 2000, 450 p.

HARDIN, Russell, *Trust & Trustworthiness*, Nueva York, Russell Sage Foundation, 2002, 256 p.

——, *Distrust*, Nueva York, Russell Sage Foundation, 2004, 334 p.

HARRISON, Lawrence E. y Samuel P. HUNTINGTON, *Culture Matters. How Values Shape Human Progress*, Nueva York, Basic Books, 2000, 348 p.

HART, Keith, *Money in an Unequal World*, Nueva York, Texere, 2002, 340 p.

HAUGELAND, John, *Mind Design. Philosophy, Psychology, Artificial Intelligence*, Cambridge Mass., The MIT Press, 1981, 488 p.

Harvard International Review, Beyond Beliefs Religion, EU, Harvard International Review, vol. 5, núm. 4, 2004.

HAYEK, F.A., *The Sensory Order: An Inquiry into the Found of Theoretical Psychology*, Chicago, University of Chicago Press, 1952, 232 p.

——, *The Pure Theory of Capital*, EU, University of Chicago Press, 1975, 464 p.

HEGEL, G.W.F., *Fenomenología del espíritu*, México, Fondo de Cultura Económica, 1966, 485 p.

HEILBRONER, Robert y Lester THUROW, *Economics Explained. Everything You Need to Know About How the Economy Works and Where It's Going*, Nueva York, Touchstone Books, 1982, 240 p.

HELPMAN, Elhanan, *The Mystery of Economic Growth*, EU, Belknap Press-Harvard University Press, 2004, 240 p.

HEINRICH, Joseph, *Foundations of Human Sociality*, Nueva York, Oxford University Press, 2004, 472 p.

HEINRICH, Joseph *et al.*, "In Search of Homo Economicus: Experiments in 15 Small Scale Societies", *American Economic Review*, vol. 91, núm. 2, 2003, pp. 73-79.

HOBBES, Thomas, *Leviathan*, Nueva York, Penguin Classics, 1982, 736 p.

HOLLIS, Martin y Steven LUKES, *Rationality and Relativism*, Cambridge, Mass., MIT Press, 1982, 320 p.

Instituto TAM, *Foreign Affairs*, vol. 4, México, D.F., 2004.

KAHNEMAN, Daniel, "Maps of Bounded Rationality: Psychology for Behavioral Economics", *The American Economic Review*, vol. 93, núm. 5, 2003, pp. 1449-1475.

____ y Amos TVERSKY, *Choices Values and Frames*, Nueva York, Russell Sage Foundation-Cambridge University Press, 2000, 860 p.

KEYNES, *Teoría general de la ocupación, el interés y el dinero*, México, Fondo de Cultura Económica, 1976, 334 p.

KHALILZAD, Zalmay e Ian LESSER, *Sources of Conflict in the 21st Century*, Washington, Rand, 1998, 349 p.

KIDDER, Tracy, *Mountains Beyond Mountains. Healing the World: The Quest of Dr. Paul Farmer*, EU, Random House, 2003, 336 p.

KNIGHT, Frank H., *Risk, Uncertainty and Profit*, Washington, D.C., Beard Books, 2002, 400 p.

KRAMER, Roderick y Karen COOK, *Trust and Distrust in Organizations*, Nueva York, Russell Sage Foundation, 2004, 381 p.

KUAN YEW, Lee, *From Third World to First. The Singapore Story: 1965-2000*, Nueva York, Harper Collins, 2000, 752 p.

KUEHN, Manfred, *Kant. A Biography*, Nueva York, Cambridge University Press, 2001, 566 p.

KUPCHAN, Charles A., *The End of the American Era. U.S. Foreign Policy and the Politics of the Twenty-First Century*, Nueva York, Vintage, 2002, 416 p.

KUZNETS, Simon S., *Crecimiento económico y estructura económica*, trad. Gustavo BARBAT, Barcelona, Ariel, 1974, 434 p.

LAKATOS, Imre y Alan MUSGRAVE, *El crecimiento del conocimiento científico*, México D.F., Editorial Grijalbo, 1975.

LAL, Depak, *Unintended Consequences: The Impact of Factor Endowments, Culture, and Politics on Long-run Economic Performance*, Cambridge, Mass., MIT Press, 2001, 304 p.

LANDES, David, *The Wealth and Poverty of Nations: Why Some Are So Rich and Some So Poor*, Nueva York, Norton and Co., 1998, 672 p.

LIN, Nan, *Social Capital. A Theory of Social Structure and Action*, EU, Cambridge University Press, 2001, 296 p.

LIPTON, Bruce, *The Biology of Belief. Unleashing the Power of Consciousness, Matter and Miracles*, California, Mountain of Love, 2005, 224 p.

LOCKE, John, *An Essay Concerning Human Understanding*, Nueva York, Penguin Classics, 1998, 816 p.

LOMBORG, Bjorn, *Global Crises, Global Solutions*, EU, Cambridge University Press, 2004, 670 p.

____, *How to Spend $50 Billion to Make the World a Better Place*, Nueva York, Cambridge University Press, 2006, 206 p.

LOMNITZ, Claudio, *Las salidas del laberinto: cultura e ideología en el espacio nacional mexicano*, México, D.F., Joaquín Mortiz/Planeta, 1995, 426 p.

____, *Modernidad indiana*, México, D.F., Planeta, 1998, 233 p.

LUCAS, Robert E. Jr., *Models of Business Cycles*, EU, Blackwell Publishers, 1989, 128 p.

MALTHUS, Thomas, *Ensayo sobre el principio de la población*, trad. Teodoro ORTIZ, México, Fondo de Cultura Económica, 1998, 616 p.

MANKIW, N. Gregory, *Principles of Economics*, EU, The Dryden Press, 1998, 537 p.

MARCH, James G., *A Primer on Decision Making. How Decisions Happen*, Nueva York, The Free Press, 1994, 289 p.

MARX, Karl, *The Portable Karl Marx*, Eugene KAMENKA (ed), Nueva York, Penguin Press, 1983, 720 p.

MAZARR, Michael y Federico REYES HEROLES, *Mexico 2005*, Washington, D.C., Center for Strategic and International Studies Press, 1999, 175 p.

MCCAIN, Roger A., *A Framework for Cognitive Economics*, Connecticut-Londres, Praeguer Publishers, 1992, 336 p.

MCCLOSKEY, Deirdre N., *Knowledge and Persuasion in Economics*, Nueva York, Cambridge University Press, 1994, 463 p.

MEIER, Gerarld M. y Joseph STIGLITZ, *Frontiers of Development Economics. The Future in Perspective*, EU, Oxford University Press, 2001, 592 p.

MILL, J.S., *Bentham. Dissertations*, Reino Unido, Haskell House, 1973.

MIROWSKI, Philip, *More Heat than Light. Economics as Social Physics, Physics as Nature's Economics*, EU, Cambridge University Press, 1991, 462 p.

MORRIS, Fiorina y Theda SKOCPOL, *Civic Engagement in American Democracy*, Washington, D.C., Brooking-Russell Sage Foundation, 1999, 420 p.

MURILLO, María Victoria, *Labor Unions, Partisan Coalitions, and Market Reforms in Latin America*, EU, Cambridge University Press, 2001, 270 p.

MUTH, John A., "Rational Expectations and the Theory of Price Movements", *Econometrica*, vol. 29, núm. 6, 1961, pp. 315-335.

NEGROPONTE, Nicholas, *Being Digitan*, EU, Alfred A. Knopf, 1995, 272 p.

NELSON, Robert H., *Economics as Religion. From Samuelson to Chicago and Beyond*, EU, The Pennsylvania State University Press, 2001, 408 p.

NESSE, M. Randolph, *Evolution and the Capacity for Commitment*, Nueva York, Russell Sage Foundation, 2001, 334 p.

NISBET, Robert, *History of the Idea of Progress*, Nueva York, Basic Books, 1980, 360 p.

NORTH, Douglass C., *Structure and Change in Economic History*, Nueva York, W.W. Norton & Company, 1981, 240 p.

____, *Understanding the Process of Economic Change*, EU, Princeton and Oxford Press, 2005, 372 p.

____, *Institutions, Institutional Change, and Economic Performance*, Nueva York, Cambridge University Press, 1990, 159 p.

NOZICK, Robert, *Anarchy, State and Utopia*, Nueva York, Blackwell, 2001, 384 p.

____, *Examined Life*, Nueva York, Touchstone Books-Simon and Schuster, 1989, 320 p.

____, *The Nature of Rationality*, EU, Princeton University Press, 1993, 242 p.

NYE, Joseph S. Jr., *The Paradox of American Power. Why the World's Only Superpower Can't Go it Alone*, Reino Unido, Oxford University Press, 2002, 240 p.

OLSON, Mancur, *Power and Prosperity. Outgrowing Communist and Capitalist Dictatorships*, Nueva York, Basic Books, 2000, 233 p.

———, *The Rise and Decline of Nations. Economic Growth, Stagflation, and Social Rigidities*, EU, Yale University Press, 1982, 276 p.

———, *The Logic of Collective Action. Public Goods and the Theory of Groups*, EU, Harvard University Press, 1971, 186 p.

OSTROM, Elinor y James WALKER, *Trust & Reciprocity. Interdisciplinary Lessons from Experimental Research*, EU, Russell Sage Foundation, 2003, 409 p.

OSTLER, Nicholas, *Empires of the World. A Language History of The World*, Londres, Harper Collins, 2005, 688 p.

PEREDA, Carlos, *Razón e incertidumbre*, México, D.F., Siglo XXI Editores/UNAM, 1994, 308 p.

———, *Crítica de la razón arrogante: cuatro panfletos civiles*, México, D.F., Altea, 1999, 155 p.

PINKER, Steven, *The Blank Slate. The Modern Denial of Human Nature*, Nueva York, Viking Penguin, 2002, 528 p.

POPPER, Karl, *All Life is a Problem Solving*, Nueva York, Routledge-Taylor and Francis Group, 1999, 192 p.

PORTER, Michael E., *The Competitive Advantage of Nations*, Nueva York, The Free Press, 1990, 896 p.

POWELL, Walter W. y Paul J. DIMAGGIO, *The New Institutionalism in Organizational Analysis*, EU, The University of Chicago Press, 1991, 486 p.

PRAHALAD, C.K., *The Fortune at the Bottom of the Pyramid. Eradicating Poverty Through Profits*, Nueva Jersey, Wharton School Publishing, 2005, 304 p.

PUFFERT, Douglas J., "Forthcoming Path Dependence, Network Form and Technological Change", en W. SUNDSTROM, T. GUINNANE y W. WHATLEY (eds.), *History Matters:*

Essays on Economic Growth, Technology, and Demographic Change, Standford, Standford University, <http: //www.vwl.unimuenchen.de/Is_komlos/nettech1.pdf>.

Putnam, D. Robert, *Democracies in Flux. The Evolution of Social Capital in Contemporary Society*, Nueva York, Oxford University Press, 2002, 528 p.

——, Leonard Robert y Rafaella Y. Nanetti, *Making Democracy Work: Civic Traditions in Modern Italy*, Princeton, Princeton University Press, 1993, 280 p.

Pylyshyn, Zenon W., *Computación y conocimiento. Hacia una fundamentación de la ciencia cognitiva*, Madrid, Debate, 1988, 278 p.

Rao, Vijayendra y Michael Walton, *Culture and Public Action*, EU, Standford University Press, 2004, 464 p.

Rawls, John, *Political Liberalism*, Nueva York, Columbia University Press, 1993, 526 p.

——, *The Law of Peoples*, Cambridge, Mass., Harvard University Press, 1999, 210 p.

Ridley, Matt, *The Origins of Virtue. Human Instincts and the Evolution of Cooperation*, EU, Viking Penguin, 1996, 304 p.

Rodrik, Dani, *In Search of Prosperity*, Nueva York, Princeton University Press, 2003, 520 p.

Roett, Riordan, *Mexico's Private Sector*, EU, Lynne Rienner Publishers, 1998, 251 p.

Rostow, W.W., *The Stages of Economic Growth: A Non-Communist Manifesto*, EU, Cambridge University Press, 2004, 368 p.

Rotberg, Robert I., *Patterns of Social Capital. Stability and Change in Historical Perspective*, EU, Cambridge University Press, 2001, 408 p.

ROTHSCHILD, E., *Economic Sentiments: Adam Smith, Condorcet and the Enlightenment*, Cambridge, Mass., Harvard University Press, 2001, 368 p.

ROUSSEAU, Jean-Jacques, *The Basic Political Writings*, Indianapolis, Cress D.A., 1987, 227 p.

RUNGE C., Ford, Benjamin SENAUER *et al., Food, Security and Globalization. Ending Hunger in Our Lifetime*, Baltimore, The Johns Hopkins University Press, 2003, 312 p.

SACHS, Jeffrey D., *The End of Poverty. Economic Posibilities for Our Time*, Nueva York, The Penguin Press, 2005, 416 p.

SAMUELSON, Paul, "Classical and Neoclassical Theory", en W. ROBERT, *Monetary Theory*, Londres, Penguin, 1969.

___, *Economics*, Nueva York, McGraw-Hill, 1995, 832 p.

SARGENT, Thomas J., *Rational Expectations and Inflation*, EU, Harper Collins College, 1993, 365 p.

SEABRIGHT, Paul, *The Company of Strangers. A Natural History of Economic Life*, Princeton, Princeton University Press, 2004, 320 p.

SCHUMPETER, Joseph A., *Capitalism, Socialism and Democracy*, Nueva York, Harper and Row, 1975, 457 p.

SCOTT, James C., *Seeing Like A State. How Certain Schemes to Improve Human Condition Have Failed*, New Haven, Yale University Press, 1998, 464 p.

SCOTT, Richard W., *Institutions and Organizations. Foundations for Organizational Science*, Londres, Sage Publications Series, 2001, 280 p.

___, *Organizations. Rational, Natural, and Open Systems*, Nueva Jersey, Prentice-Hall, 2003, 430 p.

SEARLE, John R., *The Mystery of Consciousness*, Nueva York, Grand Books, 1998, 240 p.

——, *Intentionality. An Essay in the Philosophy of Minds*, EU, Cambridge University Press, 1983, 288 p.

SELIGMAN, Adam B., *The Problem of Trust*, Nueva York, Princeton University Press, 2000, 240 p.

SEN, Amartya, *Poverty and Famines. An Essay on Entitlement and Deprivation*, Nueva York, Oxford University Press, 1981, 270 p.

——, *Development As Freedom*, Nueva York, Anchor, 2000, 384 p.

——, *Rationality and Freedom*, Cambridge, Mass., Belknap Press-Harvard University Press, 2002, 752 p.

SHLEIFER, Andrei y Robert W. VISHNY, *The Grabbing Hand*, Cambridge, Mass., Harvard University Press, 1998, 288 p.

SIMON, Herbert, *Models of Man*, EU, Wiley, 1975, 287 p.

——, *Reason in Human Affairs*, California, Stanford University Press, 1990, 128 p.

——, "A Mechanism for Social Selection and Successful Altruism", *Science*, núm. 250, 1990, pp. 1665-1668.

SLOVIC, Paul, Daniel KAHNEMAN y Amos TVERSKY, *Judgment Under Uncertainty. Heuristics and Biases*, EU, Cambridge University Press, 1982, 544 p.

SMELSER, Neil J., *The Handbook of Economic Sociology*, Nueva York, Princeton University Press/Russell Sage Foundation, 2005, 748 p.

SMITH, Adam, *An Inquiry into the Nature and Causes of the Wealth of Nations*, 2 vols., Indianápolis, Liberty Classics, 1981.

SMITH C., Patricia, *Wise. Studies in Neurophilosophy*, Cambridge, Mass., Bradford-MIT-Press, 2002.

SMITH, Peter H., *Latin America in Comparative Perspective. New Approaches to Methods and Analysis*, EU, Westview Press, 1995, 250 p.

SPENCER, Herbert, *Principios de sociología*, II tomos, Buenos Aires, Saturnino Calleja, 798 p.

SOLOW, Robert M., "Economic History and Economics", *American Economic Review*, núm. 75, 1985, pp. 328-331.

SOWELL, Thomas, *Basic Economics. A Citizen's Guide to the Economic*, Nueva York, Basic Books, 496 p.

STANLEY, Benn y G.W. MORTIMORE, *Rationality and The Social Sciences*, Londres, Routledge-Kegan Paul, 1976, 416 p.

STICH, Stephen P., *From Folk Psychology to Cognitive Science*, Cambridge, Mass., Bradford-MIT Press, 1983, 280 p.

STIGLITZ, Joseph, *Globalization and its Discontents*, Nueva York, Norton & Co., 2003, 304 p.

SZTOMPKA, Piotr, *Trust. A Sociological Theory*, Cambridge, Mass., Cambridge University Press, 2006, 229 p.

SUROWIECKI, James, *The Wisdom of Crowds. Why Many are Smarter than the Few and How Collective Wisdom Shapes Business, Economies, Societies and Nations*, Nueva York, Dubleday, 2004, 320 p.

THE WORLD BANK, *World Development Report 2003: Sustainable Development in a Dynamic World. Transforming Institutions, Growth, and Quality of Life*, Nueva York, The World Bank/Oxford University Press, 2003, 271 p.

THORP, Rosemary, Hugo PIPITONE *et al.*, *Pasado y presente del desarrollo*, Revista *Istor-CIDE*, núm. 10, 2002.

TODARO, Michael P. y Stephen C. SMITH, *Economic Development*, Mass., Addison Wesley, 2005, 784 p.

TOULMIN, Stephen, *Human Understanding. The Collective Use and Evolution of Concepts*, EU, Oxford University Press, 1972, 532 p.

———, *Return to Reason*, Cambridge, Mass., Harvard University Press, 2003, 256 p.

TUCÍDIDES, *Historia de las Guerras del Peloponeso*, Madrid, Cátedra, 2004, 752 p.

TURNER, Adair, *Just Capital. The Liberal Economy*, Londres, McMillan Publishers, 2001, 400 p.

TURNER, Mark, *Cognitive Dimensions of Social Science*, Nueva York, Oxford University Press, 2003, 192 p.

TYLER R., Tom y Yuen HUO J., *Trust in the Law. Encouraging Public Cooperation with the Police and Courts*, Nueva York, Russell Sage Foundation, 2002, 296 p.

UNITED NATIONS DEVELOPMENT PROGRAMME, *Human Development Report 2002*, Nueva York, UNDP-Oxford University Press, 2002, 260 p.

WACZIARG, Romain, "Review of Easterly's *The Elusive Quest for Growth*", *Journal of Economic Literature*, núm. 40, 2002, pp. 907-918.

WARSH, David, *Knowledge and the Wealth of Nations. A Story of Economic Discovery*, Nueva York, Norton & Company, 2006, 448 p.

WALZER, Michael, *Spheres of Justice*, Nueva York, Basic Books, 1983, 345 p.

WEBER, Max, *The Protestant Ethic and The Spirit of Capitalism*, Nueva York, Scribner, 1958, 292 p.

WENDT, Alexander, *Social Theory of International Politics*, EU, Cambridge University Press, 1999, 449 p.

WILLIAMSON, Oliver E., *The Lens of Contract: Private Orderin*, Berkeley University, 2002, <http://groups.hass.berkeley.edu/bpp/oew/papers.htm>.

____, "The Theory of the Firm as Governance Structure: From Choice to Contract", *Journal of Economic Perspectives*, vol. 16, núm. 3, 2002, pp. 171-195.

____, "The Economies of Organization: The Transaction Cost Approach", *American Journal of Sociology*, núm. 87, 1994, pp. 548-577.

WILSON, Bryan R., *Rationality*, Oxford, Blackwell, 1979, 296 p.

WITTGENSTEIN, Ludwig, *Tractatus Logico Philosophicus*, Nueva York, Routledge, 1981, 207 p.

WOLF, Alison, *Does Education Matter? Myths About Education and Economic Growth*, Nueva York, Penguin, 2002, 352 p.

WOLF, Martin, *Why Globalization Works*, EU, Yale University Press, 2004.

WORLDWATCH INSTITUTE, *State of the World 2003*, EU, Norton and Co., 2003, 256 p.

YERGIN, Daniel y Joseph STANISLAW, *The Commanding Heights. The Battle for the World Economy*, Nueva York, The Free Press, 2002, 512 p.

Este facsimilar de
*Razón y desarrollo. El crecimiento económico,
las instituciones y la distribución
de la riqueza espiritual*
es propiedad de El Colegio de México
y se terminó de imprimir en Librántida bajo el
modelo de distribución bajo demanda.
www.librantida.com

Made in the USA
Monee, IL
18 October 2026

66035473R00187